当代经济学系列丛书
Contemporary Economics Series
陈昕 主编

当代经济学译库

Jörgen W. Weibull
Evolutionary Game Theory

演化博弈论

[瑞典] 乔根·W. 威布尔 著
王永钦 译

格致出版社
上海三联书店
上海人民出版社

主编的话

上世纪80年代，为了全面地、系统地反映当代经济学的全貌及其进程，总结与挖掘当代经济学已有的和潜在的成果，展示当代经济学新的发展方向，我们决定出版"当代经济学系列丛书"。

"当代经济学系列丛书"是大型的、高层次的、综合性的经济学术理论丛书。它包括三个子系列：(1)当代经济学文库；(2)当代经济学译库；(3)当代经济学教学参考书系。本丛书在学科领域方面，不仅着眼于各传统经济学科的新成果，更注重经济学前沿学科、边缘学科和综合学科的新成就；在选题的采择上，广泛联系海内外学者，努力开掘学术功力深厚、思想新颖独到、作品水平拔尖的著作。"文库"力求达到中国经济学界当前的最高水平；"译库"翻译当代经济学的名人名著；"教学参考书系"主要出版国内外著名高等院校最新的经济学通用教材。

20多年过去了，本丛书先后出版了200多种著作，在很大程度上推动了中国经济学的现代化和国际标准化。这主要体现在两个方面：一是从研究范围、研究内容、研究方法、分析技术等方面完成了中国经济学从传统向现代的转轨；二是培养了整整一代青年经济学人，如今他们大都成长为中国第一线的经济学家，活跃在国内外的学术舞台上。

为了进一步推动中国经济学的发展，我们将继续引进翻译出版国际上经济学的最新研究成果，加强中国经济学家与世界各国经济学家之间的交流；同时，我们更鼓励中国经济学家创建自己的理论体系，在自主的理论框架内消化和吸收世界上最优秀的理论成果，并把它放到中国经济改革发展的实践中进行筛选和检验，进而寻找属于中国的又面向未来世界的经济制度和经济理论，使中国经济学真正立足于世界经济学之林。

我们渴望经济学家支持我们的追求；我们和经济学家一起瞻望中国经济学的未来。

陈昕

2014 年 1 月 1 日

序言

当 Von Neumann 和 Morgenstern 的《博弈论与经济行为》在 1944 年问世的时候，真是洛阳纸贵。人们认为，一个关于策略性行为的理论突然从天而降，就像雅典娜全副武装地从宙斯的前额中蹦出来一样。但是，很快人们就清楚地发现，Von Neumann 和 Morgenstern 只是提供了一个理论的肇始，那些想尽快将其付诸应用的人发现幻想破灭。在长时间内博弈论曾经毫无生气。人们继续研究两人零和博弈，而且努力发展合作博弈理论。但是整体而言，非合作博弈的问题基本上悬而未决。

Von Neumann 和 Morgenstern 已乘鹤东去，诺贝尔经济学奖授予了三个博弈理论家——John Nash、John Harsanyi 和 Reinhard Selten。Nash 的著作发表在 20 世纪 50 年代早期，但是直到 20 世纪 70 年代早期人们才全然悟出纳什均衡概念的无穷威力。经济学家遂将纳什均衡的思想应用于各种问题，博弈论出现了复兴。但是一个美中不足的地方是，博弈通常存在多重均衡。在两人零和博弈中，多重均衡不会产生任何问题，因为所有的均衡都是可以互换的和收益等价的。但是对更一般的博弈而言，均衡选择问题没有如此简单的解决办法。

开始的时候，人们认为，通过对纳什均衡概念进行精炼可以解决这个问题。尽管Nash在他的论文中提到了可以对纳什均衡的思想进行演化解释，但当时人们几乎无一例外地将其解释为理想的理性博弈方审慎推理的唯一可能结果。于是，人们就对理性的定义进行了各种各样的阐发。这样，按照某个提出来的理性的新定义，某些纳什均衡由于不够理性就可以被剔除。但是，不同的博弈论学家提出的理性的定义是如此之多，使得纳什均衡定义的集合大得让人不知所措。最终，按照某个精炼的标准，几乎任何纳什均衡都是合理的。结果，在20世纪80年代末期，人们不可避免地对博弈论放弃了幻想。

幸运的是，20世纪80年代出现了一个新的进展。Maynard Smith的《演化与博弈论》一书将博弈论学家的注意力从日益精炼的理性定义中移开。毕竟，我们不能说昆虫可以思维，因此，如果博弈论可以在适当的条件下预测它们的行为，那么理性就是无关紧要的。与此同时，实验经济学的出现清楚地说明，人类在思维方面也不是特别高明。他们通常是通过试错的方法达到博弈均衡的。

本书的出现说明，20世纪90年代是一个转折点，研究者不再将人模型化为超级理性的博弈方。解决均衡选择问题的新方法强调了如下近乎同义反复的论断：所选择的均衡是达到均衡的均衡过程的函数。这个过程可能比较慢，在生物演化中就是如此。这个过程也可能比较快，譬如在社会演化中，优胜策略从一个人传递到另一个人的机制是模仿。这种社会演化可能是在瞬间完成的，譬如在芝加哥的小麦市场上，价格会马上调整到供求相等的水平。但是，我们已经知道，所有的这些过程具有某些共性，这些共性使得在抽象的意义上研究演化过程是有意义的。

这些研究教给了我们一些痛苦的教训。我们知道了，在精炼文献中被称为“非理性”的各种行为总是面临着演化的压力，但是这些压力在它们的相对力量方面却存在巨大差异。如果一类非理性行为面临的压力较弱，那么在这个非理性行为面临的压力能够发生作用之前，其他类型的非理性行为面临的压力可能会使系统跳跃到某个均衡。例如，弱被占优策略未必会被剔除。在某些特殊情形下，即使某些强被占优策略也可能会存活。

我们还学到，不能忽略历史因素和制度因素。对生物学家来说，这不是什么严重的教训；对他们来说，遗传和地理性的偶然事件是不可忽视的重要事实。但是，经济学家对下面的思想仍存在抵制：如果博弈方有不同的历史经验、生活在不同的社会里，或者在不同的产业中经营，那么同一博弈可能有不同的分析。我们有时候甚至读到，忽视这些因素的理论比考虑到这些因素的理论“更好”，因为它们的预测需要较少的数据！而演化博弈论确立的一个毋庸置疑的事实是，均衡过程的某些细节会对所选择的均衡有重要的影响。有待完成的重要任务之一即是发现这类重要的细节，从而博弈论的应用者知道在他们所关心的博弈进行的环境中要发现的问题是什么。

但是，这样的计划只有留待将来完成了。Jörgen Weibull 著的这本书对目前经济学和生物学交叉的部分进行了总结，其中的很多内容是他自己的工作和他的合作者的工作。本书的特点是清晰的阐述和优美的数学。他并没有妄求要涵盖整个邻域。关于群体遗传学的本质和有着较强随机成分的演化过程的性质，读者必须看其他的著作。但是，在他选择的范围内，他所涵盖的内容是相当全面的。

本书是演化博弈论的扛鼎之作，我想在将来的很多年内，本书都将是演化博弈论文献中的主要著作。本书作者做了这么出色的工作，定会受到称赞和祝贺。

肯·宾默尔

献给索非娅和安娜

引言

对非合作博弈论的标准解释是，参与博弈的各方是完全理性的，他们知道博弈的所有细节，包括彼此对博弈结果的偏好。相反，演化博弈论则假设博弈方是从大的群体中随机抽取的，他们按照生物的或者社会的方式反复进行博弈。[①]具体地说，"事先规定好"每个博弈方的行为——正式地说，博弈中的策略；并且假定，在行为的群体分布上进行着一种历时的演化选择过程。如果说在这样的演化进程中的长期群体行为和非合作博弈论的解的概念之间有任何联系的话，那么这种联系是什么呢？具体而言，被占优策略在长期内会被剔除吗？群体行为会趋向于博弈的一个纳什均衡吗？某些纳什均衡更可能以某种方式出现吗？如果长期群体行为并没有收敛到某个均衡，那么这种行为有什么性质？本书要回答的就是这一类问题。

当然，在经济学和生物学的邻域中，也有人提出类似的问题。人们通常认为，市场竞争会淘汰非利润最大化的企业，并会得到经济理论预测的均衡结果。这就是经济理论用来为自己辩护的"好像"(as if)说法的基础；按照这种说法，经理们是不是按照经济理论所说的那样去做并不重要，重要的是他们好像是按照经济理论行事的(Friedman，1953)。类似地，人们通常认为,自然选择会导致非常适应环境的某种动物行为。最简单的情形是这种环境往往是外生给定的,而在另外一些情形下,个体的环境本身又是由其他个体构成的,这些个体受到同样的自然选择力影响(这对市场选择来说也是成立的)。在这种互动的设定下,个人和企业的最优行为在如下的意义上是内生的:这些行为取决于个人或者企业与之互动的群体中行为的分布。演化博弈论就是来分析这种互动设定下的演化性选择的。

本书的安排

演化博弈论提供了一套有着广泛用途的工具。从生物学到各种社会科学尤其是经济学,它都会大有用场。本书并不打算涵盖该邻域的所有进展,甚至最重要的内容也并非尽在其中。本书旨在对核心内容进行全面的阐述,重点放在论述演化博弈论与非合作博弈论之间的概念性和技术性联系。

第 1 章对非合作博弈论进行了概述。在该章引入了符号、定义以及与以后的讨论有关的结果,还举出了贯穿全书的一些例子。第 2 章至第 4 章研究了表示为对称双人博弈的成对互动的单一群体演化模型。第 2 章围绕关键概念——演化稳定策略,考察了一些静态模型。第 3 章重点考察了连续时间下一类特殊的演化选择动态模型——所谓的“复制子动态”(repticator dynamics)。* 第 4 章发展了第 3 章模型的几个变体,包括社会演化的动态模型。第 5 章发展了表示为 n 人博弈的多群体互动的静态模型和动态模型。第 3 章到第 5 章所发展的动态模型运用了常微分方程来刻画群体行为的历时演化。第 6 章简要地介绍了常微分方程理论。每章都包括了一些例子,来说明论述过的方法是如何起作用的。

很多情形下,对这些内容的表述是从特殊到一般。很多主题开始表现为简单的例子,然后在具体但是更广泛的设定下被展开,其最后的表现形式则更为一般和抽象。擅长数学的读者看到一个结论先是在特例下得到证明,然后又在一般情形下得到证明,可能会不耐烦。但这样做也许会有助于直观地理解这些方法,而不仅仅是抽象的理解。

本书的读者应该熟悉标准的数学符号(基础集合论、拓扑与微积分),大

---

* 完整翻译为“复制因子动态”,为简化起见,统一为“复制动态”。——译者注

约相当于一年级以上经济学研究生水平。虽然第1章提供了所需的非合作博弈论工具,但这种处理对不熟悉非合作博弈论基本思想的读者来说可能显得简要了一些。因而同样地,读者的知识水平应该大约相当于一年级以上经济学研究生水平。

如何阅读本书并如何在课堂里使用本书呢?一个明显的做法是阅读第1章,选择第2章的部分内容,并简要选读第6章的某些内容,最后选读第3章至第5章的部分内容(例如,1.1—1.3节,1.5节,2.1—2.3节,3.1—3.3节和5.2节)。

为了保持内容的完整和简洁,本书只讨论了标准式(normal form)博弈的确定性模型,尽管现在有了一些很有前景的演化随机模型和扩展式演化模型,但这两种扩展都需要新的技术工具。对本书没有论及的演化博弈论方面的各种进展感兴趣的读者可以参阅本书末尾的参考文献。例如,Foster和Young(1990),Kandori、Mailath和Rob(1993)以及Young(1993)探讨了随机模型;Selten(1983),van Damme(1987)以及Nöldeke和Samuelson(1993)探讨了扩展式的博弈模型。另外,还可以在近期的经济学期刊和生物学期刊上找到其他一些重要的文献。

注 释

① 在未发表的博士论文(Nash, 1950a)中,John Nash对他的均衡概念进行了群体统计量的解释。他假设,在他的概念中,博弈方是被随机从许多大的群体中抽取出来的,每个博弈方对应着一个群体。其中,并没有假定这些博弈方"拥有关于博弈整体结构的信息,或者具有展开复杂推理过程的能力和倾向"(Nash, 1950a, p.21);参见Leonard(1994),Weibull(1994)以及Björnerstedt和Weibull(1993)。

致谢

在本书的撰写过程中，我从与同事和学生的讨论中受益匪浅。我尤其感谢下列人员对本书各稿的评论，他们是：Jonas Björnerstedt，Anette Bjørsted，Immanuel Bomze，Ross Cressman，Eric van Damme，Martin Dufwenberg，Josef Hofbauer，Oliver Kirchkamp，Johan Lindén，Oleg Malafeyev，Per Molander，Peter Norman，Jörg Oesschler，Klaus Ritzberger，Larry Samuelson，Karl Schlag，Björn Segendorff，Karl Sigmund，Birgitte Sloth，Tony E. Smith，Joakim Sonnegård，Johan Stennek，David Strömberg 和 Karl Wärneryd.

我还要感谢 Assar Lindbeck，Janos Kornai 和 Lars E. O. Svensson 在我从应用数学转行到经济学的过程中给我提供的精神鼓励和智力支持，感谢他们慷慨地与我分享他们深邃的洞见。对本书的写作具有特别的启发意义的是多年前我选修的《生态系统动态建模》，该课程是由 Ingemar Nåsell 讲授的；很久前我与 Janos Kornai 关于不同程度政府干预下企业的市场行为的演化的讨论同样具有启发意义。

在书稿的准备过程中，MIT 出版社的 Terry Vaughn 提供了巨大的帮助。还要特别感谢 MIT 出版社的 Dana Andrus 细致的编辑，特别感谢瑞典斯德哥尔摩的 Jonas

Björnerstedt用电脑制作了本书所有的插图，感谢Molly Åkerlund在版面设计方面的出色帮助，感谢Karl Wärneryd的封面设计。

我还要感谢斯德哥尔摩经济和社会研究所(IUI)对本书背后研究项目的部分赞助。

数学符号

小写字母大都表示实数、实向量和实函数，大写字母则通常表示矩阵和集合。欧几里得空间通常表示为 R^n，这里 n 是一个正整数——空间的维度。R^n 中所有元素 x_i 非负的向量 x 的子集表示为 R^n_+，所有元素都为正的向量的子集表示为 R^n_{++}。R^n 中向量 x 和 y 的**内积**（或**标量积**）是一个实数（标量），表示为 $x \cdot y = \sum_{i=1}^{n} x_i y_i$。向量 $x \in R^n$ 的欧几里得范数（或长度）表示为 $\| x \| = \sqrt{x \cdot x}$，$R^n$ 中两点（向量）x 与 y 之间的距离表示为 $d(x, y) = \| x - y \|$。$n \times n$ 矩阵 A 的转置矩阵表示为 A^T。

在本书中，$\subset$表示弱集合包含关系，因此 $X \subset Y$ 表示 X 的所有元素也是 Y 的元素。集合 $X \subset R^n$ 的**补集**表示为$\sim X$。R^n 中的点（向量）x 的**邻域**表示包含 x 的开集 $U \subset R^n$。集合 $X \subset R^n$ 的**内部**表示为 $\text{int}(X)$；它表示 X 中的点 x 的子集使得 X 还包含 x 的某个邻域。集合 $X \subset R^n$ 的**边界**写作 $bd(X)$；它表示点 $y \in R^n$ 的集合使得 y 的每个邻域都包含 X 的某个点和$\sim X$ 的某个点。集合 $X \subset R^n$ 的**闭包**表示为$\bar{X}$；它是 X 与它边界的并。从一个集合 X 到另一个集合 Y 的**函数** f，可以看作对 X 中的每个元素 x 只赋予 Y 中的一个元素 $f(x)$ 的一种规则。类似地，从一个集合 X 到另一个集合 Y 的**对应** φ 表示对 X 中的每个元素 x 只赋予 Y 中的一个非空子集 $\varphi(x)$ 的一种规则。

目　录

主编的话
序言
引言
致谢
数学符号

CONTENTS

1　非合作博弈论基础　1
1.1　策略与收益函数　1
1.2　占优关系与最优反应　9
1.3　纳什均衡　13
1.4　纳什均衡的精炼　18
1.5　两人对称博弈　23

2　演化稳定性标准　30
2.1　演化稳定策略　32
2.2　对 ESS 的刻画　39
2.3　较弱的演化稳定性标准　42
2.4　集合演化稳定标准　46
2.5　双重对称博弈中的社会效率　51
2.6　博弈前的沟通　53
2.7　角色决定的行为　59

3　复制动态　65
3.1　基础知识　67
3.2　被占优策略　74
3.3　纳什均衡策略　79
3.4　完美均衡策略　86
3.5　演化稳定与中性稳定的策略及其策略集　88
3.6　双重对称博弈　100
3.7　最优反应下的纯策略闭子集　104
3.8　附录　109

4 其他的选择动态 112
4.1 连续时间形式的复制动态 113
4.2 廉价谈话博弈中的复制动态 120
4.3 一般性的选择动态 129
4.4 通过模仿来复制 140

5 多群体模型 150
5.1 演化稳定性标准 152
5.2 标准的 n 群体复制动态与调整后的 n 群体复制动态 158
5.3 通过模仿来复制 171
5.4 通过感染来复制 176
5.5 选择动态的分类 177
5.6 演化动态对非合作解概念的推论 185
5.7 演化动态稳定性的稳健标准 196
5.8 附录 206

6 常微分方程理论概要 211
6.1 微分方程和向量场 212
6.2 诱致的解映射 218
6.3 不变性与稳态 221
6.4 稳定性概念 224
6.5 Lyapunov 直接法 225
6.6 Liouville 公式 229

参考文献 234

非合作博弈论基础

本章介绍以后的演化分析中将会用到的非合作博弈论的概念和结果，其内容安排如下：1.1 节简单地介绍有限标准式博弈(finite normal-form game)的结构，尤其强调策略空间的几何学和收益函数的多线性(multilinearity)。1.2 节讨论博弈方策略空间的占优排序(dominance ordering)并正式化了“最优反应”(best reply)的概念。1.3 节将纳什均衡当作最优反应的不动点，研究纳什均衡集的某些性质。1.4 节简单地介绍点精炼与集精炼。1.5 节介绍对称两人博弈的某些特殊的概念和性质，并介绍第 2 章到第 4 章的设定知识。后面还会用到本章的例子来说明演化概念。

想学习更全面的非合作博弈论的读者可以参考文献 Fudenberg 和 Tirole(1991)，更简明和技术性更强的处理，可以参阅文献 van Damme(1987)。

1.1 策略与收益函数

本书的分析仅限于有限标准式博弈。准确地说，令 $I=\{1, 2, \cdots, n\}$ 表示博弈方集合，这里 n 是正整数。对每个博

弈方 $i \in I$ 来说，令 S_i 表示他的有限纯策略集合。为了表示的方便，我们将用正整数来表示每个博弈方的纯策略，从而，每个博弈方 $i \in I$ 的纯策略集合表示为 $S_i = \{1, 2, \cdots, m_i\}$，整数 $m_i \geqslant 2$。纯策略向量 $s = (s_1, s_2, \cdots, s_n)$ 称为纯策略组合，其中 s_i 是博弈方 i 的纯策略。因此，博弈中的纯策略组合的集合是各博弈方纯策略集合的卡特尔积 $S = \times_i S_i$，有时候又被称为博弈的纯策略空间。

对于任何策略组合 $s \in S$ 和博弈方 $i \in I$，令 $\pi_i(s) \in R$ 表示博弈方 i 相应的收益。在经济学中，收益通常是企业的利润或者是消费者的(von Neumann-Morgenstern)效用；而在生物学中，收益通常表示个体的适应性(后代存活的期望数)。对每个博弈方 $i \in I$，实数 $\pi_i(s)$ 的有限并定义了第 i 个博弈方的(纯策略)收益函数 $\pi_i: S \to R$。博弈的组合纯策略收益函数 $\pi: S \to R^n$ 对每个纯策略组合 s 赋予了完全的收益向量 $\pi(s) = (\pi_1(s), \cdots, \pi_n(s))$。

用纯策略的术语来说，标准式的博弈可以总结为一个三元组 $G = (I, S, \pi)$，其中 I 是它的博弈方集合，S 是它的纯策略空间，π 是它的组合收益函数。在只有两个博弈方的特殊情形下，我们可以方便地将收益函数 π_1 和 π_2 分别写成一个 $m_1 \times m_2$ 矩阵。我们通常将博弈方 1 的收益矩阵表示为 $A = (a_{hk})$，这里对每个 $h \in S_1$ 和 $k \in S_2$，$a_{hk} = \pi_1(h, k)$；类似地，将博弈方 2 的收益矩阵表示为 $B = (b_{hk})$，这里 $b_{hk} = \pi_2(h, k)$。矩阵中的每一行都对应着博弈方 1 的一个纯策略，每一列都对应着博弈方 2 的一个纯策略。任何两人博弈都可以充分地由一个对应的收益矩阵对 (A, B) 来表示，这里博弈方 1 可以被视为"行博弈方"，博弈方 2 可以被视为"列博弈方"。

例 1.1 最有名的博弈可能是囚徒困境博弈了，在这个两人博弈中每个博弈方只有两个纯策略。下面的一对收益矩阵给出了典型的收益组合

$$A = \begin{pmatrix} 4 & 0 \\ 5 & 3 \end{pmatrix}, B = \begin{pmatrix} 4 & 5 \\ 0 & 3 \end{pmatrix} \tag{1.1}$$

显然，不论博弈方 2 用什么策略，博弈方 1 的第二个纯策略("背叛")带来的收益都高于他的第一个纯策略("合作")带来的收益；矩阵 A 第二行的每个元素都高于第一行对应的元素。类似地，博弈方 2 的第二个纯策略带来的收

益高于他的第一个纯策略带来的收益；矩阵 B 第二列的每个元素都高于第一列对应的元素。因此，个人理性会导致每个博弈方选择他的第二个纯战略（背叛）。所谓的困境是指，如果这两个博弈方都选择他们的第一个纯策略（合作），他们都会得到更高的收益。

1.1-1 混合策略空间的几何

博弈方 i 的混合策略是指他的纯策略集合 S_i 上的概率分布。由于对每个博弈方 $i \in I$，S_i 都是有限的，我们可以把博弈方 i 的任何混合策略 x_i 表示为 m_i 维欧几里得空间 R^{m_i} 中的向量 x_i，其第 h 个坐标 $x_{ih} \in R$ 是 x_i 赋予该博弈方第 h 个纯策略的概率。

被某个混合策略 x_i 赋予正概率的纯策略集合称为 x_i 的支集（或者承载形），表示为

$$C(x_i) = \{h \in S_i : x_{ih} > 0\} \tag{1.2}$$

由于概率 $x_{ih}(h = 1, 2, \cdots, m_i)$ 都是非负的并且和为 1，所以向量 $x \in R^{m_i}$ 包含于 m_i 空间的单纯形 Δ_i，定义为

$$\Delta_i = \{x_i \in R_+^{m_i} : \sum_{h=1}^{m_i} x_{ih} = 1\} \tag{1.3}$$

图 1.1(a)和(b)分别表示了 $m_i = 2$ 和 $m_i = 3$ 的情形。

博弈方 i 的混合策略单纯形 Δ_i 是 $m_i - 1$ 维的（我们可以将任何概率 x_{ih} 写为 1 与其他概率的差）。因此，不失去任何信息，我们可以研究从单纯形 $\Delta_i \subset R^{m_i}$ 到 $m_i - 1$ 维欧几里得空间的某个投影。图 1.2(a)和(b)分别表示了 $m_i = 2$（投向 x_{i1} 轴）和 $m_i = 3$（投向(x_{i1}，x_{i2})平面）的情形。

单纯形 Δ_i 的顶点（或者顶角）是 m_i 维空间的单位向量，表示为 $e_i^1 = (1, 0, 0, \cdots, 0)$，$e_i^2 = (0, 1, 0, \cdots, 0)$，$\cdots$，$e_i^{m_i} = (0, 0, 0, \cdots, 1)$。每个这样的顶点 e_i^h 表示博弈方 i 赋予他的第 h 个纯策略的概率为 1。从这一点来看，纯策略只不过是特殊的、“极端的”混合策略。

混合策略单纯形 Δ_i 是它所有顶点的凸包；每个混合策略 $x_i \in \Delta_i$ 是单位向量或者纯策略 e_i^h 的凸组合：

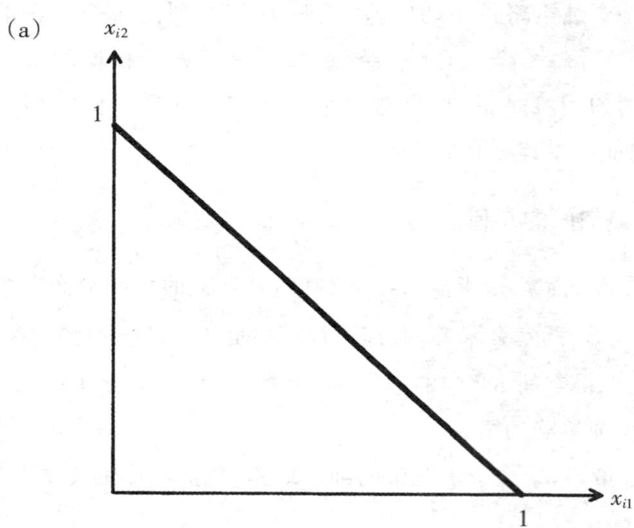

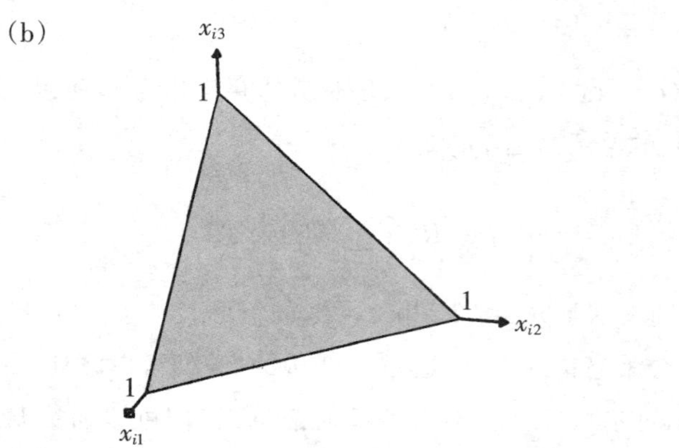

(a)$m_i = 2$ 时的单纯形 Δ_i。(b)$m_i = 3$ 时的单纯形 Δ_i。

图 1.1

$$x_i = \sum_{h=1}^{m_i} x_{ih} e_i^h \tag{1.4}$$

如果一个子集 $X_i \subset \Delta_i$ 是纯策略(Δ_i 的顶点)的某个非空子集的凸包,那么 X_i 被称为 Δ_i 的一个面。特别地,$X_i = \Delta_i$ 是一个面;而且对 $h \in S_i$,每个纯策略单点集$\{e_i^h\}$也是面。

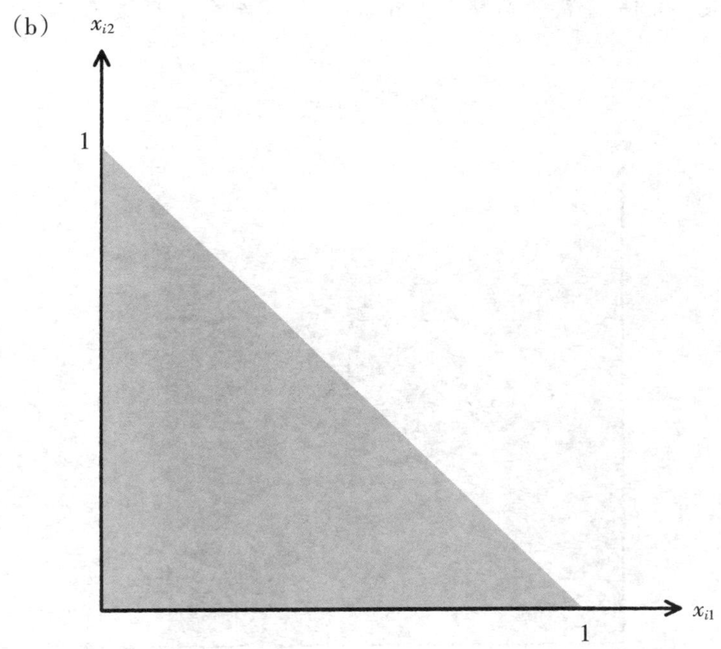

(a)$m_i=2$ 时的单纯形 Δ_i 的投影。(b)$m_i=3$ 时的单纯形 Δ_i 的投影。

图 1.2

子集

$$\text{int}(\Delta_i)=\{x_i\in\Delta_i : x_{ih}>0,\quad\forall h\}\tag{1.5}$$

被称为 Δ_i 的(相对)内部。[①] 相应地,这个子集中的非空混合策略被称为内部的或者完全混同的;这些策略对所有博弈方的纯策略赋予了正的概率,因此对所有的 $i\in I$,它们有完全的支集 $C(x_i)=S_i$。Δ_i 中非内部策略的集合被称为 Δ_i 的边界,表示为

$$bd(\Delta_i)=\{x_i\in\Delta_i : x_i\notin\text{int}(\Delta_i)\}\tag{1.6}$$

注意 Δ_i 的边界是其支集 $C(x_i)$ 为策略集 S_i 的真子集的策略 x_i 的集合。我

们还可以将 $bd(\Delta_i)$ 视为 Δ_i 边界面的并，这里的边界面是 S_i 的某个真子集张成的面。（因此，Δ_i 是唯一不是边界面的面。）

混合策略组合是向量 $x = (x_1, x_2, \cdots, x_n)$，其中每个元素 $x_i \in \Delta_i$ 是博弈方 $i \in I$ 的一个混合策略。因此，混合策略组合 x 是该博弈的混合策略空间

$$\Theta = \times_{i \in I} \Delta_i \tag{1.7}$$

(a)

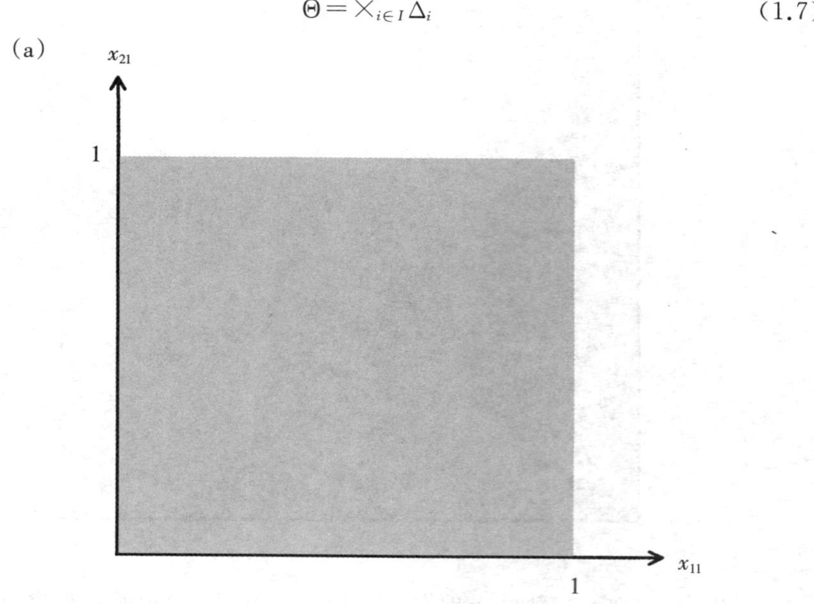

(b)

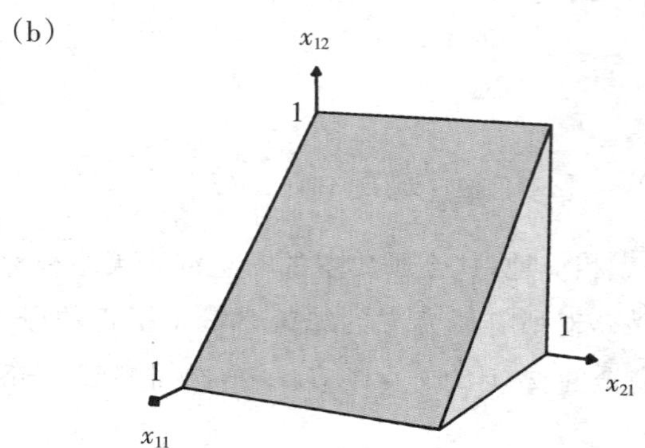

(a)当 $n = 2$, $m_1 = m_2 = 2$ 时多面体 Θ 的投影。(b)当 $n = 2$, $m_1 = 3$, $m_2 = 2$ 时 Θ 的投影。

图 1.3

中的一个点。作为 n 个单位单纯形 Δ_i(每个博弈方 $i \in I$ 对应着一个($m_i -$ 1)维集合)的笛卡儿积,集合 Θ 是 R^{m_i} 中的一个($m-n$)维多面体,其中 $m = m_1 + m_2 + \cdots + m_n$ 是博弈中纯策略的总数。② $n=2$ 和 $m_1 = m_2 = 2$ 情形下的二维多面体 $\Theta \subset R^4$ 的二维投影,请参阅图 1.3(a)。类似地,图 1.3(b)刻画了 $n=2$, $m_1=3$ 和 $m_2=2$ 情形下三维多面体 $\Theta \subset R^5$ 的三维投影(投向该页的二维空间)。

策略组合 x 被称为内部的(或者完全混合的),如果它的每个分量策略 x_i 是内部的。这样的策略组合的子集表示为

$$\text{int}\,\Theta = \times_{i \in I}\text{int}(\Delta_i) \tag{1.8}$$

当且仅当 $C(x) = S$,对于任何策略组合 $x \in \Theta$:$x \in \text{int}(\Theta)$ 的支集,记为 $C(x) = \times_{i \in I} C(x_i) \subset S$。$\Theta$ 的边界 $bd(\Theta)$ 是非内部策略组合 $x \in \Theta$ 的集合。如果子集 $X \subset \Theta$ 是各博弈方单纯形的笛卡儿积,那么 X 称为 Θ 的面。特别地,$X = \Theta$ 是 Θ 的一个面,而且是最大的面。Θ 的所有其他的面被称为边界面。特别地,每一个纯策略组合,可以视为 Θ 的一个单点子集,是一个边界面。Θ 的边界面的并等同于集合 $bd(\Theta)$。

我们用(x_i, y_{-i})来表示如下的策略组合:博弈方 $i \in I$ 采取策略 $x_i \in \Delta_i$,而所有其他的博弈方 j 按照策略组合 $y \in \Theta$ 来行动。更准确地说,策略组合 $z = (x_i, y_{-i}) \in \Theta$ 是由 $z_i = x_i$ 定义的,而且对所有 $j \neq i$ 来说,$z_j = y_j$。当单个博弈方考虑"偏离"给定策略组合 $y \in \Theta$ 的策略 $x_i \in \Delta_i$ 时,这种表示尤其方便。

1.1-2 混合策略收益函数

按照我们在本书遵循的非合作博弈标准方法,所有博弈方的随机化在统计上是独立的。③ 因此,当混合策略组合 $x \in \Theta$ 被采用时,某个纯策略 $s = (s_1, \cdots, s_n) \in S$ 被采用的概率就是相应的每个博弈方的混合策略 $x_i \in \Delta_i$ 赋予他的纯策略 $s_i \in S_i$ 的概率之积

$$x(s) = \prod_{i=1}^{n} x_{is_i} \tag{1.9}$$

混合策略组合 $x \in \Theta$ 带给博弈方 i 的(统计意义上的)期望收益值是

$$u_i(x) = \sum_{s \in S} x(s)\pi_i(s) \tag{1.10}$$

实数 $u_i(x)$ 可以简称为第 i 个博弈方的自策略组合 x 的收益。注意该收益是每个博弈方(单独采取的)混合策略的线性函数。为了看清这一点，首先注意到如下事实：由于采取纯策略 $s_j = k \in S_j$ 在概率上等价于采取(极端的)混合策略 $e_j^k \in \Delta_j$，因此我们可以将博弈方 j 运用他的第 k 个纯策略时博弈方 i 得到的收益记作 $u_i(e_j^k, x_{-j})$。从而，对任何 $x \subset \Theta$ 和 $i, j \in I$，

$$u_i(x) = \sum_{k=1}^{m_j} u_i(e_j^k, x_{-j}) x_{jk} \tag{1.11}$$

换言之，可以将收益 $u_i(x)$ 当作博弈方 j 每种纯策略下博弈方 i 得到的收益的加权和来计算(其他博弈方的混合策略保持不变)，加权概率为博弈方 j 赋予他的每个纯策略的概率。式(1.11)说明 $u_i(x)$ 是 $x_j \in \Delta_j$ 的线性函数。

进一步，式(1.10)定义了不仅对子集 $\Theta \subset R^m$ 中的向量，而且对所有 R^m 中的向量 x，$u_i(x)$ 是一个实数。因此，该式将 u_i 定义为多线性映射；也就是说，在每个分向量 $x_j \in R^{m_j}$ 上都是线性的。这个广义的函数 $u_i: R^m \to R$ 将被称作博弈方 i 的(混合策略)收益函数。$u(x) = (u_1(x), u_2(x), \cdots u_n(x))$ 定义的组合函数 $u: R^m \to R^n$ 相应地称为该博弈的组合混合策略收益函数。

除了纯策略表示法 $G = (I, S, \pi)$，我们有时候还更方便地用到它的混合策略扩展 (I, Θ, u)，这里 Θ 是混合策略空间，u 是组合混合策略收益函数。我们在纯策略的设定下指出，在两人博弈的特殊情形下，可以用相应的收益矩阵对 (A, B) 表示该博弈，这里 $A(B)$ 分别是博弈方 1(2)的收益矩阵。从而，对任意的混合策略对 $x_1 \in \Delta_1$，$x_2 \in \Delta_2$，我们有

$$u_1(x) = \sum_{h=1}^{m_1} \sum_{k=1}^{m_2} x_{1h} a_{hk} x_{2k} = x_1 \cdot Ax_2 \tag{1.12}$$

$$u_2(x) = \sum_{h=1}^{m_1} \sum_{k=1}^{m_2} x_{1h} b_{hk} x_{2k} = x_1 \cdot Bx_2 = x_2 \cdot B^T x_1 \tag{1.13}$$

这里的乘号表示通常意义上向量之间的内(标量)积，上标 T 表示矩阵的转置。(这种矩阵表示清楚地说明，博弈方的收益函数是双线性的。)在这种矩阵法表示的两人博弈中，博弈方 1 选择行(纯策略)或者在行上选择概率分布(混合策略)，博弈方 2 选择列(纯策略)或者在列上选择概率分布(混

合策略)。

例 1.2 例 1.1 囚徒困境博弈中的组合混合策略收益函数 $u:R^4 \to R^2$ 是由下面的式(1.14)和式(1.15)定义的。容易验证,对博弈方 2 的任何混合策略 $x_2 \in \Delta_2$ 来说,博弈方 1 的收益 $u_1(x)$的最大值是在 Δ_1 中的 $x_1 = e_1^2$ 处取得的。利用恒等式 $x_{i1} + x_{i2} = 1$,我们可以得到 $u_1(x) = (1+2x_{22}) + 4x_{21}$,它是 x_{12}的递增函数。

$$u_1(x) = x_1 \cdot Ax_2 = 4x_{11}x_{21} + x_{12}(5x_{21} + 3x_{22}) \tag{1.14}$$

$$u_2(x) = x_1 \cdot Bx_2 = x_{11}(4x_{21} + 5x_{22}) + 3x_{12}x_{22} \tag{1.15}$$

1.2 占优关系与最优反应

非合作博弈论运用博弈方(纯或者混合)策略集的两种偏序,这两种偏序都是按照博弈方的收益来定义的。由于纯策略是混合策略的特例,所以我们在博弈方的混合策略单纯形 Δ_i 的基础上来定义这些偏序关系。

1.2-1 弱占优、严格占优和重复剔除严格占优

如果一个策略带来的收益从不低于第二个策略并且有时带来的收益还高于第二个策略,那么我们称第一个策略弱占优第二个策略。如果没有策略弱占优它,这个策略被称为没有被占优。正式地,

定义 1.1 如果对所有的 $z \in \Theta$, $u_i(y_i, z_{-i}) \geqslant u_i(x_i, z_{-i})$,并且对某些 $z \in \Theta$,严格不等式成立,那么 $y_i \in \Delta_i$ 弱占优 $x_i \in \Delta_i$。如果不存在这样的 y_i,那么策略 x_i 没有被占优。

类似地,如果一个策略带来的收益总是高于第二个策略,那么我们称它严格占优第二个策略:

定义 1.2 如果对所有的 $z \in \Theta$,有 $u_i(y_i, z_{-i}) > u_i(x_i, z_{-i})$, $y_i \in \Delta_i$ 严格占优 $x_i \in \Delta_i$。

例如,例 1.1 中,对每个博弈方 $i = 1, 2$ 而言,第二个纯策略(背叛)严格占优第一个纯策略(合作)。由于这些策略是唯一可行的纯策略,所以 $x_i = e_i^2$ 严格占优所有策略 $y_i \neq x_i$。下面的例子说明了如下情形是可能的:一个

纯策略可以被一个混合策略严格占优，而不被任何纯策略占优。

例 1.3 考察一个两人博弈，博弈方 1 的收益矩阵如式(1.16)所示。从而，博弈方 1 有三个纯策略。他的第三个纯策略 $x_1 = e_1^3$ 不被他的另外两个纯策略占优。但是，通过在其他两个战略上随机选择，他总会得到更高的收益。正式地，令 $y_1 = \left(\frac{1}{2}, \frac{1}{2}, 0\right) \in \Delta_1$，那么对所有的 $z_2 \in \Delta_2$，有 $1 = u_1(x_1, z_2) < u_1(y_1, z_2) = \frac{3}{2}$，因此 y_1 严格占优 x_1。

$$A = \begin{pmatrix} 3 & 0 \\ 0 & 3 \\ 1 & 1 \end{pmatrix} \tag{1.16}$$

非合作博弈论的一个基本的理性假设是，“理性的”博弈方从不运用严格被占优策略。④在这种情况下，从博弈中剔除所有的严格被占优战略不会影响博弈结果。然而，一旦这样做了，在缩减过的新博弈中，某些留下来的纯策略可能会是严格被占优的。在博弈 G 中反复剔除严格被占优策略得到了如下定义：如果纯策略 $s_i \in S_i$ 在原始的博弈中没有被严格占优，在从 G 中剔除(某些或者所有)被占优策略后得到的简化的博弈 G_1 中也没有被严格占优，在从 G_1 中剔除严格被占优的策略后得到的进一步简化的博弈 G_2 中也没有被占优，依此类推，直到这样做不能剔除任何其他的策略了(即，对某个正整数 t, $G^{t+1} = G^t$)，那么称纯策略 $s_i \in S_i$ *不是重复剔除严格被占优*的。由于博弈方和纯策略都是有限多的，所以经过有限轮的重复剔除之后，这种剔除过程就结束了；而且，可以证明，剩下的策略集(每个博弈方都有一个这样的非空集合)独立于具体的剔除程序。⑤

对任何(有限标准式)博弈 $G = (I, S, \pi)$，令 $S^D \subset S$ 为它的(非空)非重复剔除严格被占优纯策略组合的子集。如果这个集合是一个单点集合(只有一个元素)，那么我们称这个博弈是*严格占优可解的*。例如，从这个意义上来说，例 1.1 中的囚徒困境博弈是严格占优可解的。

例 1.4 下面式(1.17)中的收益矩阵对表示了另一个严格占优可解的博弈。对这两个博弈方来说，纯策略 2 都被策略 1(也被策略 3)严格占优。一旦策略 2 从每个博弈方的策略集中剔除掉，对两个博弈方而言，策略 1 都严格占优策略 3。因此,剩下来的仅有纯策略组合 $s=(1, 1)$,即 $S^D=\{(1, 1)\}$。

$$A=\begin{pmatrix}3 & 1 & 6\\ 0 & 0 & 4\\ 1 & 2 & 5\end{pmatrix}, B=\begin{pmatrix}3 & 0 & 1\\ 1 & 0 & 2\\ 6 & 4 & 5\end{pmatrix} \tag{1.17}$$

博弈方不会运用严格被占优策略的假设是一个比较弱的理性假设,因为它只要求每个博弈方的(纯策略)收益函数确实表示他的偏好。尤其是,这个假设不要求一个博弈方知道其他博弈方的偏好或者行为。相反,运用重复剔除严格被占优策略还另外要求博弈方知道彼此的收益函数——从而他们就可以剔除彼此的严格被占优策略。而且所有的博弈方必须知道偏好的信息,这样他们才能够剔除在经过一轮的删除严格被占优策略后的简化的博弈中被严格占优的其他人的策略,依此类推,直到进一步的重复剔除不能剔除任何策略为止。⑥

1.2-2 最优反应

博弈方 i 对策略组合 $y\in\Theta$ 的纯最优反应是一个纯策略 $s_i\in S_i$,而他的其他对 y 的纯策略带来的收益都不会高于 s_i。这就定义了博弈方 i 的纯策略最优反应对应 $\beta_i:\Theta\rightarrow S_i$,它将每个混合策略组合 $y\in\Theta$ 映射到博弈方 i 对 y 的纯最优策略的非空(有限)集合

$$\beta_i(y)=\{h\in S_i: u_i(e_i^h, y_{-i})\geqslant u_i(e_i^k, y_{-i}), \forall k\in S_i\} \tag{1.18}$$

例如,上面例 1.3 中的第三个纯策略对任何策略组合来说,都不是最优反应。

由于每个混合策略 $x_i\in\Delta_i$ 是纯策略的凸组合,并且 $u_i(x_i, y_{-i})$ 是 x_i 的线性函数,所以针对 $y\in\Theta$ 的混合策略 $x_i\in\Delta_i$ 带给博弈方 i 的收益不会超过他对 y 的任何纯最优反应带来的收益。正式地,对任何 $y\in\Theta$, $x_i\in\Delta_i$ 和 $h\in\beta_i(y)$,

$$\begin{aligned}u_i(x_i, y_{-i}) &= \sum_{k=1}^{m_i}u_i(e_i^k, y_{-i})x_{ik}\leqslant\sum_{k=1}^{m_i}u_i(e_i^h, y_{-i})x_{ik}\\ &= u_i(e_i^h, y_{-i})\end{aligned} \tag{1.19}$$

因此

$$\beta_i(y)=\{h\in S_i: u_i(e_i^h, y_{-i})\geqslant u_i(x_i, y_{-i}), \forall x_i\in\Delta_i\} \tag{1.20}$$

博弈方 i 对策略组合 $y \in \Theta$ 的混合最优反应是策略 $x_i \in \Delta_i$ 使得其他针对 y 的策略带来的收益不高于 x_i 带来的收益。上面已经指出，每个纯最优反应如果被视为混合策略，那么它也是混合最优反应。而且，由于 $u_i(x_i, y_{-i})$ 是 x_i 的线性函数，所以纯最优策略的凸组合是混合最优反应。相应地，博弈方 i 的混合策略最优反应对应 $\widetilde{\beta}_i:\Theta \to \Delta_i$ 将每个混合策略组合 $y \in \Theta$ 映射到针对 y 的纯最优反应张成的 Δ_i 的面上：

$$\begin{aligned}\widetilde{\beta}_i(y) &= \{x_i \in \Delta_i : u_i(x_i, y_{-i}) \geqslant u_i(z_i, y_{-i}),\ \forall z_i \in \Delta_i\} \\ &= \{x_i \in \Delta_i : x_{ih} = 0,\ \forall h \notin \beta_i(y)\} \\ &= \{x_i \in \Delta_i : C(x_i) \subset \beta_i(y)\} \end{aligned} \tag{1.21}$$

作为 Δ_i 的一个面，对单策略组合 $y \in \Theta$ 的最优反应集合 $\widetilde{\beta}_i(y) \subset \Delta_i$ 总是非空的、闭的和凸的（从对博弈方 i 只有一个纯策略最优反应情况下的单点集，到 S_i 中所有纯策略都是最优反应情形下的整个单纯形）。

博弈中的组合纯策略最优反应对应 $\beta:\Theta \to S$ 被定义为所有博弈方纯策略最优反应的笛卡儿积，

$$\beta(y) = \times_{i \in I}\beta_i(y) \subset S \tag{1.22}$$

类似地，组合对应 $\widetilde{\beta}:\Theta \to \Theta$ 被定义为

$$\widetilde{\beta}(y) = \times_{i \in I}\widetilde{\beta}_i(y) \subset \Theta \tag{1.23}$$

1.2-3　占优与最优反应

某个混合策略组合的最优反应纯策略当然不能被严格占优。Pearce(1984)证明，在任何两人博弈中，逆命题也是成立的：这类博弈中未被严格占优的纯策略一定是对某个混合策略组合的最优反应。类似地，如果一个纯策略是对某个完全混合策略组合的最优反应，那么它是未被占优的。Pearce(1984)证明了，在任何两人博弈中，逆命题也是成立的：未被占优的纯策略是对某个完全混合策略组合的最优反应。在两人以上的博弈中，这两个逆命题一般是不成立的。

命题 1.1　任意考察某个两人博弈。$s_i \in S_i$ 未被严格占优，当且仅当对某个 $y \in \Theta$，$s_i \in \beta_i(y)$。$s_i \in S_i$ 未被占优，当且仅当对某个 $y \in \mathrm{int}(\Theta)$，

$s_i \in \beta_i(y)$。

(证明可以参阅 Pearce(1984)或者 Fudenberg 和 Tirole(1991)。)

1.3 纳什均衡

纳什均衡的思想(Nash, 1950a, 1950b, 1951)是经济理论的基石之一,在很大程度上是现代经济学的基础。简言之,纳什均衡不仅要求策略组合 $x \in \Theta$ 的每个分量策略在第 i 个博弈方关于其他博弈方的策略的某个信念下是最优的,而且在 x 本身将被采用这个信念下也是最优的。

1.3-1 定义

用最优反应的术语表示,如果策略组合 $x \in \Theta$ 是对其自身的最优反应,也就是说,如果它是混合策略最优对应 $\widetilde{\beta}$ 的不动点,那么它是一个纳什均衡(Nash equilibrium, NE):

定义 1.3 *如果 $x \in \widetilde{\beta}(x)$,那么 $x \in \Theta$ 是一个纳什均衡。*

从式(1.21)可知,如果 $x \in \Theta$ 是一个纳什均衡,那么每个分量 x_i 的支集中的每个纯策略都是对 x 的最优反应:$x: s_i \in C(x_i) \Rightarrow s_i \in \beta_i(x)$。

例 1.5 一个没有纯策略纳什均衡但是有混合策略纳什均衡的(儿童)博弈是猜硬币(matching penny)博弈。⑦这是一个零和的两人博弈,在这个博弈中,每个博弈方只有两个纯策略,下面的式(1.24)给出了收益矩阵。考察这两个矩阵可以看出,这个博弈没有纯策略纳什均衡:在每个纯策略组合上,只有一个博弈方想改变他的策略。但是,要使任何博弈方愿意随机选择,另一个博弈方必须按照相同的概率来运用他的两个纯策略。因此,唯一的纳什均衡是 x,其中 $x_1 = x_2 = \left(\frac{1}{2}, \frac{1}{2}\right)$。的确,这个策略组合 x 在 $\widetilde{\beta}$: $x_i \in \widetilde{\beta}_i(x) = \Delta(i = 1, 2)$ 下是一个不动点(Δ 是 R^2 中的单位单纯形)。

$$A = \begin{pmatrix} 1 & -1 \\ -1 & 1 \end{pmatrix}, B = \begin{pmatrix} -1 & 1 \\ 1 & -1 \end{pmatrix} \tag{1.24}$$

如果每一个分量策略 x_i 是对 x 的唯一最优反应,即 $\widetilde{\beta}(x) = \{x\}$,那么

纳什均衡 $x \in \Theta$ 被称为严格的。换言之，纳什均衡标准要求单方面的偏离是不会有好处的，而严格纳什均衡则要求所有的这些偏离都是有成本的。因此，严格均衡可以不涉及任何随机选择；否则，就会存在某个博弈方，对他来说至少有两个纯策略可以带给他最高的收益。因此，每个严格均衡都是一个纯策略组合（多面体 Θ 的顶点）。例如，在例 1.1 的囚徒困境博弈中，纯策略组合 $s=(2, 2)$ 是一个严格纳什均衡。

纳什均衡策略不能被严格占优。但是，按照定义，纳什均衡完全可以被弱占优——可能存在（对均衡策略组合的）最优反应，这个最优反应总不会（即针对任何其他策略组合都不会）比考察的均衡策略差，而且比某个另外的策略组合好。纳什均衡 x 被称为未被占优的，如果每个分量 x_i 是未被占优的。

1.3-2 纳什均衡集的结构

纳什（1950b）证明了纳什均衡的存在性。对任何给定的博弈，令 $\Theta^{NE} \subset \Theta$ 表示其纳什均衡集合：

定理 1.1 对任何有限博弈 G：$\Theta^{NE} \neq \varnothing$。

证明 多面体 Θ 是非空的、凸的和紧的。我们知道，最优反应对应 $\widetilde{\beta}:\Theta \to \Theta$ 是上半连续的，而且我们还看到每个策略组合 $x \in \Theta$ 的像 $\widetilde{\beta}(x) \subset \Theta$ 是非空的、凸的和闭的集合。[⑧] 因此，$\widetilde{\beta}$ 和 Θ 满足角谷不动点定理的假设，从而至少对某个 $x \in \Theta$，$x \in \widetilde{\beta}(x)$。■

应注意的是，纳什均衡集可以重新写为满足如下不等式的混合策略组合：

$$\Theta^{NE} = \{x \in \Theta: u_i(x) - u_i(e_i^h, x_{-i}) \geqslant 0, \ \forall i \in I, h \in S_i\} \tag{1.25}$$

定义性不等式中的每个函数都是一个多项式，而且这类多项式性的不等式的数量是有限的（有 m 个不等式）。考察任何单变量的多项式。从直观上来看很清楚的是，使得多项式非负的集合是有限多个区间的并（画出图像来！）。式（1.25）右边的集合是向量变量多项式的有限多个非负集合的交集。根据代数几何学的一个经典结果，可以得出如下结论：这类集合含有有

限多个分离集、闭集和连通集。它们通常被称为博弈的纳什均衡分量(Kohlberg and Mertens, 1986):

命题 1.2 集合 Θ^{NE} 是分离集、闭集和连通集的有限并。

如果将严格纳什均衡视为一个单点集,那么它就是一个这样的分量。但是,很多博弈中没有纳什均衡,而且很多博弈确实没有单点集分量。尤其是,没有达到扩展式博弈中所有信息集的任何纳什均衡都是不严格的。这是因为,在没有人到达信息集上的博弈方可能会改变他的局部策略,而不影响他的收益。因此,对某个策略组合,他会有多重最优反应。而且,如果扩展式博弈终点上的所有收益是不同的,那么足够小的局部单方面偏离均衡轨迹不影响其他博弈方的最优反应。因此,博弈的均衡属于整个纳什均衡连续统,即属于 Θ^{NE} 的一个非单点集分量。Kreps 和 Wilson(1982)已经证明了,对任何这类扩展式典型博弈而言,所有博弈方的收益函数在 Θ^{NE} 上的每个分量上都是恒定不变的。⑨

例 1.6 考察两博弈方的进入阻挠博弈(entry deterrence game),图 1.4(a)给出了它的扩展式(它等价于 Selten(1978)的连锁店博弈)。博弈方 1 可以看作博弈方 2 的市场(或者领地)的潜在竞争者。博弈方 2(垄断者)想把博弈方 1(竞争者)挡在外边;这时博弈方 2 得到了他的最高收益(4)。而如果博弈方 1 进入了,那么博弈方 2 有两个选择:要么让步(分享市场或者领地),要么应战。这个博弈的标准式是由下面的两个收益矩阵给出的:

$$A=\begin{pmatrix}2 & 0\\ 1 & 1\end{pmatrix},\ B=\begin{pmatrix}2 & 0\\ 4 & 4\end{pmatrix}$$

令 x_{11} 表示第一个博弈方进入(E)的概率,x_{21} 表示第二个博弈方让步(Y)的概率,那么纳什均衡集 Θ^{NE} 由两个分量组成,博弈方 1 进入博弈方 2 让步的单点集 $C=\{e_1^1,\ e_2^1\}$ 和连续统分量

$$C'=\left\{x\in\Theta: x_{11}=0,\ x_{21}\leqslant\frac{1}{2}\right\}$$

其中,博弈方 1 不进入,而且与博弈方 1 进入的情形相比,博弈方 2 更有可能应战,而不是让步;参见图 1.4(b)。这个博弈唯一的子博弈完美均衡是,竞争者进入,垄断者让步。后者应战的纳什均衡威胁是不可信的;垄断者在竞

(a)

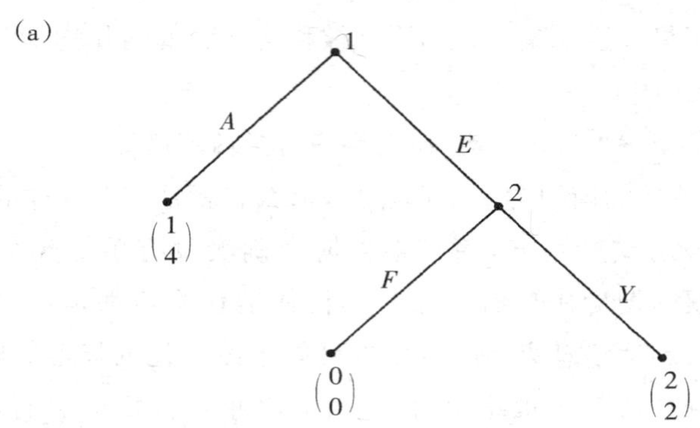

(b)

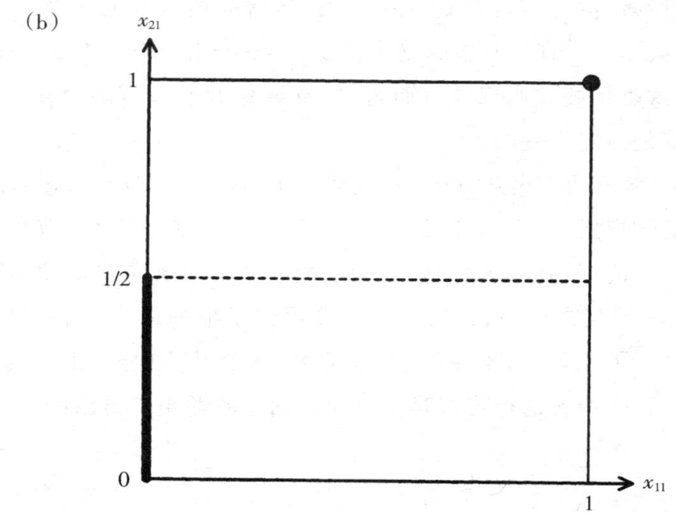

(a)例 1.6 中进入阻挠博弈的扩展式。(b)该博弈中 Θ^{NE} 的两个分量。

图 1.4

争者进入时实施这个威胁是次优的。另外，还要注意的是，纯策略“应战”被纯策略“让步”弱占优。

1.3-3 纳什均衡集的不变性

为了便于后面的分析，我们运用纳什均衡集 Θ^{NE} 对收益变化的几个不变性。利用这几个不变性可以极大地减少计算量，而且明显不同的博弈也可以看作具有相同的最优反应对应和占优关系。

首先，从这个角度来看，只在每个博弈方的收益函数方面有某个正仿射变换的博弈 $G=(I, S, \pi)$ 与 $G'=(I, S, \pi')$ 显然是等价的。如果对每个 $i \in I$ 和所有策略组合 $s \in S$，存在某个正实数 λ_i 和实数 μ_i 使得 $\pi'_1(s)=\lambda_i\pi_i(s)+\mu_i$，那么这两个博弈就具有相同的最优反应对应与占优关系。尤其是，纳什均衡集 Θ^{NE} 在收益的这种转换下是不变的。

其次，如果在某个博弈方 i 的(与其他博弈方的任何固定纯组合 s_{-i} 相联的)所有收益上加上一个相同的常数，那么最优反应集与占优排序也不受影响。准确地说，令 $i \in I$，$\bar{s}_{-i} \in \times_{j \neq i} S_j$ 且 $v_i \in R$；如果 $s_{-i}=\bar{s}_{-i}$ 通过 $\pi'_i(s)=\pi_i(s)+v_i$ 来定义 $\pi'_i: S \rightarrow R$，其他情况下通过 $\pi'_i(s)=\pi_i(s)$ 来定义它；令 $u'_i: R^m \rightarrow R$ 来表示与 π_i 相联系的混合策略收益函数。那么，对于博弈方 i 的所有策略组合 $y \in \Theta$ 和策略 $x_i, z_i \in \Delta_i$，

$$u'_i(x_i, y_{-i})-u'_i(z_i, y_{-i})=u_i(x_i, y_{-i})-u_i(z_i, y_{-i}) \qquad (1.26)$$

因此，每当博弈方 i 比较他的任何两个纯策略或者混合策略时，不论常数 v_i 和其他博弈方的策略为何，他都会达到相同的收益差(payoff difference)。他的纯策略与混合最优反应对应，以及他的弱占优排序和强占优排序都不受他的纯策略收益函数 π_i 的局部变动 v_i 的影响。尤其是，纳什均衡集 Θ^{NE} 保持不变。[10]

在两人博弈中，收益函数的这两种转换尤其有用。将这类博弈的收益矩阵表示为(A, B)。那么博弈方 1 收益函数的正仿射变换蕴涵着某个矩阵 A' 替代了矩阵 A 使得对某个 $\lambda_1 \in R_{++}$ 和 $\mu_1 \in R$，$a'_{hk}=\lambda_1 a_{hk}+\mu_1$。博弈方 1 作为“行博弈方”，他的收益函数的局部的变动对应着某个矩阵 A' 替代了矩阵 A，使得 A' 中一列的所有项与 A 中同一列的对应项之间只差一个相同的常数 $v_1 \in R$。正式地，对所有 h，有 $a'_{hk^*}=a_{hk^*}+v_1$；对所有的 h 和所有的 $k \neq k^*$，有 $a'_{hk}=a_{hk}$。由于博弈方 2 选择列，所以他的收益函数的局部变动对应着在收益矩阵 B 的行上进行同类的加法运算。

例 1.7　重新考察例 1.6 中的进入阻挠博弈。从收益矩阵 A 第一列中的每一项减去 1 单位的收益将不改变博弈方 1 的最优反应对应。类似地，从收益矩阵 A 第二行中的每一项减去 4 单位的收益将不改变博弈方 2 的最优反应对应。收益的这些局部变化产生了下面的收益矩阵 A' 和 B'。而且，

将 B' 中的所有项除以 2 也不改变 2 的最优反应(这是一个正的仿射变换),从而得到了只有 0 和 1 的矩阵对 (A', B'')。这样不改变纳什均衡,但是简化了计算:⑪

$$A' = \begin{pmatrix} 1 & 0 \\ 0 & 1 \end{pmatrix}, B' = \begin{pmatrix} 2 & 0 \\ 0 & 0 \end{pmatrix}, B'' = \begin{pmatrix} 1 & 0 \\ 0 & 0 \end{pmatrix}$$

1.4 纳什均衡的精炼

自从 20 世纪 70 年代末期开始,已经有很多精炼纳什均衡概念的尝试,每个精炼都是为了剔除某种不合理或者脆弱的纳什均衡(关于这一邻域的杰出论述,请参阅 van Damme, 1987)。这里只定义几种标准式的精炼,这几种精炼都与某种演化标准有关系。

1.4-1 完美化

最有名的非合作精炼要算 Selten(1975)提出来的"颤抖手"完美化(perfection)。顾名思义,这种精炼剔除了对博弈方策略的颤抖不稳健的纳什均衡。

用 $G=(I, \Theta, \mu)$ 来表示博弈,用 μ 表示每个博弈方 i 的犯错误函数,其对纯策略 $h \in S_i$ 赋予了数 $\mu_{ih} \in (0, 1)$,用以表示该策略被"错误地"采用的概率,其中 $\sum_h \mu_{ih} < 1$。这样的犯错误函数 μ 为每个博弈方 $i \in I$ 定义了他可以实施的混合策略的子集 $\Delta_i(\mu) = \{x \in \Delta_i : x_{ih} \geqslant \mu_{ih}\} \subset \text{int}(\Theta)$。相应的被扰动博弈为 $G(\mu) = (I, \Theta(\mu), u)$,其中 $\Theta(\mu) = \times_{i=1}^{n} \Delta_i(\mu) \subset \text{int}(\Theta)$。根据标准的理论,每个这样的被扰动的博弈 $G(\mu)$ 都有应该非空的纳什均衡集 $\Theta^{NE}(\mu)$。犯错误的概率越小,$\Theta(\mu)$ 就越大;并且当所有犯错误的概率趋于零时(写作 $\mu \to 0$),相应的被扰动的博弈 $G(\mu)$ 趋于原来的博弈。

定义 1.4 $x \in \Theta^{NE}$ 是完美的,如果对被扰动的博弈的某个序列 $\{G(\mu^t)\}_{\mu^t \to 0}$ 存在策略组合 $x^t \in \Theta^{NE}(\mu^t)$ 使得 $x^t \to x$。

特别地,每个内点纳什均衡是完美的。如果 $x \in \text{int}(\Theta)$,那么对足够小

的犯错误概率 μ_{ih}，$x \in \Theta(\mu)$。如果 $x \in \Theta^{NE}$，那么 $x \in \Theta^{NE}(\mu)$。

由于如下陈述是充分的：要考察的纳什均衡对某些低概率的扰动（tremble）是稳健的，所以即使不存在内点纳什均衡，存在性也不难证明（Selten，1975）。将完美纳什均衡（perfect Nash equilibrium，PE）集记为 Θ^{PE}。

命题 1.3 对任何（有限）博弈：$\Theta^{PE} \neq \varnothing$。

证明 对任何序列 $\{G(\mu^t)\}_{\mu^t \to 0}$ 和每个 t，令 $x^t \in \Theta^{NE}(\mu^t)$。由于 $\{x^t\}_{t=1}^{\infty}$ 是来自紧集合 Θ 的序列，所以它有一个收敛子序列 $\{y^s\}_{s=1}^{\infty}$，其极限为 $x^* \in \Theta$。对于每个 s，$G(\mu^s)$ 是对应的受扰动博弈。按照标准连续性理论，$x^* \in \Theta^{NE}$，且 x^* 是完美的，因为对于所有的 s，$y^s \to x^*$ 且 $y^s \in \Theta^{NE}(\mu^s)$。■

Selten（1975）证明一个纳什均衡组合 x 是完美的，当且仅当 x 的每个邻域内存在某个内点策略组合 y，x 是 y 的最佳回应。换言之，即使博弈者对彼此的策略不太确定因而对博弈中的所有纯策略都赋予一个（小的）正概率，他们也应该愿意实施其均衡策略 x_i。也可证明如果博弈中只有两个博弈方，那么逆命题也成立（van Damme，1987）：

命题 1.4 每个 $x \in \Theta^{PE}$ 都是不被占优的。如果在一个两人博弈中 $x \in \Theta^{NE}$ 是不被占优的，那么 $x \in \Theta^{PE}$。

（其证明参见 van Damme（1987）。）

1.4-2 真完美性*

上述完美标准仅要求针对某些颤抖的稳健性，但没有要求这些颤抖在任何意义上都是合理的。另外，Myerson（1978）还建议了一个在这方面更严格的稳健性标准。他的思想是，对下面的这类颤抖要求稳健性，这类颤抖满足成本低的错误比成本高的错误更有可能发生。因此，在"犯错误的技术"上有一些理性的成分；就好像博弈方对破坏性强的错误有更高的警惕性。

给定 $\varepsilon > 0$，策略组合 $y \in \text{int}(\Theta)$ 是 ε-真完美性（proper）的，如果

$$u_i(e_i^h, y_{-i}) < u_i(e_i^k, y_{-i}) \Rightarrow y_{ih} \leqslant \varepsilon y_{ik} \tag{1.27}$$

对任何 $\varepsilon > 0$，任何内点纳什均衡 $y \in \Theta^{NE}$ 显然都是 ε-真完美性的，因为这种

* 这里的"真"是真子集意义上的"真"。——译者注

情况下，每个博弈方 i 的所有纯策略针对 y，都得到相同的(最大)收益。

定义 1.5 $x \in \Theta^{NE}$ 是真完美性的，如果对某个序列 $\varepsilon^t \to 0$，存在 ε^t-真完美性的组合 $y(\varepsilon^t)$ 使得 $y(\varepsilon^t) \to x$。

显然，每个内点纳什均衡都是真完美性的；对所有的 t，只需令 $y(\varepsilon^t) = x$ 即可。Myerson(1978)证明了真完美性均衡总是存在的，而且每个真完美性纳什均衡是完美的。

在非合作博弈论的很多应用中，我们可以将博弈表示为扩展式，其中行动次序与动态信息结构是显式的。扩展式博弈的应用广泛的解的概念有 Selten(1975)的扩展式(颤抖手)完美标准，以及 Kreps 和 Wilson(1982)的序贯均衡的概念。这两个概念都是 Selten(1965)子博弈完美标准的精炼，而子博弈完美标准又是纳什均衡概念的精炼。van Damme(1984)与 Kohlberg 和 Mertens(1986)证明，任何标准式的真完美性均衡都可以引致相应扩展式的序贯均衡。

1.4-3 严格完美化

对哪个扰动是合理的这个问题，完美并不总是清楚的。如果对所有(低概率)的扰动要求稳健性会出现什么结果呢？Okada(1981)提出了严格的稳健性标准。用完美均衡的话来说：

定义 1.6 $x \in \Theta^{NE}$ 是严格完美的，如果对受扰动博弈的每个序列 $\{G(\mu^t)\}_{\mu^t \to 0}$ 存在策略组合 $x^t \in \Theta^{NE}(\mu^t)$ 使得 $x^t \to x$。

如同完美化与约当性的情形，每个内点纳什均衡 x 都是严格完美的；对所有的足够大的 t，只需令 $x^t = x$ (使得 $x^t \in \Theta^{NE}(\mu^t)$)。我们还可以证明，每个严格纳什均衡都是严格完美的，唯一纳什均衡是严格完美的，而且每个严格完美均衡是约当的(Okada, 1981)。下面的例子将说明，有些博弈没有严格完美均衡。

例 1.8 考察下面双矩阵收益(A, B)给出的博弈，其中，$\alpha, \beta > 0$。(van Damme(1987)给出了相似的例子。)博弈方 2 对博弈方 1 采用的任何策略的唯一最优反应是博弈方 2 的第一个纯策略。当博弈方 2 运用这个策略时(即 $x_{21} = 1$)，博弈方 1 在他的两个纯策略之间是无差异的。因此纳什均衡集 Θ^{NE} 是单点分量 $\{x \in \Theta: x_{21} = 1\}$，参见下面的图 1.5。这些纳什均衡都是完美的。但

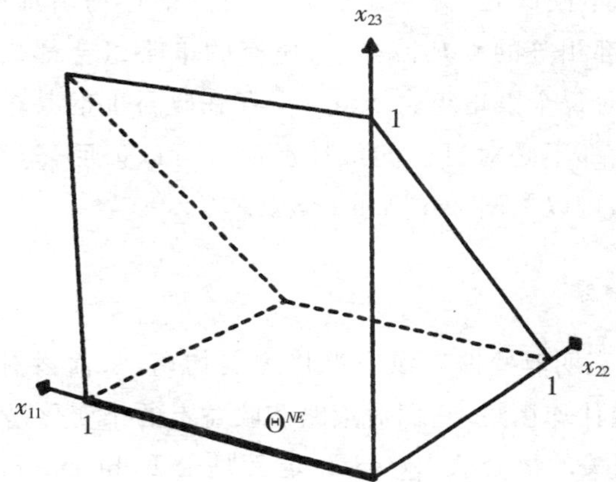

例 1.8 中博弈的纳什均衡集 Θ^{NE}。

图 1.5

是，都不是严格完美的；任何 $x \in \Theta^{NE}$ 对某些扰动序列都是脆弱的。

$$A = \begin{pmatrix} 0 & \alpha & 0 \\ 0 & 0 & \alpha \end{pmatrix},\ B = \begin{pmatrix} \beta & 0 & 0 \\ \beta & 0 & 0 \end{pmatrix} \tag{1.28}$$

1.4-4 本质性

与弱占优标准不同的是，纳什均衡概念的最早的精炼可能是 Wu 和 Jiang (1962)的本质(essential)纳什均衡。[12]他们的基本思想是剔除对博弈方的收益扰动不具稳健性的纳什均衡。更准确地说，这种做法定义博弈之间的"距离"，这些博弈有着相同的博弈方集合 I 和纯策略空间 S，但有着不同的纯策略收益，而且要求所有邻近的博弈有邻近的纳什均衡。

正式地，将要考察的博弈表示为 $G=(I, S, \pi)$，并考察另外某个博弈 $G'=(I, S, \pi')$。将博弈 G 与博弈 G'之间的距离定义为它们之间的最大收益差：[13]

$$d(G, G') = \max_{i \in I,\ s \in S} | \pi_i(s) - \pi'_i(s) |$$

定义 1.7 $x \in \Theta^{NE}$ 是本质的，如果对每个 $\varepsilon > 0$ 存在一个 $\delta > 0$，使得距离博弈 G 的收益 δ 范围内的每个博弈 G' 在距离 x 的 ε 范围内都有一个纳什均衡。

与其他精炼不同的是，并不是所有的内点纳什均衡都满足这一条。例如，在所有收益都相等的平凡博弈中，所有的策略组合都是纳什均衡，但都不是本质，因为对每个策略组合 $x \in \Theta$，存在收益上的某个轻微变化，使得邻近的策略组合都不是对自己的最优反应。可以证明，每个本质均衡是严格完美的（例如，可以参阅 van Damme，1987）。

1.4-5 集合式精炼

虽然例 1.8 表明有些博弈没有严格完美均衡，从而没有本质均衡，但是总存在稳健的纳什均衡集，它们对策略和收益上的小变化是稳健的。

下面严格完美的集合式（setwise）定义是由 Kohlberg 和 Mertens（1986）提出来的：

定义 1.8 $x \subset \Theta^{NE}$ 在策略上是稳定的，如果对于下面的特征它是最小的话：X 是非空的和闭的，并且对于每个 $\varepsilon > 0$，存在某个 $\delta > 0$ 使得每个策略受扰动的博弈 $G(\mu) = (I, \Theta(\mu), u)$（扰动 $\mu_{ih} < \delta$）在集合 X 的 ε 范围内有某个纳什均衡。

这里最小性的意思是，这个集合不包含任何具有所述稳健性特征的真子集。可以证明，这种最小性要求意味着，对任何扰动序列不具稳健性的纳什均衡都会被排除掉。换言之，策略稳定集合是由完美纳什均衡组成的（van Damme，1987）。

类似地，我们可以用集值来定义本质：

定义 1.9 非空的闭集 $X \subset \Theta^{NE}$ 是本质的，如果对每个 $\varepsilon > 0$，存在一个 $\delta > 0$ 使得 G 周围 δ 收益范围内的每个博弈 G' 在距离 X 的 ε 范围内都有一个纳什均衡。

Kohlberg 和 Mertens（1986）证明，在每个（有限）博弈中，纳什均衡集 Θ^{NE} 中至少有一个分量是本质的（还可以参见 Jiang，1963）。而且，这个分量总是包含一个策略稳定子集。

例 1.9 例 1.8 中的纳什均衡集可以视为单个分量。因此，集合 $X = \Theta^{NE}$ 是本质的，而且包含了策略稳定子集 Y。要使得这样的子集对策略方面的所有扰动都是稳健的，Y 必须包含 Θ^{NE} 的两个端点。的确，这两点的并在这个意义上是稳健的，因此 $Y = \{(e_1^1, e_1^2), (e_2^1, e_1^2)\}$ 是策略稳定的，而且是该博弈中唯一的策略稳定集合。而且子集 Y 是本质的；在这个特征方面，它的确是最小集（这类集合在 Kohlberg 和 Mertens(1986)中被称为超稳定的)。

1.5 两人对称博弈

两人对称博弈这类博弈提供了大部分演化博弈论所需的基本设定，而且在这种特殊的情形下可以得到许多最重要的洞见。

1.5-1 定义与符号

更准确地，当我们说两人对称博弈 $G=(I, S, \pi)$ 时，我们假定只存在两个博弈方，每个博弈方有相同数量的纯策略，而且任何策略的收益都独立于博弈方的角色。正式地：

定义 1.10 博弈 $G=(I, S, \pi)$ 是两人对称博弈，如果 $I=\{1, 2\}$，$S_1=S_2$，且对所有的 $(s_1, s_2)\in S$，$\pi_2(s_1, s_2)=\pi_1(s_2, s_1)$。

对纯策略收益函数的这种对称性要求等价于要求第二个博弈方的收益矩阵是第一个博弈方收益矩阵的转置：$B=A^T$。[14]换言之，当博弈方 1 运用纯策略 i 且博弈方 2 运用纯策略 j 时博弈方 2 的收益 b_{ij} 等于当博弈方 1 运用纯策略 j 且博弈方 2 运用纯策略 i 时博弈方 1 的收益 a_{ji}。

例如，例 1.1 中的囚徒困境博弈是对称的，例 1.4 中的占优可解博弈也是对称的；而例 1.5 中的猜硬币博弈与例 1.6 中的进入阻挠博弈都不是对称的。

我们将用 $K=\{1, 2, \cdots, k\}$ 来表示共同的纯策略集，这里的 k 是两个博弈方可以实施的策略的数量。第一个博弈方的混合策略通常表示为 $x\in\Delta$，第二个博弈方的混合策略通常表示为 $y\in\Delta$，这里 Δ 表示共同混合策略集，$\Delta=\{x\in R_+^k: \sum_{i\in K}x_i=1\}$。（因此，$\Theta=\Delta^2$。）针对某个混合策略 $y\in\Delta$ 采取任何纯策略 $i\in K$ 的收益可表示为 $u(e^i, y)=e^i\cdot Ay$。对任何对方策略 $y\in\Delta$ 的最佳反应集合将表示为 $\beta^*(y)$：

$$\beta^*(y)=\{x\in\Delta: u(x, y)\geqslant u(x', y), \forall x'\in\Delta\} \tag{1.29}$$

因此,与将策略组合映射到策略组合集合的通常的最优反应对应 $\widetilde{\beta}$ 不同,β^* 将策略映射到策略集。对任何两人对称博弈及任何策略组合 $(x, y) \in \Theta$: $\widetilde{\beta}_1(x, y) = \beta^*(y)$ 且 $\widetilde{\beta}_2(x, y) = \beta^*(x)$。

作为更特殊的情形,有时候我们考察两个博弈方的状况总是同样好或者同样坏的两人对称博弈。这类博弈有时被称为伙伴博弈(partnership game)(Hofbauer and Sigmund, 1988)。从数学上来说,该博弈的定性特征是,收益矩阵 A 是对称的。因此,这类两人对称博弈被称为双重对称的:

定义 1.11 如果 $A^T = A$,那么两人对称博弈就是双重对称的。

由于对称性要求 $B^T = A$,所以当且仅当 $B = A$,或者等价地,对所有 $x, y \in \Delta$, $u(x, y) = u(y, x)$ 时,对称博弈才是双重对称的。前文中对称博弈的例子都不是双重对称的。

例 1.10 如下的收益矩阵给出了一个双重对称的 2×2 博弈。

$$A = \begin{pmatrix} 2 & 0 \\ 0 & 1 \end{pmatrix} = B = \begin{pmatrix} 2 & 0 \\ 0 & 1 \end{pmatrix}$$

它被称为协调博弈。在这里,这两个博弈方都(严格)偏好策略组合 $s = (1, 1)$,这个策略组合给每个博弈方都带来了 2 单位的收益。的确,s 是一个严格纳什均衡。但是,纯策略组合 $s' = (2, 2)$ 也是一个严格纳什均衡,给每个博弈方带来 1 单位的收益。如果一个博弈方预期另一个博弈方采取策略 2 的概率足够高,那么他的唯一最优反应是也采取策略 2。该博弈还有第三个混合的纳什均衡;当 $x = \left(\frac{1}{3}, \frac{2}{3}\right)$ 时,它是对称的对 $(x, x) \in \Delta^2$。在这个均衡中,每个博弈方的收益是 $\frac{2}{3}$,低于两个严格均衡中的收益。显然,所有纳什均衡是完美的:两个均衡是严格的,一个均衡是内点均衡。

1.5-2 对称纳什均衡

在目前对称博弈的设定中,策略对 $(x, y) \in \Theta = \Delta^2$ 构成了一个纳什均衡 $(x, y) \in \Theta^{NE}$,当且仅当 $x \in \beta^*(y)$ 且 $y \in \beta^*(x)$。如果 $x = y$,也就是说,如果两个博弈方运用相同的(混合或者纯)策略,那么纳什均衡 (x, y) 被称为对称的。纳什均衡策略 $x \in \Delta$ 的子集以后将表示为

$$\Delta^{NE} = \{x \in \Delta : (x, x) \in \Theta^{NE}\} \tag{1.30}$$

在几何上，它表现为集合 Θ^{NE} 与 Θ 的对角线 $D = \{(x, y) \in \Theta : x = y\}$ 的交集。等价地，$\Delta^{NE} \subset \Delta$ 是最优反应对应 $\beta^* : \Delta \rightarrow \Delta$ 的不动点集。

并不是所有对称博弈的纳什均衡都是对称的（下面的例 1.11 就不是）。但是，每个对称博弈至少有一个对称纳什均衡。在对应 β^* 上运用角谷不动点定理得到：

命题 1.5 对任何有限的、双人对称博弈而言，$\Delta^{NE} \neq \varnothing$。

证明 集合 Δ 是非空的、凸的和紧的；对每个 $y \in \Delta$，子集 $\beta^*(y) \subset \Delta$ 也是非空的、凸的紧的。根据标准的理论，可以证明 β^* 是上半连续的。根据角谷定理，存在某个 $y \in \beta^*(y)$。■

例 1.11 演化博弈论的一个经典例子是鹰—鸽博弈，在这个博弈中每个博弈方有两个纯策略：作战与让步。针对策略 2（让步）采取策略 1（作战）会得到收益 $v > 0$，这时采取策略 2 得到的收益为 0。每个博弈方在作战中取胜的概率是相等的，在作战中失败的成本为 $c > 0$。针对策略 1 采取策略 1 带来收益 v 的概率为 $\frac{1}{2}$，带来收益 $-c$ 的概率也是 $\frac{1}{2}$。针对策略 1 采取策略 1 带来的预期（平均）收益为 $(v-c)/2$。当两个博弈方都让步时，每人得到的收益为 $v/2$。因此，博弈方 1 的收益矩阵为 $A = \begin{pmatrix} (v-c)/2 & v \\ 0 & v/2 \end{pmatrix}$，而且 $B = A^T$。我们假定作战的成本超过了胜利的价值：$v < c$。

在这样的收益下，纯策略 2 是针对策略 1 的唯一最优反应，策略 1 则是针对策略 2 的唯一最优反应。两个对称纯策略对（1，2）和（2，1）都是严格纳什均衡。如果博弈方 2 采取策略 1 的概率为 $\lambda = v/c$，那么博弈方 1 的两个纯策略就会产生相同的预期收益。因此，x 赋予策略 1 概率 λ 而赋予策略 2 概率 $(1-\lambda)$ 的混合策略对 (x, x) 是一个纳什均衡。

例 1.12 下面的式（1.31）给出了一个对称性 3×3 双人博弈的收益矩阵。这是一个小孩子玩的著名游戏，被称为石头—剪子—布：石头（策略 1）“击败”了剪子（策略 2），剪子“击败”了布（策略 3），布“击败”了石头。容易验证，这个博弈没有纯策略纳什均衡，它只有一个混合策略纳什均衡，即每个博弈方都均匀随机选择的策略对 (x, x)，也就是 $x = \left(\frac{1}{3}, \frac{1}{3}, \frac{1}{3}\right)$：

$$A = \begin{pmatrix} 1 & 2 & 0 \\ 0 & 1 & 2 \\ 2 & 0 & 1 \end{pmatrix} \tag{1.31}$$

1.5-3　2×2 对称博弈的分类

本小节我们考察每个博弈方只有两个纯策略的双人对称博弈。即使在这个非常简单的设定下，理性的方法与演化的方法产生的结果也是迥然不同的。本小节将证明，对占优关系与最优反应，只存在三种基本类型的 2×2 对称博弈。这里的"基本"是指没有重合的收益。

为了看清这一点，考察具有如下收益矩阵的任何 2×2 对称博弈

$$A = \begin{pmatrix} a_{11} & a_{12} \\ a_{21} & a_{22} \end{pmatrix} \tag{1.32}$$

从第一列中减去 a_{21}，从第二列中减去 a_{12} 得到等价的矩阵

$$A' = \begin{pmatrix} a_{11} - a_{21} & 0 \\ 0 & a_{22} - a_{12} \end{pmatrix} \tag{1.33}$$

这个新的矩阵是对称的。从而我们得到了一个双重对称博弈，收益矩阵为

$$A' = \begin{pmatrix} a_1 & 0 \\ 0 & a_2 \end{pmatrix} \tag{1.34}$$

其中，$a_1 = a_{11} - a_{21}$ 且 $a_2 = a_{22} - a_{12}$。

我们可以得出如下结论：任何 2×2 对称博弈通过标准化可以表示为平面中的一个点 $a = (a_1, a_1) \subset R^2$。在本书中，我们将说，其标准化的收益向量 $a \in R^2$ 在二维空间的西北象限的 2×2 对称博弈属于第一类博弈，其标准化的收益向量 $a \in R^2$ 在二维空间的东北象限的 2×2 对称博弈属于第二类博弈，其标准化的收益向量 $a \in R^2$ 在二维空间的西南象限的 2×2 对称博弈属于第三类博弈，其标准化的收益向量 $a \in R^2$ 在二维空间的东南象限的 2×2 对称博弈属于第四类博弈。参见图 1.6。

可以看出，每种类型的博弈都具有性质相同的最优反应特征，而第四类博弈只不过是第一类博弈的镜像。因此，由是观之，只有三类基本的 2×2 对称博弈，

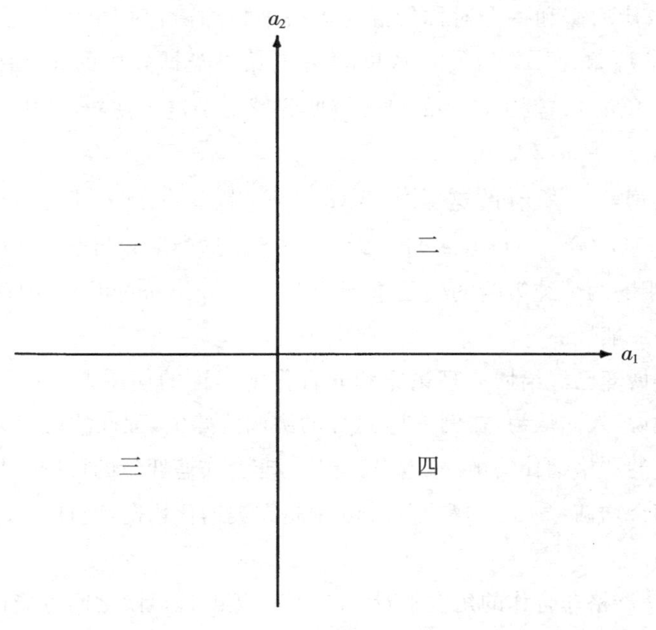

2×2 对称博弈的四种类型。

图 1.6

其中的四个收益 a_{ij} 都是不同的。在这样的博弈中，a_1 和 a_2 都是非零的。

第一类博弈　显然，在这类博弈（$a_1<0$ 且 $a_2>0$）的任何博弈中，策略 2 严格优于策略 1。因此，所有的这类博弈都是严格占优可解的：$S^D=\{(2,2)\}\subset S$。从而，$\Theta^{NE}=\{(e^2,e^2)\}$ 且 $\Delta^{NE}=\{e^2\}$。这类博弈的一个典型例子是例 1.1 中的“囚徒困境”博弈。对式(1.1)中的矩阵 A 和 B 中的收益进行标准化得到 $a_1=-1$，$a_2=3$。

第二类博弈　在这类博弈（$a_1, a_2>0$）中的所有博弈显然有两个对称的严格纳什均衡，而且容易验证，混合策略 $\hat{x}=(a_2/(a_1+a_2), a_1(a_1+a_2))\in\Delta$ 是针对其自身的纳什均衡。因此，这里我们有 $S^D=S=\{1,2\}$，$\Theta^{NE}=\{(e^1,e^2),(e^2,e^2),(\hat{x},\hat{x})\}$，$\Delta^{NE}=\{e^1,e^2,\hat{x}\}$。例 1.10 中的协调博弈就是这类博弈。

第三类博弈　在这类博弈（$a_1, a_2<0$）中，没有策略被占优，$S^D=S$，但是对纯策略的最优反应会是另一个纯策略。因此，这类博弈有两个不对

称的严格纳什均衡和一个对称的混合策略纳什均衡：$\Theta^{NE}=\{(e^1, e^2), (e^2, e^1), (\hat{x}, \hat{x})\}$ 和 $\Delta^{NE}=\{\hat{x}\}$，这里的 $\hat{x}$ 与第二类博弈中的 $\hat{x}$ 相同（现在分子分母都是负的）。例 1.11 中的鹰—鸽博弈就属于这类博弈，其中，$a_1=(v-c)/2<0$，$a_2=-v/2<0$。

第四类博弈 所有的这类博弈（$a_1>0$ 且 $a_2<0$）都是占优可解的：$S^D=\{(1, 1)\}$，$\Theta^{NE}=\{(e^1, e^1)\}$，$\Delta^{NE}=\{e^1\}$。这类博弈与第一类博弈是恒等的，是对其中的两个纯策略的模的重新标识（modulo relabeling），因此可以忽略不计而不失一般性。

第二类博弈已经给博弈理论家和非合作博弈论的使用者造成了相当的困惑。具体地说，人们认为，在例 1.10 这样的协调博弈中，理性的博弈方应该选择帕累托占优的严格纳什均衡(e^1, e^1)。相反，非合作博弈论的标准工具并没有排除其他的两个均衡；(e^2, e^2)和 $(\hat{x}, \hat{x})$ 都是完美纳什均衡，而且(e^2, e^2)还是严格纳什均衡。

但是，从严格非合作的角度来看，在效率和策略性风险之间可能存在着权衡取舍关系，这是 Aumann（1987；也可以参考 Harsanyi and Selten, 1988）提出来的。例如，不妨考察有着如下收益矩阵的 2×2 对称（“狩鹿”）博弈：

$$A=\begin{pmatrix}2 & 3\\0 & 4\end{pmatrix} \tag{1.35}$$

这里严格纳什均衡(e^2, e^2)帕累托优于严格纳什均衡(e^1, e^1)。“理性的”博弈方应该选择(e^2, e^2)吗？从下面的意义上来说，这个策略组合比(e^1, e^1)的风险更高：对手的偏离会导致 4 单位的损失，而只得到 1 单位的收益。用 Harsanyi 和 Selten（1988）的话来说，均衡(e^1, e^1)风险占优(e^2, e^2)。

用标准化的收益来表示，风险占优的标准是简单的。考察任何标准化收益为 $a_1, a_2>0$ 的 2×2 对称博弈：

定义 1.12 如果 $a_1>a_2$，那么$(e^1, e^1)\in\Theta^{NE}$风险占优$(e^2, e^2)\in\Theta^{NE}$。

换言之，如果经过收益的标准化后，一个严格纳什均衡严格帕累托占优另一个严格纳什均衡，那么前者风险占优后者。例如，将式（1.35）中的收益标准化会得到 $a_1=2$ 和 $a_2=1$。这就是例 1.10 中协调博弈的收益矩阵，这里按照帕累托排序，(e^1, e^1)在(e^2, e^2)之前，很多人认为理性的博弈方应该选择(e^1, e^1)而不是(e^2, e^2)！

注 释

① 之所以使用定语“相对”是因为，当Δ_i被视为R^{m_i}的子集时，它的内部是空的；而当它被视为超平面$H_i = \{x_i \subset R^{m_i} : \sum_{h=1}^{m_i} x_{ih} = 1\}$的子集时，它具有非空的内部 $\mathrm{int}(\Delta_i)$。

② 根据假定，每个博弈方至少有两个纯策略，所以$m - n > 0$。

③ 否则，结果导致的集体随机化将是相关的；关于这方面的定义和例子，可以参阅 Fudenberg 和 Tirole(1991)。

④ 有些作者甚至认为，“理性”的博弈方从不运用弱劣策略（如 Kohlberg and Mertens, 1986）。

⑤ 更准确地说，最终结果独立于每次只剔除某些被占优策略，还是剔除所有被占优策略。具体细节，可以参阅 Fudenberg 和 Tirole(1991)。

⑥ 这里隐含地假定，知道另外一个博弈方的收益函数意味着这个函数的确代表着他的偏好。

⑦ 两个儿童，每人持有一便士，独立地选择要显示哪一面。如果两人显示的面相同，那么第一个儿童赢；否则第二个儿童赢。

⑧ 对应$\varphi: X \rightarrow Y$在点$x \in X$处上半连续是指，对每个包含像$\varphi(x) \subset Y$的开集V而言，存在包含x的开集U使得对所有的$x' \in U$，有$\varphi(x') \subset V$。由于收益函数u是连续的，所以$\tilde{\beta}$具有这个特征。实际上，从 Berge 极大值定理可以直接得到这个结果。

⑨ 博弈的扩展式是由 Kuhn(1953)提出的。正式的处理可参看 Kreps 和 Wilson(1982)，Fudenberg 和 Tirole(1991)，或者 van Damme(1987)。

⑩ Salvage(1954)在单人决策理论的设定下，早就观察到我们这里称为效用的局部变动在决策论方面的不相关性。

⑪ 但是，要注意的是，这些变换打破了与图 1.4(a)中初始扩展式的联系。

⑫ 这是稳健性标准在连续函数不动点方面的应用，最早是由 Fort(1950)提出来的。

⑬ 用哪种度量在这里是无关紧要的，因为纯策略是有限的。

⑭ 在这类博弈中，每个收益矩阵都是方阵。

2
演化稳定性标准

演化博弈论中的一个关键概念是*演化稳定策略*(Maynard Smith and Price，1973；Maynard Smith，1974，1982)。这样的策略在严格的演化选择的压力下也是稳健的。假设从一个大群体中重复随机选择某些人来进行两人对称博弈，并且假设开始的时候这个博弈中所有的人都天生地或者“被设定好了”要实施某个固定的纯策略或混合策略。现在让一部分个体也同样被规定好了去实施另外某个固定的纯策略或混合策略。若对每一个这样的变异策略，存在一个正的入侵壁垒(invasion barrier)使得：如果选择这个变异策略的人在群体中的比例低于这个壁垒，那么原有策略得到的收益高于变异策略得到的收益，我们就说原有策略是演化稳定的。

因此，该方法关注的是单个大群体中的对称成对博弈。尤其是，该方法不研究一次发生在两个以上个体间的博弈。而且，演化稳定性的标准隐含着博弈中的收益与群体中策略类型之间的紧密联系。假设博弈中的收益代表生物适应性的收益或者该博弈的繁殖价值(reproductive value)。[①] 在这一生物学的解释中，演化稳定性标准可以说从一个外生环境到一个策略环境拓展了达尔文的适者生存理论，在这个策略环境中，给定行为(策略)的适应性取决于其他人的行为(策略)。

然而，正如在纳什均衡中一样，演化稳定性没有解释一个群体是怎样得出这一策略的。相反，它问的是，这一策略一旦达到，在演化压力下是不是稳健的。

在描述上述的演化稳定性条件时，所指的进行博弈的群体规模是很大的。这个群体很大的假设起到什么作用呢？群体的规模在技术和策略两个不同方面是有意义的。首先，为了使假定的入侵壁垒（用群体份额表示）对于变异是有效的，最小的入侵障碍超过 $1/n$ 是重要的，其中 n 是群体的规模。其次，群体规模必须很大使得个体当前的行为对其他个体未来行为的影响可以忽略不计。在演化稳定性分析中不考虑这类重复博弈因素。[②]要注意的是，演化稳定性是每次只针对一个变异的稳健性检验。换言之，这好像是说，变异在如下的意义上是极少的：在下一个变异发生之前，群体有时间调整到原来的状况。

除了它在生物学上的意义之外，演化稳定性还为相当广泛的人类行为，包括经济学邻域中的很多互动行为提供了一个有意义的稳健性检验。在这样的社会经济环境中，演化稳定性要求，任何尝试某种别的策略的群体的景况都不如维持现状的群体。因此，使用当前策略的人没有激励来改变他们的策略，因为他们比尝试新策略的人的景况更好，而且尝试新策略的人会重新回到原有的策略。在这样的社会经济设定中的演化稳定策略可以视为惯例。

本章中的内容安排如下。2.1 节给出演化稳定策略的一个正式定义，举一些例子，并将该定义与非合作解的概念进行比较。尤其是，我们将会看到，虽然演化稳定性不是建立在理性的基础上的，但是它要求考察的策略是针对自己的纳什均衡。在 1.4 节我们看到，虽然任何内点纳什均衡都通过了建立在扰动上面的精炼，但是并非所有这样的纳什均衡策略都是演化稳定的。从这个方面来说，演化稳定的标准比通常的精炼更严格。

2.2 节分别从均匀入侵壁垒和局部优越性的角度对演化稳定进行了刻画。这些刻画对后面的动态分析是有用的。2.3 节考察了两个弱一些的演化稳定标准，即中性稳定与针对均衡进入策略的稳健性。前者与演化稳定密切相关，刻画的方式也是相同的。后者有一点理性主义的味道，只要求针对在进入后（postentry）群体中最优的变异的稳健性；就好像变异是有意的和有预见的。

有些博弈存在某些具有某种演化稳定性的策略集。因此，我们很自然地要研究演化稳定性作为单个策略的性质向作为策略集性质的推广。2.4 节讨论两类这样的集合稳定概念——一个概念是演化稳定性在集合方面的推广(Thomas, 1985a),另一个是针对均衡进入策略的稳健性在集合方面的推广(Swinkels, 1992a)。

2.5 节关注的是双重对称博弈,在这类博弈下两个博弈方在每个策略组合下的收益都是相同的。最后我们可以看到,所讨论的演化稳定性标准对这类博弈中以平均收益定义的局部社会效率有意义。2.6 节讨论了廉价谈话(cheap-talk)博弈的演化稳定特征,这类博弈提供了无成本博弈前交流(communication)的一种限制形式。本节还简要地分析了双重对称廉价谈话博弈中全局社会效率的意义。最后,2.7 节将这种方法拓展到成对的互动行为,在这类互动中人们可以根据他们在博弈中的地位来调整他们的策略。这种拓展也适用于非对称博弈。

关于演化稳定标准的生物学特征,可以参阅 Maynard Smith(1982)的开创性著作,或者 Hammerstein 和 Selten(1993)的出色综述。Selten(1991)讨论了经济学中理性方法与演化方法的一些重要特征。关于这些结果与纳什均衡精炼关系的讨论,可以参阅 Bomze(1986)或者 van Damme(1987)。Selten(1983)还将演化稳定性标准应用到扩展式博弈中,这方面的研究还可以参阅 van Damme(1987)。Bomze 和 Pötscher(1989)与 Cressman(1992a)则在数学上进行了扩展。

2.1 演化稳定策略

本章和后面两章分析的几乎都是双人对称博弈。如同 1.5 节,纯策略集表示为 $K=\{1, 2, \cdots, k\}$,相应的混合策略集表示为 $\Delta=\{x\in R_{+}^{k}: \sum_{i\in K}x_i=1\}$。混合策略组合的多面体是 $\Theta=\Delta^2$,针对策略 $y\in\Delta$ 的策略 $x\in\Delta$ 的收益为 $u(x, y)=x\cdot Ay$,这里 A 是博弈方 1 的收益矩阵。针对任何策略 $y\in\Delta$ 的最优反应 $x\in\Delta$ 表示为 $\beta^*(y)\subset\Delta$。

2.1-1 定义

假设群体中的一小群变异者被规定好了采取相同的(混合或者纯的)原

有(incumbent)策略 $x \in \Delta$。还假设所有的变异者被规定好了采用某个另外的(纯的或者混合的)变异策略 $y \in \Delta$。将变异者占(进入后)群体的份额表示为ε,这里的$\varepsilon \in (0, 1)$。从这个双态的(存在两个不同的策略)群体中随机重复抽取成对的人来博弈,每人抽中的概率是相同的。因此,如果抽中一个人来参加博弈,那么他的对手采用变异策略 y 的概率为ε,对手采取现有策略的概率为$1-\varepsilon$。这种双态的人口中匹配的收益与采取混合策略 $w = \varepsilon y + (1-\varepsilon)x \in \Delta$ 的博弈方匹配带来的收益是相同的。因此,现有策略的进入后收益为 $u(x, w)$,变异策略的进入后收益为 $u(y, w)$。

生物学的直觉告诉我们,演化力量将不会选择变异策略,当且仅当变异策略的进入后收益(适应性)低于现有策略的收益,即

$$u[x, \varepsilon y + (1-\varepsilon)x] > u[y, \varepsilon y + (1-\varepsilon)x] \tag{2.1}$$

策略 $x \in \Delta$ 被称为演化稳定的,如果当变异者占群体的份额足够小时,这个不等式对任何"变异"策略 $y \neq x$ 都是成立的(Maynard Smith and Price, 1973; Maynard Smith, 1974):

定义 2.1 如果对任何策略 $y \neq x$,存在某个 $\bar{\varepsilon}_y \in (0, 1)$ 使得不等式(2.1)对所有的$\varepsilon \in (0, \bar{\varepsilon}_y)$都成立,那么 $x \in \Delta$ 是一个演化稳定策略(evolutionarily stable strategy, ESS)。

令 $\Delta^{ESS} \subset \Delta$ 来表示所研究的博弈的演化稳定策略集合(可能是空的)。容易验证,每个 ESS 对其自身来说一定是最优的。如果策略 x 对其自身不是最优的,那么必然针对 x 存在某个相比 x 能得到更高收益的策略 y。因此,如果这个变异策略 y 的群体份额ε足够小,那么根据 u 的连续性,y 针对群体混合(population mixture) $w = \varepsilon y + (1-\varepsilon)x$ 将得到的收益比 x 得到的收益高,因此 x 不是演化稳定的。正式地,

$$\Delta^{ESS} \subset \Delta^{NE} \tag{2.2}$$

但是演化稳定性标准的要求更为严格。如果 x 是演化稳定的,并且 y 是针对 x 的另一个最优反应,那么 x 必然是针对 y 比 y 针对自身更好的反应。为确信一个 ESS x 必须具有这种二阶性质,反过来假定 x 的另一个最优反应 y 针对自身得到的收益至少与 x 针对自身获得的收益一样多。那么对于群体混合 $w = \varepsilon y + (1-\varepsilon)x$,$y$ 得到的收益至少与 x 一样多(不论ε是

多少)，因此 x 不是演化稳定的。反过来也是成立的：如果 $x \in \Delta^{NE}$ 且另一个最优反应 y 针对自身获得的收益比 x 针对自身获得的收益少，那么这样的变异策略在进入后的群体中的表现也不如 x。由于在进入后的群体中，对 x 不是最优反应的策略 $y \neq x$ 的表现不如 x，如果变异策略在群体的份额 ε 足够小，我们就得到了如下命题：

命题 2.1　$\Delta^{ESS} = \{x \in \Delta^{NE}: u(y, y) < u(x, y),\ \forall y \in \beta^*(x),\ y \neq x\}$

一个等价的说法是，策略 $x \in \Delta$ 是演化稳定的，当且仅当它满足如下的一阶与二阶最优反应条件：

$$u(y, x) \leqslant u(x, x),\ \forall y \tag{2.3}$$

$$u(y, x) = u(x, x) \Rightarrow u(y, y) < u(x, y),\ \forall y \neq x \tag{2.4}$$

这两个条件合起来刻画了演化稳定性。事实上，这就是演化稳定性的最初定义(Maynard Smith and Price, 1973; Maynard Smith, 1974)。③

说明演化稳定性的这些替代标准之间的等价性对本书后面的论述是有用的，即对任何给定的策略 $x \in \Delta$，定义性不等式(2.1)可以写成 $f(\varepsilon, y) > 0$，其中的得分函数 $f:[0, 1] \times \Delta \to R$ 是由 $f(\varepsilon, y) = u(x-y, \varepsilon y + (1-\varepsilon)x)$ 定义的。x 的演化稳定性要求，它的值 $f(\varepsilon, y)$ 对足够小的 ε 来说针对任何 $y \neq x$ 都是正的。由于 u 的双线性，

$$f(\varepsilon, y) = u(x-y, x) + \varepsilon u(x-y, y-x) \tag{2.5}$$

因此，对给定的 $x, y \in \Delta$，值 $f(\varepsilon, y)$ 是 ε 的仿射函数，(纵向的)截距为 $u(x-y, x)$，斜率为 $u(x-y, y-x)$；参见图 2.1。④

条件(2.3)等价于如下要求：对任何 $y \in \Delta$，这个截距是非负的；条件(2.4)等价于如下要求：对任何 $y \neq x$，如果截距是零，那么斜率是正的。因此，如果这些条件得到满足，那么存在某个 $\bar{\varepsilon}_y \in (0, 1)$ 使得对所有 $\varepsilon \in (0, \bar{\varepsilon}_y)$，$f(\varepsilon, y) > 0$；也就是说，$x \in \Delta^{ESS}$。

从命题 2.1 我们马上可以得到如下结果：如果$(x, x) \in \Theta$ 是一个严格纳什均衡，那么 x 是演化稳定的——从而不存在另外的最优反应。这一点对于演化稳定性与社会效率之间的关系有着直接的含义：一般地，演化稳定性并不意味着平均群体适应性 $u(x, x)$ 的最大化。

例 2.1　在例 1.1 的囚徒困境博弈中，$x = e^2$ 是对任何策略 $y \in \Delta$ 的唯

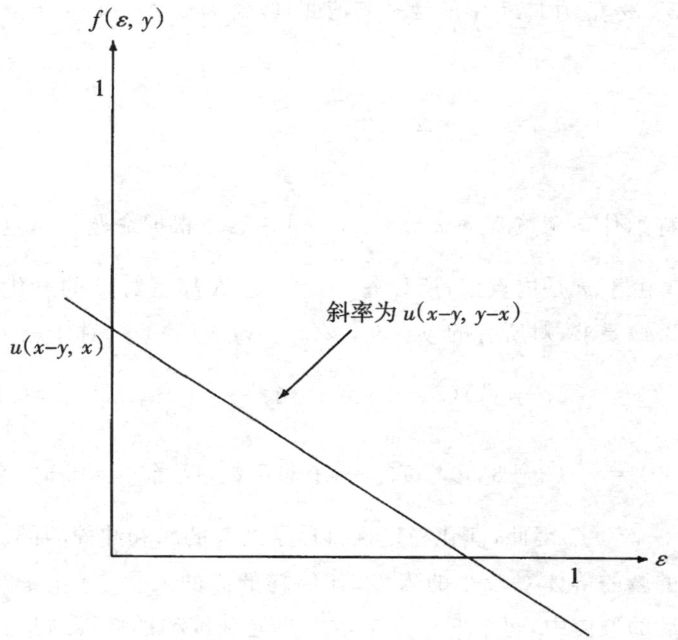

策略 x 的得分函数 f(针对策略 y 的取值)。

图 2.1

一最优反应,从而是这个博弈的唯一的 ESS。但是,如果采取第一个纯策略("合作"),两人都能得到更高的收益。因此,在(一次性的)囚徒困境博弈中,ESS 标准模型化的演化选择不支持任何程度的"合作"。

在囚徒困境博弈中,社会最优具有内在的不稳定性;它要求两个博弈方都采取严格劣策略。下面的例子说明,即使社会最优是一个严格纳什均衡,演化稳定性也会得到社会低效率。

例 2.2　例 1.10 中协调博弈中的每个纯策略都是一个 ESS,这是因为每个纯策略都是针对自身的最优反应。尤其是,演化稳定性并不排斥社会意义上低效的策略组合(e^2, e^2)。从这个意义上来说,社会低效的惯例(当他们遇到时总是选择策略 2)可能是演化稳定的。

到目前为止,我们讨论的所有演化稳定策略都是纯策略。下面的例子说明,演化稳定策略也有可能是混合的。

例 2.3 考察例 1.11 中的鹰—鸽博弈,收益为 $v=4$ 和 $c=6$。那么收益矩阵为

$$A=\begin{pmatrix}-1 & 4\\ 0 & 2\end{pmatrix}$$

唯一的对称纳什均衡策略是 $x=\left(\frac{2}{3},\ \frac{1}{3}\right)\in\Delta$。根据命题 2.1,这是唯一可能的 ESS。由于 x 是内点解,所以每一个 $y\in\Delta$ 都是对 x 的最优反应。因此,条件(2.4)要求,对所有的 $y\neq x$,$u(x-y,\ y)>0$。对任意 $x,\ y\in\Delta$:$u(x-y,\ y)=(x_1-y_1)(2-3y_1)$。当 $x=\left(\frac{2}{3},\ \frac{1}{3}\right)$ 时,我们得到了 $u(x-y,\ y)=\frac{1}{3}(2-3y_1)^2$,它是一个非负数,仅当 $y=x$ 时,它等于零,这证明 $x\in\Delta^{ESS}$。因此,演化稳定性排斥了纯粹的鹰和纯粹的鸽。例如,只包含纯粹的鹰的群体对较小的入侵(如纯粹的鸽的入侵)是脆弱的,这是因为在进入后的群体中,每个博弈方基本上只遇到纯粹的鹰。结果,纯粹的鹰得到的收益仅仅高于-1,而纯粹的鸽得到的收益则大于 0。

有些博弈没有演化稳定策略,例 1.12 中的石头—剪子—布博弈就是如此。这个博弈中唯一的对称纳什均衡为 $x=\left(\frac{1}{3},\ \frac{1}{3},\ \frac{1}{3}\right)$。由于所有的策略 $y\in\Delta$ 都是内点,所以它们都是对 x 的最优反应。但是,变异策略 $y=e^1$ 针对自身得到的收益是 1,这也是 x 针对 y 得到的收益。因此,x 不满足二阶最优反应条件(2.4)。

2.1-2 2×2 对称博弈

在 1.3-3 小节中,我们证明了,对某个博弈方而言,任何两个策略之间的收益之差在收益函数的*局部移动*之下是不变的。由于纳什均衡是以这样的收益差来定义的,所以集合 Δ^{NE} 在这些转换之下是不变的,从而集合 Δ^{ESS} 在收益的局部变动之下也是不变的。

因此,为了研究演化稳定性,任何 2×2 博弈的收益矩阵 A 都可以不失一般性地标准化为

$$A = \begin{pmatrix} a_1 & 0 \\ 0 & a_2 \end{pmatrix}$$

其中，$a_1 = a_{11} - a_{21}$，$a_2 = a_{22} - a_{12}$。我们关注一般情形 $a_1 a_2 \neq 0$，并利用 1.5-3 小节中的分类。

第一类博弈与第四类博弈 如果 a_1 与 a_2 异号，那么我们的博弈就是类似囚徒困境，而且只有一个纳什均衡。这个均衡是严格的和对称的。因此，这类博弈只有一个 ESS：如果 $a_1 < 0$，$\Delta^{ESS} = \Delta^{NE} = \{e^2\}$（第一类博弈）；如果 $a_2 < 0$，$\Delta^{ESS} = \Delta^{NE} = \{e^1\}$（第四类博弈）。

第二类博弈 如果 a_1 和 a_2 都是正的，那么我们就有了例1.10中的协调博弈，这个博弈有三个纳什均衡，每个纳什均衡都是对称的：$\Delta^{NE} = \{e^1, e^2, x\}$，对于 $\lambda = a_2/(a_1 + a_2)$，$x = \lambda e^1 + (1-\lambda)e^2$。其中的两个纯均衡都是严格的，因此 e^1 和 e^2 是演化稳定的。但是，x 不是演化稳定的，因为所有的 $y \in \Delta$ 都是对 x 的最优反应。例如，$y = e^1$ 针对自身比 x 针对它得到的收益更高：$u(e^1, e^1) = a_1 > \lambda a_1 = u(x, e^1)$。总之，$\Delta^{ESS} = \{e^1, e^2\}$。

第三类博弈 如果 a_1 和 a_2 都是负的，那么我们就有了鹰—鸽博弈（例 1.11 和例 2.3）。这样的博弈有两个严格不对称的纳什均衡和一个对称纳什均衡：$\Delta^{NE} = \{x\}$，这里 x 的定义如前。但是，这时 x 是演化稳定的，因为对任何 $y \in \Delta$，

$$u(x, y) = \lambda a_1 y_1 + (1-\lambda) a_2 y_2 = \frac{a_1 a_2}{a_1 + a_2}$$

对所有的 $y \neq x$，

$$u(y, y) = a_1 y_1^2 + a_2 y_2^2 < \frac{a_1 a_2}{a_1 + a_2}$$

经过一些运算后就可以得到最后一个不等式。总之，对所有的这类博弈，$\Delta^{ESS} = \{x\}$。

2.1-3 集合 Δ^{ESS} 的结构

Haigh(1975)指出，命题 2.1 的一个推论是，事实上，一个 ESS 的支集不能包含另外一个对称纳什均衡 ESS 的支集。假设 $x \in \Delta^{ESS}$ 且对某个策略 y

$\neq x$，$C(y) \subset C(x)$。那么，由于 $x \in \Delta^{NE}$，$u(y, x) = u(x, x)$，并且二阶条件(2.4)意味着 $u(x, y) > u(y, y)$。因此，$y \notin \Delta^{NE}$。

命题 2.2 如果 $x \in \Delta^{ESS}$ 且对某个策略 $y \neq x$，$C(y) \subset C(x)$，那么 $y \notin \Delta^{NE}$。

尤其是，如果一个 ESS 是内点，那么它是这个博弈的唯一的 ESS。尤其是，由于(在有限博弈中)只有有限个支集，所以 ESS 的数量总是有限的(有可能是零)。我们得到了如下推论(Haigh, 1975)：

推论 2.2.1 集合 $\Delta^{ESS} \subset \Delta$ 是有限的。如果 $x \in \Delta^{ESS} \cap \mathrm{int}(\Delta)$，那么 $\Delta^{ESS} = \{x\}$。

关于 ESS 数量以及它们支集的结构的更多结果，可以参阅 Bomze 和 Pötscher(1989)，Cannings 和 Vickers(1988)，以及 Vickers 和 Cannings(1988)。

2.1-4 与非合作标准的联系

弱被占优策略都不是演化稳定的。假设 $y \in \Delta$ 弱占优 $x \in \Delta^{NE}$。那么 y 是对 x 的另一个最优反应，并且根据弱占优，$u(y, y) \geqslant u(x, y)$；$x$ 不满足二阶条件(2.4)。从而得到了如下命题：

命题 2.3 如果 $x \in \Delta$ 是被弱占优的，那么 $x \notin \Delta^{ESS}$。

因此，如果策略 x 是演化稳定的，那么策略组合(x, x)构成了一个未被占优的纳什均衡；并且由于每个双人博弈中未被占优的纳什均衡是完美的(见命题 1.4)，所以我们有：

推论 2.3.1 如果 $x \in \Delta^{ESS}$，那么 $(x, x) \in \Theta^{PE}$。

事实上，演化稳定性比完美性要求更多的稳健性(van Damme, 1987)：

命题 2.4 如果 $x \in \Delta^{ESS}$，那么 $(x, x) \in \Theta^{NE}$ 是一个约当均衡。

(关于该命题的证明，请参阅 van Damme(1987)。)

回忆如下内容：虽然完美性要求针对某些低概率错误的稳健性，真完美性要求均衡对某些低概率错误是稳健的，使得成本低的错误比成本高的错误更容易发生(见 1.4 节)。相应地，命题 2.4 说明了，演化稳定性不仅要求行为是“理性的”，并且在纳什均衡的意义上是“协调好的”，而且是“谨慎的”。

但是，这个结论的逆命题不成立。例如，我们上面看到，例 1.12 中的石头—剪子—布博弈就不满足 ESS 标准，但它却是一个真完美均衡。

2.2 对 ESS 的刻画

上面的命题 2.1 提供了对演化稳定性的一种刻画。本节将给出另外两种刻画。这些刻画对本书后面的集合分析和动态分析都是很重要的。

2.2-1 入侵壁垒

首先，回忆如下内容：策略 x 的演化稳定性定义要求对每个变异策略 $y \neq x$，存在 $\bar{\varepsilon}_y > 0$ 使得 x 可以抵制 y 的“感染”，如果它占群体的比例小于 $\bar{\varepsilon}_y$。在这个意义上，存在一个抵制每个变异的入侵壁垒。一般地，这个入侵壁垒可能取决于变异策略 y（如果套用医学上的比方，就是感染的类型）。在目前有限博弈的设定中，演化稳定性意味着 $\bar{\varepsilon}_y$ 对所有的变异策略来说可以取相同的值；也就是说，演化稳定策略 x 有一致的(uniform)入侵壁垒。

Hofbauer 等(1979；还可以参阅 Vickers and Cannings, 1987)得出的这个结果使对演化稳定性的大群体解释是合理的。在一个包含 n 个个体的（大而）有限的群体中，要使一个 ESS x 对变异策略 $y \neq x$ 具有稳健性，抵制 y 的入侵壁垒必须至少要大于 $1/n$，这里的 n 是群体的规模，因为任何入侵至少涉及一个人。因此，如果抵制 x 的入侵壁垒没有正的下界，那么对任何有限规模的群体规模 n 来说，总存在某个变异策略 y，x 抵制它的入侵壁垒低于 $1/n$。[⑤] 相反，下面即将证明的均匀入侵壁垒的存在，保证了对所有规模为 n 的有限群体，一个 ESS x 对同时在 m 个人中出现的任何一个变异策略 y 都是稳健的（使得 m/n 小于 x 的均匀入侵壁垒）。[⑥] 正式地，有下面的定义：

定义 2.2 如果存在某个 $\bar{\varepsilon} \in (0, 1)$ 使得不等式(2.1)对所有的策略 $y \neq x$ 和每个 $\varepsilon \in (0, \bar{\varepsilon})$ 都成立，那么 $x \in \Delta$ 有一个均匀的入侵壁垒。[⑦]

在证明上述结果之前，我们更准确地做如下界定：对于任何给定的 $x \in \Delta^{ESS}$，x 抵制任何其他策略 y 的入侵壁垒 $b(y)$ 是在定义性不等式(2.1)中 $\bar{\varepsilon}_y$ 的最大可能值。正式地，

$$b(y) = \sup\{\delta \in [0, 1]: f(\varepsilon, y) > 0, \ \forall \varepsilon \in (0, \delta)\} \tag{2.6}$$

根据假定，$x \in \Delta^{ESS}$，因而对所有的 $y \neq x$，$b(y) > 0$。而且，当且仅当

存在某个 $\beta > 0$ 使得对所有 $y \neq x$ 有 $b(y) \geqslant \beta$，这时 x 有一个均匀的入侵壁垒。

命题 2.5　当且仅当 x 有一个均匀的入侵壁垒，$x \in \Delta^{ESS}$。

证明　命题中的"当"部分可以通过下面的方法直接得到：对每个策略 $y \neq x$ 选择 $\bar{\varepsilon}_y = \bar{\varepsilon}$ 并利用 ESS 的定义。关于"仅当"部分，假设 $x \in \Delta^{ESS}$ 并令 $Z_x \subset bd(\Delta)$ 是不包含 x 的 Δ 所有面的并；也就是说，$Z_x = \{z \in \Delta$：对某个 $i \in C(x)$，$z_i = 0\}$。用上面的式(2.6)来定义壁垒函数 $b: Z_x \to [0, 1]$。

固定 $y \in Z_x$，考察式(2.5)定义的得分函数 $f(\cdot, y)$。由于 $x \in \Delta^{ESS}$，所以至多有一个 ε 使得 $f(\varepsilon, y) = 0$，我们这里将它表示为 ε_0。如果 $\varepsilon_0 \in (0, 1)$，那么 $u(x-y, x-y) \neq 0$ 且 $b(y) = \varepsilon_0 = u(x-y, x)/u(x-y, x-y)$；否则，$b(y) = 1$(见图 2.1)。由此不难验证，$b$ 是一个连续函数。由于 b 是正的，而且集合 Z_x 是紧的，所以 $\min_{y \in Z_x} b(y) > 0$。

我们已经对所有的 $y \in Z_x$ 证明了该命题，现在假设 $y \in \Delta$ 且 $y \neq x$。那么存在某个 $z \in Z_x$ 和 $\lambda \in (0, 1]$ 使得 $y = \lambda z + (1-\lambda)x$。但是这意味着 $b(y) \geqslant b(z)$。

$$f(\varepsilon, y) = u(x-y, (1-\varepsilon\lambda)x + \varepsilon\lambda z) = \lambda f(\varepsilon\lambda, z)$$

因此 $b(y) = \min\{b(z)/\lambda, 1\} \geqslant b(z)$。■

与人们的第一印象相反，上面的这种刻画并不意味着 ESS 必然可以抵制同时发生的多重变异。为了便于说明，假设 $x \in \Delta$ 是演化稳定的，入侵壁垒为 $\bar{\varepsilon}$，并且假设两个不同策略 y 和 z 占群体的份额分别为 α 和 β 使得 $\alpha + \beta < \bar{\varepsilon}$。这样得到的群体混合是

$$w = (1-\alpha-\beta)x + \alpha y + \beta z \in \Delta \tag{2.7}$$

在形式上等价于群体混合 $(1-\varepsilon)x + \varepsilon y' \in \Delta$，其中 $y' = \alpha y/(\alpha+\beta) + \beta z/(\alpha+\beta)$ 且 $\varepsilon = \alpha + \beta < \bar{\varepsilon}$。因此，根据均匀入侵壁垒 $\bar{\varepsilon}$ 的定义，x 得到的进入后收益要比等价的但是虚拟的单一变异策略 y' 得到的收益高。由于收益函数是线性的，所以 y 和 z 两个策略中至少有一个不如 x。但是，未必两个都不如 x。

例 2.4　重新考察例 2.3 中的鹰—鸽博弈。用 x 表示它唯一的 ESS，

$x = \frac{2}{3}e^1 + \frac{1}{3}e^2$，并且令 $y = e^1$，$z = e^2$。假设两个变异策略 y 与 z 同时进入了群体，占进入后群体的比例分别为$\frac{1}{2}\varepsilon$ 和$\frac{1}{2}\varepsilon$（对某个较小的 $\varepsilon > 0$）。因此，等价的虚拟变异策略是 $y' = \frac{1}{2}e^1 + \frac{1}{2}e^2$，进入后总混合为 $w = (1-\varepsilon)x + \varepsilon y'$。由于 $w_1 < \frac{2}{3}$，所以 $y = e^1$ 是它唯一的最优反应，且 $u(x, w) < u(y, w)$。换言之，变异策略 y 得到的进入后收益高于原来的策略 ESS x。

2.2-2 局部优越性

对演化稳定性的第二种刻画与前面的如下观察有关：内点 ESS 针对所有变异策略得到的收益一定高于针对自身得到的收益（2.1-3 小节）。更准确地说，我们发现，可以将内点 ESS 的局部优越性一般化为如下结果：任何 ESS 在如下意义上是局部优越的：针对邻近变异策略得到的收益高于针对自身得到的收益。Hofbauer、Schuster 和 Sigmund（1979）是这样来刻画演化稳定性的。

定义 2.3 $x \in \Delta$ 是局部优越的，如果它有一个邻域 U 使得对 U 中所有的 $y \neq x$，有 $u(x, y) > u(y, y)$。

命题 2.6 当且仅当 x 是局部优越的，$x \in \Delta^{ESS}$。

证明 首先证明“当”部分，假设 $U \subset R^k$ 是 x 的邻域使得对所有 $y \neq x$，$y \in \Delta \cap U$ 有 $u(x, y) > u(y, y)$。那么对任何 $z \neq x$，$z \in \Delta$，存在某个 $\bar{\varepsilon}_z \in (0, 1)$ 使得对所有 $\varepsilon \in (0, \bar{\varepsilon}_z)$，$w = \varepsilon z + (1-\varepsilon)x \in U$。根据假设，我们有 $u(x, w) > u(w, w)$。由于 u 是双线性的，所以

$$u(w, w) = \varepsilon u(z, w) + (1-\varepsilon)u(x, w)$$

因此，$u(x, w) > u(w, w) \Leftrightarrow 0 > u(z, w) - u(x, w)$。从而 $x \in \Delta^{ESS}$。

接下来证明“仅当”部分，假设 $x \in \Delta^{ESS}$，令 $\bar{\varepsilon} \in (0, 1)$ 表示它的均匀入侵壁垒，并且 $Z_x \subset bd(\Delta)$ 的定义与命题 2.5 的证明中的定义相同。令

$$V = \{y \in \Delta: y = \varepsilon z + (1-\varepsilon)x,\ \text{对于某个}\ z \in Z_x\ \text{和}\ \varepsilon \in [0, \bar{\varepsilon})\}$$

由于 Z_x 是不包含 x 的闭集，所以存在 x 的邻域 $U \subset R^k$ 使得 $U \cap \Delta \subset V$。假

设 $y \neq x$，$y \in \Delta \cap U$，那么 $y \in V$，且 $u(z, y) < u(x, y)$。根据命题2.5，其中的 z 与 V 的定义中的相同。由于 u 是线性的，所以这个不等式等价于 $u(y, y) < u(x, y)$。■

2.3 较弱的演化稳定性标准

我们这里考察演化稳定性的两种弱化。与演化稳定性要求所有的变异策略比现有策略得到的收益要低不同的是，中性稳定性（Maynard Smith, 1982）要求没有哪个变异策略得到的收益大于现有策略，针对均衡进入策略的稳健性（Swinkels, 1992a）则要求，没有哪个变异策略能得到（进入后群体混合中）最大的可能值。

2.3-1 中性稳定性

定义 2.4 $x \in \Delta$ 是一个中性稳定策略（neutrally stable strategy, NSS），如果对于每个策略 $y \in \Delta$，存在某个 $\bar{\varepsilon}_y \in (0, 1)$ 使得不等式

$$u[x, \varepsilon y + (1-\varepsilon)x] \geqslant u[y, \varepsilon y + (1-\varepsilon)x] \tag{2.8}$$

对所有的 $\varepsilon \in (0, \bar{\varepsilon}_y)$ 都成立。

换言之，演化稳定性要求的是，没有变异策略能够长期得到相等或者更好的收益（适应性），而中性稳定性则要求没有变异策略能够得到比现有策略更高的收益（适应性）。

令 $\Delta^{NSS} \subset \Delta$ 表示我们考察的博弈的中性稳定策略集合（可能是空的）。容易验证，策略 x 是中性稳定的，当且仅当它满足一阶最优反应条件（2.3）和如下的弱二阶最优反应条件：

$$u(y, x) = u(x, x) \Rightarrow u(y, y) \leqslant u(x, y), \ \forall y \tag{2.9}$$

事实上，这就是中性稳定性的最初定义（Maynard Smith, 1982）。虽然不如演化稳定性严格，中性稳定性仍然是对称纳什均衡的精炼：

$$\Delta^{ESS} \subset \Delta^{NSS} \subset \Delta^{NE} \tag{2.10}$$

例 2.5 例 1.12 石头—剪子—布博弈中的唯一对称纳什均衡策略 x 不

满足演化稳定性对变异策略 $y=e^1$ 的严格二阶条件(2.4)。但是，这个变异策略却没有违反弱二阶条件(2.9)。事实上，变异策略 y 都没有违反这个条件，因此 $x\in\Delta^{NSS}$。为了看清这一点，请注意到如下事实：$u(x, y)=1=u(y, y)$ 对所有的 $y\in\Delta$ 都是成立的。第一个等式很容易验证，第二个得自如下的计算：

$$u(y, y)=y\cdot Ay=(y_1+y_2+y_3)^2=1$$

可以像对演化稳定性一样对中性稳定性进行刻画。由于这两个定义的唯一区别是弱的不等式替代了严格不等式，所以毫不奇怪，对中性稳定性的刻画只在这方面与演化稳定性有区别。但是，对中性稳定性来说，有一个演化稳定性没有的数学上的困难，即相应的弱入侵壁垒未必是连续的。如果策略 x 是中性稳定的，但不是演化稳定的，并且 y 是某个最优反应使得式(2.5)定义的相应的得分函数 $f(\varepsilon, y)$对所有的 ε 为零(见图 2.1)，那么就会出现不连续点。在这种情形下，当 y 被轻微地扰动后，弱入侵壁垒会突然跌下。但是，可以证明，它不可能跌到零。

例 2.6　考察如下的两人对称博弈(Bomze and Weibull, 1994)，收益矩阵如下

$$A=\begin{pmatrix}1 & 0 & 1\\ 1 & 0 & 0\\ 0 & 1 & 2\end{pmatrix}$$

这里，$x=\left(\frac{2}{3}, \frac{1}{3}, 0\right)\in\Delta^{NSS}$。对 $x\in B^*(x)=\{y\in\Delta: y_3=0\}$ 和任何 $y\in B^*(x)$：$u(y, y)=y_1=u(x, y)$。x 对任何 $y\neq x$ 的弱入侵壁垒$b^*(y)$如下

$$b^*(y)=\sup\{\delta\in[0, 1]: f(\varepsilon, y)\geqslant 0,\ \forall\varepsilon\in(0, \delta)\}$$

对所有的 $\varepsilon\in[0, 1]$，我们有 $f(\varepsilon, e^2)=u(x-e^2, (1-\varepsilon)x+\varepsilon e^2)=0$，因此 $b^*(e^2)=1$。但是对于 $y^\lambda=(\lambda, 1-2\lambda, \lambda)$$\left(\text{其中 }\lambda\in\left(0, \frac{1}{2}\right)\right)$，我们得到 $f(\varepsilon, y^\lambda)=(1-2\varepsilon)\frac{\lambda}{3}$，因此，对所有的 $\lambda\in\left(0, \frac{1}{2}\right)$，$b^*(y^\lambda)=\frac{1}{2}$。由于当 $\lambda\to 0$ 时，$y^\lambda\to e^2$，所以 b^* 在 $y=e^2$ 处是不连续的。

为了正式地陈述中性稳定性，我们说策略 $x \in \Delta$ 有一致弱入侵壁垒(uniform weak invasion barrier)，如果存在某个 $\bar{\varepsilon} \in (0, 1)$ 使得(2.8)定义的弱不等式对所有的 $y \in \Delta$ 和 $\varepsilon \in (0, \bar{\varepsilon})$ 都成立。类似地，策略 $x \in \Delta$ 将被称为局部弱优的，如果对所有的邻近策略 $y \neq x$ 有 $u(x, y) \geqslant u(y, y)$。下面的结果部分得自 Thomas(1985a)，部分得自 Bomze 和 Weibull(1994)：

命题 2.7 对任何 $x \in \Delta$ 来说，下面的三个说法是等价的：

a. $x \in \Delta^{NSS}$。

b. x 有一个一致的弱入侵壁垒。

c. x 是局部弱优的。

有些博弈没有 NSS。例如，例 1.12 石头—剪子—布博弈的下面的修改版就没有 NSS。

例 2.7 考察式(2.11)中的收益矩阵 A 给出的两人对称博弈。这个博弈的纳什均衡是对称的：三个纯策略对其自身都是纳什均衡，一致随机化策略 $p = \left(\frac{1}{3}, \frac{1}{3}, \frac{1}{3}\right) \in \Delta$ 也是如此。因此 $\Delta^{NE} = \{e^1, e^2, e^3, p\}$。但是，这三个策略都不是中性稳定的。例如，$x = e^1$ 对另一个最优反应 $y = e^3$ 的入侵是脆弱的：当遇到这个变异策略 y 时，x 得到的收益为 0；而遇到它自己时，y 得到的收益为 1。因此，p 是唯一可能的 NSS。但是，所有的策略 $y \in \Delta$ 是对 p 的最优反应，并且任何纯变异策略 $y = e^i$ 针对自身得到的收益为 1，而 $u(p, e^i) = \frac{2}{3}$。因此，p 不是中性稳定的。

$$A = \begin{pmatrix} 1 & 1 & 0 \\ 0 & 1 & 1 \\ 1 & 0 & 1 \end{pmatrix} \tag{2.11}$$

2.3-2 针对均衡进入策略的稳健性

演化稳定性对变异策略没有做任何限制。Swinkels(1992a)认为，在一小群人(或者企业)进行实验导致的变异的经济环境中，要求只针对在进入后的群体中最优的变异策略(所谓的均衡进入策略)的稳健性是合理的。因此，尽管演化稳定性没有要求采取不同策略(进入策略)的个体具有理性，Swinkels 还是赋予了他们选择在进入后的环境中最优策略的能力与远见，并且他只要求针对这些变异策略的稳健性。

更准确地说，如果现有策略是 $x \in \Delta$，变异策略是 $y \in \Delta$，并且变异者占群体的比例为 ε，那么进入后的混合策略是 $w = \varepsilon y + (1-\varepsilon)x \in \Delta$；如果 y 是对 w 的最优反应，那么它就被称为均衡进入策略(Swinkels, 1992a)。

定义 2.5 策略 $x \in \Delta$ 针对均衡进入策略是稳健的(robust against equilibrium entrants, REE)，如果存在某个 $\bar{\varepsilon} \in (0, 1)$ 使得下面的条件式(2.12)对所有的 $y \neq x$ 和 $\varepsilon \in (0, \bar{\varepsilon})$ 是成立的：

$$y \notin \beta^*[\varepsilon y + (1-\varepsilon)x] \tag{2.12}$$

根据命题 2.5，针对 ESS 的入侵壁垒可以是一致的(REE 的定义要求它是一致的)，因此每个 ESS 对均衡进入策略都是稳健的。但是，中性稳定的策略对均衡进入策略未必是稳健的。在所有的收益相同的博弈中，每个策略都是一个 NSS，但没有一个策略是 REE。

我们将博弈的 REE 策略集写作 Δ^{REE}(可能是空的)。因此，$\Delta^{ESS} \subset \Delta^{REE} \subset \Delta$。Swinkels(1992a)证明，如果一个策略针对一个均衡进入策略是稳健的，那么它一定是针对自身的最优反应。因此，我们有：

命题 2.8 $\Delta^{ESS} \subset \Delta^{REE} \subset \Delta^{NE}$。

证明 我们上面已经证明了第一个包含关系。假设 $x \in \Delta^{REE}$。令 $\varepsilon \in (0, \bar{\varepsilon})$，这里 $\bar{\varepsilon}$ 就是 REE 定义中所界定的。用 $\alpha(y) = \beta^*((1-\varepsilon)x + \varepsilon y)$ 来定义对应 $\alpha: \Delta \to \Delta$。那么，对每个 $y \in \Delta$，$\alpha(y) \subset \Delta$ 都是非空的、闭的和凸的。由于 β^* 是上半连续的，所以 α 也是上半连续的。因此，根据角谷不动点定理，存在某个 y 使得 $y \in \alpha(y)$。由于 x 针对均衡进入策略是稳健的，所以 $y = x$。但是 $x \in \alpha(x) = \beta^*(x)$，因此 $x \in \Delta^{NE}$。■

Swinkels 得到了明显更强的结果：弱形式的演化稳定性蕴涵着真完美性(见命题 2.4)。从某种意义上来说，针对“理性的”变异的演化稳定性对抵制“理性的”扰动的稳健性来说是充分的。

命题 2.9 如果 $x \in \Delta$ 针对均衡进入策略是稳健的，那么 $(x, x) \in \Theta^{NE}$ 是真完美的。

下面的例子说明了如下可能性：非 ESS 策略也可能是一个 REE 策略。

例 2.8 重新考察例 2.5 中的石头—剪子—布博弈。我们看到唯一的纳什均衡策略 $x = \left(\frac{1}{3}, \frac{1}{3}, \frac{1}{3}\right)$ 不是 ESS 策略。图 2.2 显示了对于任何策略

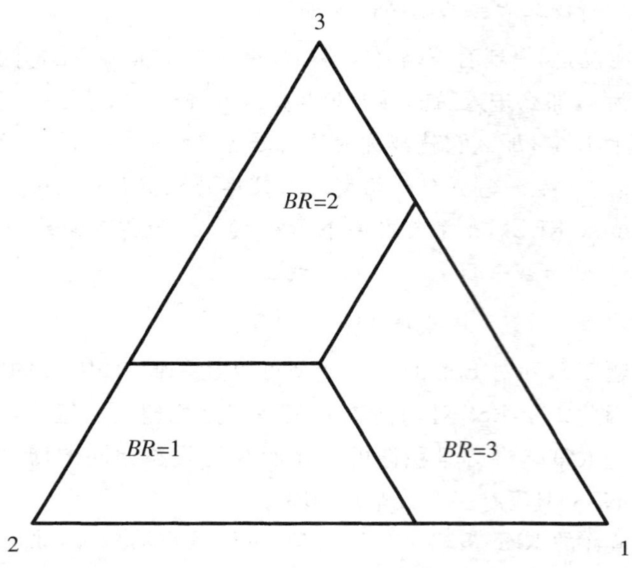

例 2.5 和例 2.8 中石头—剪子—布博弈的最优反应区域

图 2.2

$z \in \Delta$ 的三个最优反应区域。例如，如果 z 位于靠近顶点 e^1 的纯策略 1 的区域，那么它的最优反应是策略 3，依此类推。可以看出，在这个区域内，x 对于任何变异策略 y 都是稳健的，因为进入后的群体 w 属于相同的区域。这三个区域（包括它们的边界）都是如此，所以 x 针对均衡进入策略是稳健的。

2.4 集合演化稳定标准

本节我们分别考察演化稳定性和对均衡进入策略的稳健性在集合意义上的推广。

2.4-1 演化稳定集合

Thomas(1985a)提出，对称纳什均衡策略的闭集可以称为演化稳定的，如果这个集合的每个策略针对邻近的最优反应得到的收益至少与它们针对

自身得到的收益一样多;当变异策略也属于这个集合时,这两种收益相等。正式地,

定义 2.6 $X \subset \Delta^{NE}$ 是一个演化稳定(evolutionarily stable, ES)集合,如果它是非空的和闭的,而且每个 $x \in X$ 有某个邻域 U 使得对任何 $y \in U \cap \beta^*(x)$,有 $u(x, y) \geqslant u(y, y)$,当 $y \notin X$ 时,严格不等式成立。

Thomas 证明,如果不考虑与最优反应集合 $\beta^*(x)$ 的交集,这个定义不变。如果是这样,那么演化稳定集就是由中性稳定策略组成的。假设 $x \in X$。那么 x 有一个邻域 U 使得对 U 中的所有策略 y,有 $u(x, y) \geqslant u(y, y)$。因此,根据命题 2.7, $x \in \Delta^{NSS}$。结果是,由于某些博弈没有中性稳定状态(如例 2.7),所以有些博弈没有 ES 集合。而且,我们没有用到 ES 集合定义要求的纳什均衡,就推导出了包含关系 $X \subset \Delta^{NSS}$。这个要求是多余的(因为 $\Delta^{NSS} \subset \Delta^{NE}$)。因此:

命题 2.10 $X \subset \Delta$ 是一个 ES 集合当且仅当它是非空的和闭的,而且每个 $x \in X$ 有某个邻域 U 使得对所有 $y \in U$,有 $u(x, y) \geqslant u(y, y)$;如果 $y \notin X$,那么严格不等式成立。

在所有收益都相同的博弈中,策略都不是演化稳定的,但是所有的策略都是中性稳定的,而且 $X = \Delta$ 是一个 ES 集合。下面的例子是一个非平凡的博弈,这个博弈没有演化稳定策略,但是有一整个连续统的中性稳定策略,这些策略一起构成了一个演化稳定集合。

例 2.9 考察式(2.13)中的收益矩阵 A 给出的两人对称博弈(等价于 Cressman(1992a)中的例子)。容易验证,Δ^{NE} 包含了 Δ 边界上的两个点,即 $p = \left(\frac{1}{2}, \frac{1}{2}, 0\right)$ 和 $q = e^3$。另外每个 $x \in \Delta^{NE} \cap \text{int}(\Delta)$ 必须对博弈中的前两个纯策略赋予相等的概率。因此,$\Delta^{NE} = \{x \in \Delta : x_1 = x_2\}$;见图 2.3。对任何 $x \in \Delta^{NE}$ 和 $y \in \Delta$,我们有 $u(x, y) - u(y, y) = (y_1 - y_2)^2$。因此,对所有的 $y \in \Delta$,我们有 $u(x, y) \geqslant u(y, y)$,当且仅当 $y \in \Delta^{NE}$ 时,等式成立。因此,$\Delta^{ESS} = \varnothing$,但是 $X = \Delta^{NE} = \Delta^{NSS}$ 是一个 ES 集合。

$$A = \begin{pmatrix} 0 & 2 & 0 \\ 2 & 0 & 0 \\ 1 & 1 & 0 \end{pmatrix} \tag{2.13}$$

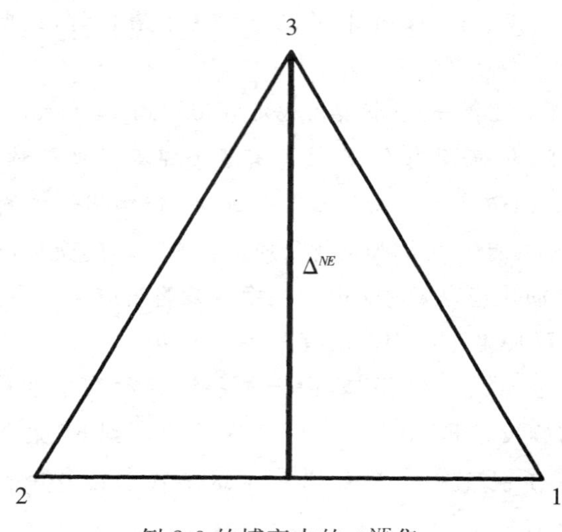

例 2.9 的博弈中的 Δ^{NE} 集。

图 2.3

命题 2.10 中刻画 ES 集合的第二部分保证了，这个集合中的每个策略的“行为”类似演化稳定策略针对该集合外邻近的变异策略：每个 $x \in X$ 针对所有邻近的变异策略 $y \notin X$ 得到的收益高于针对自身得到的收益。因此，单点集 $X=\{x\}$ 是一个 ES 集合，当且仅当它唯一的策略 x 是一个 ESS。另外（Thomas，1985a）：

命题 2.11 （a）如果 $X \subset \Delta^{ESS}$，那么 X 是一个 ES 集合。（b）ES 集合的并是一个 ES 集合。（c）如果 ES 集合是分离集的有限并，那么每个这样的集合都是一个 ES 集合。

证明 （a）根据推论 2.2.1，集合 Δ^{ESS} 是有限的，$X \subset \Delta^{ESS}$ 也是有限的。因此，每个 $x \in X$ 都有一个邻域 U_x 使得 $U_x \cap X=\{x\}$。对每个 $x \in X$，令 U 为 U_x 与局部优越性定义的邻域的交集，这样 X 是一个 ES 集合。（b）如果 $Y \subset \Delta$ 是 ES 集合 $X \subset \Delta$ 的并，那么每个 $x \in Y$ 至少属于一个 ES 集合 X，因此存在 x 的某个邻域使得对所有策略 $y \in U \cap \sim Y \subset U \cap \sim X$。（c）如果 ES 集合 $X \subset \Delta$ 是分离闭集 X_1，…，X_t 的并，那么每个分量 X_s 存在分离的邻域 V_s。对于每个 $x \in X_s$，令 $U_s = U \cap V_s$，这里 U 如同 X 的 ES 特征所定义的。这就证明了每个集合 X_s 是一个 ES 集合。

Cressman(1992b)证明了,每个 ES 集合是分离闭集和连通集的有限并,每一个这样的子集本身就是一个 ES 集合。⑧虽然不能一般地保证 ES 集合的存在性,但每个双重两人对称博弈起码有一个 ES 集合(见 2.5 节)。3.5-4 小节考察了集合演化稳定性的一种弱形式,在每个两人对称博弈中至少有一个集合满足这个标准。

2.4-2 均衡演化稳定集合

以下集值形式的针对均衡进入策略的稳健性(2.3-2 小节)是由 Swinkels (1992a)提出来的:⑨

定义 2.7 $X \subset \Delta$ 是均衡演化稳定(equilibrium evolutionarily stable, EES)集合,如果它在下面的意义上是极小的:X 是 Δ^{NE} 的一个非空闭子集,对它来说存在某个 $\bar{\varepsilon} \in (0, 1)$ 使得,如果 $x \in X$, $y \in \Delta$, $\varepsilon \in (0, \bar{\varepsilon})$ 且 $y \in \beta^*((1-\varepsilon)x + \varepsilon y)$,那么 $(1-\varepsilon)x + \varepsilon y \in X$。

换言之,EES 集合 X 是对称纳什均衡策略的最小闭集,使得没有均衡策略的小规模入侵能够使群体偏离 X。在单点集 $X = \{x\}$ 的特殊情形下,集值的稳定标准与针对均衡进入策略的点值稳健性标准重合。例如,在例 2.8 的石头—剪子—布博弈中,$X = \Delta^{NE} = \left\{\left(\frac{1}{3}, \frac{1}{3}, \frac{1}{3}\right)\right\}$ 是一个 EES 集合。

在第 1 章中,我们指出过,(有限 n 人)博弈的纳什均衡集合 $\Theta^{NE} \subset \Theta$ 是分离集、连通集和闭集(都是 Θ^{NE} 的分量)的有限并。类似地,在任何两人对称博弈中,集合 $\Delta^{NE} \subset \Delta$ 是分离集、连通集和闭集(都是 Δ^{NE} 的分量)的有限并。⑩ Swinkels(1992a)证明了这些分量是唯一可能的 EES 集合:

命题 2.12 每个 EES 集合 $X \subset \Delta^{NE}$ 是 Δ^{NE} 的一个分量。

证明 首先,我们证明每个 EES 集合 $X \subset \Delta^{NE}$ 包含在某个集合 U 中使得 $\Delta^{NE} \cap U = X$。假设这对某些 EES 集合 X 不成立。那么存在某个 $x \in X$,序列 $y^t \in \Delta$ 和相应的序列 $\varepsilon^t \to 0$ 使得对所有足够大的 t,不妨说 $t \geq T$,有 $w^t = \varepsilon^t y^t + (1-\varepsilon^t)x \in \Delta^{NE} \cap \sim X$。由于每个支集 $C(y^t)$包含在相应的支集 $C(w^t)$之中,并且对 $t \geq T$ 有 $w^t \in \Delta^{NE}$,所以对于所有的 $t \geq T$, y^t 是对 w^t 的最优反应。因此,对所有的 $t \geq T$, $w^t \in X$ 使得 $\varepsilon^t < \bar{\varepsilon}$,这里的 $\bar{\varepsilon}$ 是 X 作为一个 EES 集合的定义中的进入壁垒,出现矛盾。

因此，X 要么是 Δ^{NE} 的其中一个分量，要么是两个或者两个以上这类分量的并。最小性排除了后面的这种可能性：如果 X 具有 EES 的定义所要求的特征，那么它的每个分量也有这样的特征。■

有些博弈没有 EES 集合。但每个 ES 集合都包含了某个 EES 集合。因为 EES 标准要求的稳健性针对的变异策略集合要比 ES 标准针对的小——ES 标准对考察(进入后)最优的变异策略已经足够了。因此，任何 ES 集合满足这个标准，并且包含了满足这个弱进入标准的最小集合——EES 集合。但是，这种分析有一个困难：它忽略了这样的事实，ES 集是用集合中各点的邻域定义的，而 EES 集合是用进入后变异策略比例的一致边界 $\bar{\varepsilon}$ 定义的。但是，Balkenborg 和 Schlag(1994)证明，对每个 ES 集合 X 存在某个 $\hat{\varepsilon}\in(0,1)$ 使得对所有的 $x\in X$，$y\in\Delta$ 和 $\varepsilon\in(0,\hat{\varepsilon})$ 有 $u(x,w)\geqslant u(w,w)$，这里 $w=(1-\varepsilon)x+\varepsilon y$。运用命题 2.12，我们还可以得到如下结果：每个连通的 ES 集合都是一个 EES 集合：⑪

命题 2.13 每个 ES 集合包含了某个 EES 集合。任何连通的 ES 集合都是一个 EES 集合。

证明 假设 $X\subset\Delta^{NE}$ 是一个 ES 集合，并且令 $x\in X$。假设 $y\in\Delta$，并且令 $w=\varepsilon y+(1-\varepsilon)x$，其中 $\varepsilon\in(0,1)$。如果 y 是对 w 的最优反应，那么 $u(y,w)\geqslant u(x,w)$。由于 u 是双线性的，所以 $u(w,w)\geqslant u(x,w)$。这意味着对足够小的 ε，$w\in X$，因为 X 是一个 ES 集合。因此，X 具有 EES 集合定义中的特征。但是 X 是闭的和非空的，并且根据 Zorn 引理，它包含了具有所述特征的某个极小集 Y。根据命题 2.12，如果 X 是连通的，那么包含在 $X\subset\Delta^{NE}$ 中的唯一的 EES 集合 Y 是 X 自身。■

例 2.10 考察收益为 $a_1,a_2>0$ 的协调博弈。单点集 $X=\{e^1\}$ 和 $Y=\{e^2\}$ 都是 ES 集合和 EES 集合，而 $X\cup Y$ 是 ES 集合但不是 EES 集合(因为它不满足极小化要求)。单点集 $Z=\{z\}$(其中 $(z,z)\in\Theta$ 是唯一的混合策略纳什均衡)如何呢？由于 z 不是 EES(参阅 2.1-2 小节)，所以 Z 不是一个 ES 集合。Z 也不是一个 EES 集合。由于进入后的群体比 z 更接近进入(纯)策略，因而该进入策略是对进入后混合的最优反应，所以这两个纯策略都是针对 z 的均衡进入策略。

结合上述 Cressman(1992b)中的观点，并且考虑到 ES 集合的结构以及命题 2.12 和命题 2.13，我们已经证明了，每个 ES 集合是集合 Δ^{NE} 分量的有限并，并且每个这样的分量子集是极小的 ES 集合，还是 EES 集合。

2.5 双重对称博弈中的社会效率

在 1.5 节中，我们定义了如果博弈方 1 的收益矩阵 A 是对称的：$A^T = A$，那么双人对称博弈就是双重对称的。由于任何对称博弈中博弈方 2 的收益矩阵是 $B = A^T$，因而在双重对称博弈中我们有 $B = A$。换言之，每个博弈方得到的收益总是与另外一个博弈方同样多。

2.5-1 定义

上面提出的演化稳定性标准是关于大的群体的，在这个群体中，所有的人选择同样的纯策略或者混合策略 $x \in \Delta$。演化稳定性标准是按照如下方式定义的：群体中的少数人转而选择另一个策略 $y \in \Delta$ 会如何影响策略 x 得到的收益。与之不同，这里我们考虑群体中的所有个体都选择的任何策略 x 带来的收益，并将其与另外一个策略 y 带来的收益相比较（如果所有的个体都转而采取它的话）。社会效率就是通过这样的收益比较来定义的。相应地，如果所有的个体转而采取邻近策略不会给出更高收益的话，策略 x 称为*局部社会有效的*；如果根本不存在策略 $y \in \Delta$，策略 x 被称为全局社会有效的，准确地说：

定义 2.8 *策略 $x \in \Delta$ 是*

a. *局部严格有效的，如果它有邻域 U 使得对 U 中的所有策略 $y \neq x$，有 $u(x, x) > u(y, y)$。*

b. *局部弱有效的，如果它有邻域 U 使得对 U 中的所有策略 y，有 $u(x, x) \geqslant u(y, y)$。*

c. *全局有效的，如果对 Δ 中的所有策略 y，有 $u(x, x) \geqslant u(y, y)$。*

由于收益函数 u 是连续的，而且策略集合 Δ 是紧的，所以（在任何有限的对称博弈，但未必是双重对称的博弈中）总是至少存在一个全局有效的策略。我们不妨将全局有效的策略集合表示为

$$\Delta^* = \arg\max_{x\in\Delta} u(x, x) \\ = \{x \in \Delta : u(x, x) \geqslant u(y, y), \forall y \in \Delta\} \quad (2.14)$$

由于 u 是连续的，所以这个集合是闭的，并且 Δ^* 中的每个策略 x 都是局部弱有效的。

2.5-2 局部严格有效性与 Δ^{ESS}

可以证明，双重对称博弈中的演化稳定性等价于局部严格有效性（Hofbauer and Sigmund，1988；还可以参阅 Schlag，1993a；Wärneryd，1994）。结合命题 2.6 中按照局部优越性对演化稳定性的刻画与收益函数的对称性，可以得到这种等价性。

命题 2.14 $x \in \Delta^{ESS}$ 当且仅当 x 是局部严格有效的。

证明 假设 $A^T = A$，并令 $x \in \Delta$。对任何 $y \neq x$ 和 $z = \frac{1}{2}x + \frac{1}{2}y$，由于 u 是双线性的，我们有

$$u(y, y) = u(x, x) - 2u(x, z) - 2u(z, x) + 4u(z, z)$$

因此，由于 u 是对称的，所以

$$u(x, x) - u(y, y) = 4[u(x, z) - u(z, z)]$$

局部严格有效性与 x 的局部优越性来自如下事实：当且仅当 $z \neq x$ 到 x 的距离在 $\varepsilon/2$ 范围内，$y \neq x$ 到 x 的距离在 ε 范围内。根据命题 2.6，局部优越性等价于演化稳定性。■

2.5-3 局部弱有效性与 Δ^{NSS}

用弱不等式代替严格不等式，并且利用命题 2.7 中对中性稳定性的刻画，我们就得到了双重对称博弈中的中性稳定性等价于局部弱有效性：

命题 2.15 $x \in \Delta^{NSS}$ 当且仅当 x 是局部弱有效的。

这个结果的一个推论是：双重对称博弈中，所有全局有效的策略都是中性稳定的：$\Delta^* \in \Delta^{NSS}$。特别地，由于集合 Δ^* 是非空的，双重对称博弈中中性稳定策略的存在性就得到了保证。

2.5-4 局部有效集合与演化稳定集合

Schlag(1993a)证明，双重对称博弈中的局部社会有效策略集合也是 ES 集合。

定义 2.9 非空的闭集 $X \subset \Delta$ 是局部有效的，如果它被包含在某个开集 U 内使得

$$
\begin{aligned}
X &= \arg\max_{x \in \Delta \cap U} u(x, x) \\
&= \{x \in \Delta: u(x, x) \geqslant u(y, y),\ \forall y \in \Delta \cap U\}
\end{aligned}
$$

有些局部有效的集合是不连通的，在例 2.10 中当 $a_1 = a_2$ 时集合 $X \cup Y$ 就是如此。但是，局部有效集合总是分离闭集与连通集——X 的分量的有限并。为了说明这一点，假设 $X \subset \Delta$ 时局部有效的，邻域为 U。那么存在某个 $\alpha \in R$，使得对所有 $x \in X$ 有 $u(x, x) = \alpha$，对所有 $y \in \Delta \cap U \cap \sim X$ 有 $u(y, y) < \alpha$。换言之，X 是平均收益 $u(x, x)$ 得到它在 U 中的极大值 α 的点 $x \in U$ 的集合。由于 u 是一个多项式方程，所以 X 是 U 的分离子集、闭子集和连通子集（都是 X 的分量）的有限并。在适当的邻域内，X 的每个分量本身是局部有效的连通集。回忆一下，ES 集合是连通的 ES 集合的有限并。

命题 2.16 任何局部有效集合 $X \subset \Delta$ 都是一个 ES 集合。任何连通的 ES 集合 $X \subset \Delta$ 都是局部有效的。

证明 为了证明第一个论断，我们假定 $X \subset \Delta$ 是局部有效的，邻域为 U。根据命题 2.15，$X \subset \Delta^{NSS}$。根据命题 2.7 对中性稳定性的刻画，每个 $x \in X$ 都有某个邻域 V_x 使得对所有 $y \in V_x$，有 $u(x, y) \geqslant u(y, y)$。因此，对所有的 $y \in U \cap V_x \cap \beta^*(x)$，有 $u(x, y) \geqslant u(y, y)$；根据 ES 集合的定义，现在尚需证明如果 $y \notin X$，这个不等式是严格的。但另一方面 $u(y, y) < u(x, x)$，从而 $u(x, y) = u(y, x) = u(x, x) > u(y, y)$。关于第二个论断的证明，参阅 Schlag(1993a)。

2.6 博弈前的沟通

考察下面的对称性 2×2 协调博弈，收益矩阵如下：

$$A=\begin{pmatrix}a_1 & 0\\0 & a_2\end{pmatrix} \tag{2.15}$$

其中，$a_1>a_2>0$。这个博弈有三个纳什均衡，其中两个是严格的。虽然直觉会告诉我们，演化将引导博弈方选择帕累托有效的严格均衡(e^1, e^1)，帕累托被占优纳什均衡(e^2, e^2)是严格的，因而也是演化稳定的。的确，这个均衡还满足通常的纳什均衡概念的精炼。⑫

直觉与正式分析之间这种矛盾最近激发了博弈论理论家的研究工作。一种研究认为，如果一个博弈方在博弈前能够与另一个博弈方进行沟通，那么他们就会选择有效的纳什均衡(e^1, e^1)。⑬无成本的这类博弈前沟通被称为廉价谈话(cheap talk)。本节我们简明地介绍一个廉价谈话模型，并且考察演化稳定性标准与帕累托有效之间的关系。

为此目的，我们首先正式地考察收益矩阵为式(2.15)的协调博弈。假设一个单态的群体现在采取的是低效率的策略 $e^2\in\Delta^{ESS}$，但是突然群体中出现了一种新的变异。即，聪明的变异者出现了：(1)当他们与别人进行匹配时，能够识别自己的类型；(2)当他们彼此相遇时总是采取第一个纯策略(好策略)，而遇到原群体中的人——“本地人”——时则选择第二个策略(坏策略)。而本地人在每次匹配中都采取第二个策略(坏策略)。用 Robson (1990)的话来说，好像这些变异者遇到的时候进行“秘密握手”一样。

在这样的双态的群体中，每个本地人在每次互动中仍得到低收益 a_2，而每个变异者遇到一个本地人时得到 a_2，遇到另外一个变异者时得到 a_1。因此，在进入后的群体中，变异者得到的收益比本地人得到的收益要高，这说明如果变异者进行沟通，那么无效的收益结果可能不是演化稳定的。

2.6-1 定义

更一般地，考察任何两人对称博弈 G，其纯策略集 $K=\{1, \cdots, k\}$，纯策略收益函数为 π。按照惯例，我们用 $\Delta\subset R^k$ 表示相应的混合策略单纯形，用 u 来表示混合策略收益函数。在这样的博弈 G 的基础上定义廉价谈话博弈 G_M 时，我们将称 G 为基础博弈(base game)，并将它的(纯的或者混合的)策略称为行动。

假设每个人进行基础博弈 G 时可以向他的对手传递博弈前的信号或者

信息,并且每个人可以在这两个博弈前信息的基础上调整他对行动 G 的选择。正式地,令 M 表示博弈信息的有限集,每个博弈方都能得到这样的信息。我们这里只关注如下情形:每人只传递一条信息,而且这两条信息是同时传递的(不知道另一条信息)。因此,这些模型中的沟通或者"谈话"采取了初级的形式——没有复杂的讨论![14](用 M 的一个元素表示"无信息",可以将选择不传递信息这种情形包含进来。)

在两个博弈方的信息都传递出去之后,每个博弈方都可以无成本地和无错误地观察两个信息。[15]因此,在博弈前沟通阶段的最后,两个博弈方都面临信息对 $(\mu, v) \in M^2$,他们可以据此选择在基础博弈 G 中的行动。正式地,令函数集合 F 表示如下函数的集合:$f: M^2 \rightarrow K$(从信息对到 G 中的纯行动)。因此,每个函数 $f \in F$ 表示一个确定性的决策规则,这个规则为每个可能的信息对 (μ, v) 赋予纯策略 $h = f(\mu, v) \in K$。

相应的廉价谈话博弈 G_M 中的纯策略对是 $(\mu, f) \in M \times F$。由于集合 K 和 M 是有限的,所以 G_M 的纯策略集 K_M 也是有限的。博弈方针对对手运用纯策略 (v, g) 而采用纯策略 (μ, f) 得到的收益为

$$\pi_M[(\mu, f), (v, g)] = \pi[f(\mu, v), g(\mu, v)] \tag{2.16}$$

廉价谈话博弈 G_M 中的混合策略就是(有限)纯策略集 $K_M = M \times F$ 上的概率分布,我们将 G_M 中混合策略的单纯形记为 Δ_M。

我们称信息 $\mu' \in M$ 为在 $p \in \Delta_M$ 中未被使用的,如果 p 对使得 $\mu = \mu'$ 的所有纯策略 (μ, f) 都赋予零概率。

相应的混合策略收益函数 $u_M: \Delta_M^2 \rightarrow R$ 规定了针对廉价谈话混合策略 $q \in \Delta_M$ 而采用的廉价谈话混合策略 $p \in \Delta_M$ 的预期收益 $u_M(p, q)$:

$$u_M(p, q) = \sum_{(\mu, f) \in K_M} \sum_{(v, g) \in K_M} p[(\mu, f)] \pi_M[(\mu, f), (v, g)] q[(v, g)] \tag{2.17}$$

显然,如果 G 是一个有限的对称性的两人博弈,那么上面定义的廉价谈话博弈 G_M(对任何有限集 M 而言)也是如此。因此,本章讨论的所有概念和结果也适用于 G_M。

这类两人廉价谈话博弈可以被适当简化。不失一般性,我们可以假定每

个博弈方根据另一方的信息来决定他在基础博弈中的行动。正式地，一个纯策略可以写成对 $(\mu, f) \in M \times F$，这里 F 是函数 $f: M \to K$ 的集合。之所以这样做，是因为对任何原先定义的 $(\mu, f) \in M \times F$，$f: M^2 \to K$ 只需应用到该博弈方自己的信息为 μ 的信息对。因此，存在函数 $f': M \to K$ 使得对对手可能发送的所有信息 $v \in M$，有 $f'(v) = f(\mu, v)$。我们以后将使用这个简化了的概念。

要注意的是，我们并没有外生地赋予集合 M 的元素任何含义；它们的意义是由相应的均衡行动内生决定的。如果同一基础博弈中的行动对总是采取某个具体的信息对，那么就是这种情形。看上去好像是信息对意味着相应的行动对。从这个意义上说，语言可以在均衡中内生地产生。⑯另外，由于在演化的设定下，廉价谈话策略是被规定好的，所以我们也可以把信息解释为遗传的（各异的并容易观察的）物理特征。因此，廉价谈话博弈中的纯策略是这样的物理特征与一种规则的结合，这个规则向对手的物理特征赋予了一种行为（基础博弈行动）。

最后要注意的是，从纳什均衡的标准来看，沟通无助于博弈方在社会有效结果上的协调：对基础博弈中的每个纳什均衡策略 $x \in \Delta^{NE}$ 来说，在相应的廉价谈话博弈中存在纳什均衡策略 $p \in \Delta_M^{NE}$ 使得 p 的实施会导致在基础博弈行动上的随机化 x。如果所有信息被发送的概率相等，并且对于每个基础博弈行动 $i \in K$，向所有信息 μ 赋予行动 $i \in K$ 的不变决策规则 $f_i: M \to K$ 被采用的概率为 x_i，那么就得到了上述的纳什均衡策略 p 。⑰但是，可以发现，如果我们运用的是讨论过的演化稳定性标准，那么倾向于效率的选择就会发生。

2.6-2 双重对称博弈中的演化、交流与效率

博弈前的沟通会使得演化力量偏离帕累托无效的结果（如在上面的协调博弈中的 (e^2, e^2)）吗？的确，这种情形在技术上是有可能发生的，因为基础博弈 G 中的严格均衡 s 未必对应着相应的廉价谈话博弈 G_M 中的严格均衡。特别地，如果在 G 中存在帕累托优于 s 的另一个对称纳什均衡，那么变异者在相互匹配的时候会利用这个沟通阶段来协调更好的均衡。因此，在出现廉价谈话时，均衡有可能会偏离低效的严格均衡结果。造成这种不稳定性

的一个关键因素是，在廉价谈话均衡中某个信息没有得到利用，这个信息可以用作变异者之间的秘密沟通。

从中性稳定性与集合式演化稳定性，人们已经得到了对两人双重对称博弈的某些很强的效率含义，虽然一般而言从这些标准得到的效率含义看上去不强。在这里我们只陈述一个结果，对其不加证明，并举一些例子来说明这些技巧。

下面的例子是 Schlag(1993a)提出来的。密切相关的结果可以参照 Wärneryd(1991)，Kim 和 Sobel(1991)以及 Blume、Kim 和 Sobel(1993)。为了与前面关于双重对称博弈的术语保持一致，我们称如果对所有的 $q \in \Delta_M$ 有 $u_M(p, p) \geq u_M(q, q)$，则廉价谈话策略 $p \in \Delta_M$ 是全局有效的。

命题 2.17 令 G 表示双重对称博弈，M 为有限的信息集，G_M 为相应的廉价谈话博弈，$p \in \Delta_M$ 为没有使用 M 中所有信息的策略。那么当且仅当 p 是全局有效的，p 属于一个 ES 集合 $p \subset \Delta_M$。

我们的第一个例子将正式化前面的启发式的秘密握手故事。

例 2.11 考察任何 2×2 博弈，其收益矩阵如上面的式(2.15)，并用 M 表示至少有两个元素的任何博弈前信息集。对上面给出的直觉性故事的正式化方法之一是，假定所有的"本地人"运用某种廉价谈话纯策略(α, f^*)，其中 $\alpha \in M$，f^* 是向所有信息赋予"坏"行动(即基础博弈策略 2)的决策规则：对所有的 $v \in M$，$f^*(v) = 2$。显然，(α, f^*)是对其自身的纳什均衡，$(\alpha, f^*) \in \Delta_M^{NE}$。另一方面，聪明的变异者会运用廉价谈话纯策略$(\beta, g)$，这里 $\beta \neq \alpha$，g 是在面临信息 β 时赋予"好"行动(基础博弈策略 1)和面临其他信息时赋予"坏"行动的决策规则：如果 $v = \beta$，那么 $g(v) = 1$；其他情况下，$g(v) = 2$。显然，(β, g)是对 G_M 中(α, f^*)的最优反应：

$$\begin{aligned}\pi_M[(\beta, g), (\alpha, f^*)] &= \pi(2, 2) = a_2 \\ &= \pi_M[(\alpha, f^*), (\alpha, f^*)]\end{aligned}$$

而且，(β, g)对其自身而言，是比(α, f^*)更好的反应：

$$\pi_M[(\beta, g), (\beta, g)] = a_1 > a_2 = \pi_M[(\alpha, f^*), (\beta, g)]$$

因此，在廉价谈话博弈 G_M 中，(α, f^*)甚至不是中性稳定的(见 2.3-1 小节)。

但是，注意的是，假如"本地人"运用了 M 中所有的信息(即，假如他们的

策略是 $p \in \Delta_M$，这个策略为 $f = f^*$ 的每个纯策略 $(\mu, f) \in K_M$ 赋予了正的概率)，那么对 p 的每个最优反应必然会选择基础博弈策略 2，因此 $p \in \Delta_M^{NSS}$。更一般地，当且仅当在相应的廉价谈话博弈均衡中存在某个未被使用的信息，中性稳定性排除了低效的结果 a_2(这一点是由 Wärneryd(1991)提出来的)。

下面的例子说明了如下可能性：与基础博弈的纳什均衡不相容的低效结果有可能与该博弈廉价谈话扩展中的演化稳定性相容。

例 2.12 再次考察任何 2×2 博弈，其收益矩阵如同前面的式(2.15)所示；并且令 M 表示只有两个元素的任何博弈前信息集，$M = \{\mu, v\}$。那么低效的非纳什均衡结果 $b = (a_1 + a_2)/2$ 与廉价谈话博弈 G_M 中的演化稳定性是相容的(这个观察来自 Kim and Sobel, 1991)。让廉价谈话策略 $p \in \Delta_M$ 在两个策略 (μ, f) 和 (v, g) 上是一致的，其中，$f(\mu) = 2$，$f(v) = 1$ 且 $g(\mu) = 1$，$g(v) = 2$。从而，在任何匹配中，如果信息是相同的，那么“坏”的基础博弈策略 2 就会被采用；否则“好”的基础博弈策略 1 就会被采用。当遇到自身时，p 显然得到收益 b，而且 p 是对自身的最优反应。的确，对 p 的任何最优反应都必须用到上面的决策规则 f。假设 p' 是另一个对 p 的最优反应，其中 p' 以非一致的概率分布 σ' 在这两个信息之间随机选择。那么当 p' 遇到自身时，得到的收益小于 b，因为这两个信息在超过半数的时间内都是相同的(而且 $a_1 < b$)。但当 p 遇到 p' 时，得到的收益为 b，因此 $p \in \Delta_M^{ESS}$，相应地 $\{p\} \subset \Delta_M$ 是一个社会低效的 ES 集合(运用到 M 中所有的信息)。

如果在双重对称博弈中存在两个以上的严格纳什均衡，那么即使有未加使用的信息，低效的结果也可能是中性稳定的(这一点是由 Wärneryd(1991)提出来的)：

例 2.13 考察对称性的 3×3 协调博弈，对角线以外的收益为零，对角线上的收益为 $a_1 > a_2 > a_3 > 0$。假设 M 包含了两个信息。那么廉价谈话策略 $p \in \Delta_M$ 传出信息之一，如 $\mu \in M$，当遇到这个信息时会采用“中庸”的基础博弈策略 2，否则采用“坏”的基础博弈策略 3。该廉价谈话策略是中性稳定的。但是，可能会出现不惩罚另一个信息的变异者，并且一旦这些变异者有站稳了脚跟的，就会出现新的变异者，他们会进行秘密握手，并得到好的收益。确实，按照命题 2.17，p 不属于任何 ES 集合。

2.7 角色决定的行为

本章分析框架背后一个关键的假定是，进行某种成对策略匹配的人们(表示为标准式的双人对称博弈)，并不是按照他们的博弈方地位或者在博弈中的角色来采取策略。

不论个人的博弈方角色为1(行博弈方)或者2(列博弈方)，个人针对任何策略 $y \in \Delta$ 使用策略 $x \in \Delta$ 时得到的收益是相同的，为 $u(x, y)$。但是，如果总体中的其他人按照他们的博弈方角色来决定他们的策略，那么同一策略 $x \in \Delta$ 用于不同的博弈方角色会得到不同的收益。也就是说，如果当其他人发现他们位于博弈方角色1(从而他们的对手处在博弈方角色2)时运用 $y^1 \in \Delta$，当他们处在博弈方角色2(从而他们的对手处在博弈方1的角色)时运用 $y^2 \in \Delta$，那么策略 $x \in \Delta$ 应用于博弈方角色1时得到的收益为 $u(x, y^2)$，应用于博弈方角色2时得到的收益为 $u(x, y^1)$，这里我们可以得到 $u(x, y^2) \neq u(x, y^1)$。

如下假定是否合理是一个建模选择问题：在给定的环境下，人们在博弈中能够辨别他们的博弈方角色；在此我们不加讨论。⑱

后面的模型是 Selten(1980)发展的一般性框架的一个特例。在他的一般性框架中，人们可以根据他们可以得到的广泛的信息来选取策略(还可以参阅 Maynard Smith，1982；Selten，1983；van Damme，1987；Hammerstein and Selten，1993)。我们将会看到，即使是我们这里的一般框架的特例也可以应用于非对称博弈，而且有着出人意料的含义。

2.7-1 定义

正式地，假设人们的互动采取了有限(但未必是对称的)双人基础博弈 $G = (I, S, \pi)$ 的形式，其混合策略扩展为 (I, Θ, u)。从大的群体中随机地抽取成对的人来博弈，但是现在每个人都可以观察他在 G 中的博弈方角色($i = 1$ 或者2)，并且根据这个观察来决定他们的策略。在每个随机匹配中，每个博弈方角色只安排一个人，而且所有人被安排到博弈中两个角色之一的可能性是相等的。

这种条件下的行为策略指的是策略对 $\bar{x}=(x^1, x^2)\in\Theta=\Delta_1\times\Delta_2$，其中，$x^1\in\Delta_1$ 被用于博弈方角色 1，$x^2\in\Delta_2$ 则被用于博弈方角色 2；参阅图 2.4。[19]在扩展式博弈的表述中，自然(博弈方 0)首先行动，将这两个博弈方分别安排到各自的角色上去。该图形代表的博弈是一个 2×2 同时行动博弈，收益双矩阵为(A, B)。

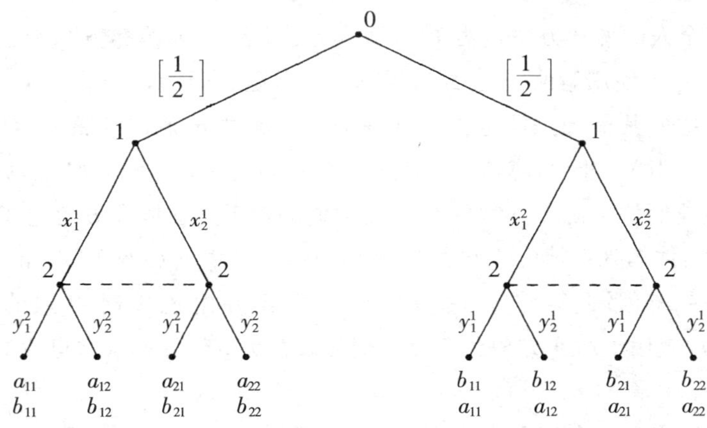

自然随机指派博弈方角色的群体博弈的扩展式

图 2.4

对任何博弈 G，令 Γ 表示相应的扩展式博弈，在扩展式博弈中，互动的个人按照上方式被安排到博弈方角色上去。在 Γ 中，行为策略 $\bar{x}=(x^1, x^2)\in\Theta$ 被针对行为策略 $\bar{y}=(y^1, y^2)\in\Theta$ 采用时得到的预期收益为

$$u^*(\bar{x}, \bar{y})=\frac{1}{2}[u_1(x^1, y^2)+u_2(y^1, x^2)] \tag{2.18}$$

在双矩阵表示(A, B)中，这变成了

$$u^*(\bar{x}, \bar{y})=\frac{1}{2}[x^1Ay^2+y^1B\,x^2] \tag{2.19}$$

我们现在可以设想一个单一同态的群体，在这个群体中所有人都按照规定来选择 Γ 中的某个行为策略 $\bar{x}=(x^1, x^2)$。这样的行为策略 $\bar{x}$ 在 Γ 中

被称为演化稳定的，如果它是对其自身的最优反应，对任何 $\bar{y}\in\Theta$ 有 $u^*(\bar{x},\bar{x})\geqslant u^*(\bar{y},\bar{x})$；任何其他的最优策略 $\bar{y}\in\Theta$ 针对自身得到的收益要小于 $\bar{x}$ 得到的收益，也就是说，如果对某个 $\bar{y}\neq\bar{x}$ 有 $u^*(\bar{y},\bar{x})=u^*(\bar{x},\bar{x})$，那么 $u^*(\bar{x},\bar{y})>u^*(\bar{y},\bar{y})$。这里的直觉与标准形式是相同的；演化稳定策略 $\bar{x}$ 在如下意义上对任何变异行为策略 $\bar{y}\neq\bar{x}$ 的较小入侵是"免疫的"：如果变异者占群体的比例足够小，那么后者得到的进入后收益要小于前者。

2.7-2 刻画

Selten(1980)得到了一个一般性的结果，该结果对这里的特例有出人意料的含义：Γ 中每个演化稳定行为策略都是博弈 G 的严格纳什均衡。这个结果背后的直觉是，如果 $\bar{x}=(x^1,x^2)$ 不是一个严格纳什均衡，那么它的两个分量策略 x^1 和 x^2 中起码有一个有另外的最优反应。在后进入群体中，这类分量中对另一分量的其他最优反应 $\bar{x}$ 的变异策略，将与 $\bar{x}$ 的表现一样好，因为变异分量永远不会遇到自身。正式地：⑳

命题 2.18 当且仅当 $\bar{x}$ 是 G 的一个严格纳什均衡，Γ 中的行为策略 $\bar{x}$ 是演化稳定的。

证明 首先，假设 $\bar{x}(x^1,x^2)\in\Theta$ 是 G 的一个严格纳什均衡。那么，对于所有的 $\bar{y}=(y^1,y^2)\neq\bar{x}$，有

$$\begin{aligned}u^*(\bar{x},\bar{x})&=\frac{1}{2}[u_1(x^1,x^2)+u_2(x^1,x^2)]\\&>\frac{1}{2}[u_1(y^1,x^2)+u_2(x^1,y^2)]\end{aligned}$$

因此，$\bar{x}$ 是 Γ 中的一个演化稳定策略。

其次，假设 $\bar{x}=(x^1,x^2)\in\Theta$ 不是 G 的一个严格纳什均衡。假设对某个 $y^1\neq x^1$，有 $u_1(y^1,x^2)=u_1(x^1,x^2)$，并且令 $\bar{z}=(y^1,x^2)$。那么 $u^*(\bar{z},\bar{x})=u^*(\bar{x},\bar{x})$，且

$$\begin{aligned}u^*(\bar{z},\bar{z})&=\frac{1}{2}[u_1(y^1,x^2)+u_2(y^1,x^2)]\\&=\frac{1}{2}[u_1(x^1,x^2)+u_2(y^1,x^2)]\\&=u^*(\bar{x},\bar{z})\end{aligned}$$

因此，$\bar{x}$ 不是 Γ 中的演化稳定策略。如果对某个 $y^2 \neq x^2$ 有 $u_2(x^1, y^2) = u_2(x^1, x^2)$，那么也可以得到相同的结论。■

下面的例子将说明，基础博弈（base game）ESS 在人们可以根据博弈中的博弈方位置来采取策略的环境中，基础博弈 ESS 是怎样变得不稳定的；还将说明在相应的角色决定（role-conditioned）的博弈 Γ 中，非对称的基础博弈策略组合是如何作为演化稳定的行为策略出现的。

例 2.14 重新考察例 2.3 中的（对称）鹰—鸽博弈，但是现在的收益为 $v = 2$ 和 $c = 4$。如同 1.5-3 小节，我们对这些收益进行标准化，这样我们得到 $A = B$ 和 $a_1 = a_2 = -1$。这个博弈有三个纳什均衡：两个非对称的严格均衡（在这两个均衡中，一个博弈方“作战”，另一个博弈方“让步”）和一个对称的混合均衡（在这个均衡中，两个博弈方都一致地随机化）。我们已经发现，这个混合均衡在无条件行为的标准框架中是一个 ESS。但是，如果博弈方可以根据他们的博弈方角色来调整他们的策略（本节的模型就是如此），那么这个均衡视作相应扩展过的博弈 Γ 的行为策略，就不是演化稳定的。原因在于，所有的人（不论他们的博弈方角色）在两个策略上均匀随机化的单一同态的群体对那些在一个博弈方角色（不妨说博弈方角色 1）作战，在另一个博弈方角色让步的变异者是脆弱的。当在位者（incumbent）遇到在位者时，人们得到的相同的收益 $-\frac{1}{2}$（因为原有策略组合是一个内点纳什均衡），当他们遇到彼此时，他们得到更高的收益 0。这一点可以通过如下正式的方式加以说明：首先，对任何行为策略对 $(\bar{x}, \bar{y})$，我们有

$$u^*(\bar{x}, \bar{y}) = \frac{1}{2}\left[x^1\begin{pmatrix}-1 & 0\\ 0 & -1\end{pmatrix}y^2 + y^1\begin{pmatrix}-1 & 0\\ 0 & -1\end{pmatrix}x^2\right]$$

$$= -\frac{1}{2}[x_1^1 y_1^2 + x_2^1 y_2^2 + x_1^2 y_1^1 + x_2^2 y_2^1]$$

因此，如果 $\hat{x} \in \Theta$ 表示该基础博弈唯一的对称纳什均衡，$\hat{x} = \left(\left(\frac{1}{2}, \frac{1}{2}\right), \left(\frac{1}{2}, \frac{1}{2}\right)\right)$，那么对于所有的行为策略 $\bar{y} \in \Theta$，有 $u^*(\bar{y}, \hat{x}) = u^*(\hat{x}, \bar{y}) = u^*(\hat{x}, \hat{x}) = -\frac{1}{2}$。而且，对 $\bar{y} = (e^1, e^2)$，我们有 $u^*(\bar{y}, \bar{y})$

$= 0 > u^*(\hat{x}, \bar{y}) = -\frac{1}{2}$，因此 $\hat{x}$ 不是 Γ 中的演化稳定策略。

Γ 中唯一的演化稳定策略对应着博弈 G 中的两个严格(而且非对称的)均衡。从直觉上看，这是很明显的。如果现有行为策略是在角色 1 战斗，在角色 2 让步，即 $\bar{x} = (e^1, e^2)$，那么从行为策略的角度看，唯一的最优反应是 $\bar{x}$ 本身。

下面的例子说明了这个机制也可以运用于非对称博弈。关于非对称廉价谈话博弈的一个应用，可以参阅 Wärneryd(1993)。

例 2.15 重新考察例 1.6 中的(非对称)进入阻挠博弈，现在设想人们根据他们的角色来选择策略。我们已经看到这个博弈有唯一的严格纳什均衡策略组合。在这个策略组合中，入侵者(博弈方 1)进入，在位者(博弈方 2)让步。相应的策略确实是演化稳定的：所有的变异者在如下的群体中处境较差，在这个群体中，当他们的角色为入侵者时，所有的人进入；而当他们的角色为在位者时，所有的人让步。

注 释

① 适应性是一个很微妙的演化概念，这里仅仅指(生存下来繁殖的)后代的个数。参见 Maynard Smith(1982)中关于演化稳定性中适应性概念的讨论。一个简单但确切的此类人口模型见本书第 3 章。

② 相反，如果想研究重复博弈策略的演化稳定性质，我们可以将重复博弈当成群体中随机选择的配对博弈。这里的机制无需修改便可以适用于任何有限重复博弈，而无限重复博弈则需要特别的考虑；不妨参阅 Fudenberg 和 Maskin(1990)。

③ 这里的定义最初是由 Taylor 和 Jonker(1978)提出来的。

④ 如果一个函数可以是一个线性函数与一个常数之和，那么它被称为**仿射**的。

⑤ 关于有限群体情形下 ESS 标准的讨论，请参阅 Maynard Smith(1988)，Riley(1979)，以及 Shaffer(1988)。

⑥ 但是要注意，一个人抵制变异的免疫条件 $m = 1$ 在技术上是不同的，因为单个变异者永远不会遇到自己。这种情形下类似于不等式(2.1)的是 $u(x, x(n-1)/n + y/n) > u(y, x)$。

⑦ Bomze 和 Pötscher(1989)称这样的策略 x 是**不可侵入**的。

⑧ 事实上，不难证明，每个分量 ES 集合与集合 Δ^{NE} 的分量是重合的，这个结果也来自 2.4-2 小节的结果。

⑨ Swinkels(1992a)也是针对任何(有限的)标准式博弈中的多群体互动剔除这个概念的；还可以参阅第 5 章。

⑩ 这得自 $\Delta^{NE}=\{x\in\Delta:u(x-e^i, x)\geqslant 0, \forall i\in K\}$，这个集合是点 x 的集合，在这个集合中，有限个 x 的多项式是非负的(见 1.3-2 小节)。

⑪ 我要感谢 Karl Schlag 提出这一点。

⑫ 第三个混合策略纳什均衡得到的收益更低，满足第 1 章的精炼标准，但是我们在例 2.2 中已经看到，它不是演化稳定的。

⑬ 这就是防止再谈判背后隐藏的假定(参阅 Fudenberg and Tirole, 1991)。

⑭ 另一种有趣的情形是，两个博弈方有不同的信息集合(如一个是空集或者单点集)，并且/或者信息的传递是序贯的(可以参阅 Blume, Kim and Sobel, 1993)。

⑮ Bhaskar(1991)建立了有噪声的廉价谈话的演化模型。

⑯ 这与 Ludwig Wittgenstein 在他的《哲学研究》中提出的观点是一致的。

⑰ 从技术上说，对于每个信息 $\mu\in M$ 和不变决策规则 f_i，令 p 以概率 x_i/m 选择廉价谈话纯策略 $h=(\mu, f_i)$，这里的 m 是 M 中元素的数量。

⑱ 这里在建模方面，存在很多微妙之处；可以参阅 Selten(1980), van Damme(1987), Hammerstein 和 Selten(1994)的讨论。

⑲ 按照前面的演化稳定性分析的观点，看来还要考察混合策略。但是，Selten(1983)指出过，论及演化稳定性时，行为策略是更令人满意的表述；还可以参阅 van Damme(1987)以及 Hammerstein 和 Selten(1994)。

⑳ 在 5.1-1 小节中我们还对多个群体的演化稳定性得到了类似的结果。

3 复制动态

一般地，演化过程是两个基本要素的结合：一个是产生多样性的变异机制，另一个是偏向一些种类的选择机制。演化稳定性标准强调的是变异的作用，而复制动态强调的则是选择的作用。在本章讨论的标准框架中，复制动态被正式化为不包含任何变异机制的常微分方程组。对变异的稳健性则是由动态稳定性标准间接加以处理的。

在第2章讨论的演化稳定性标准的框架中，我们设想人们被设定好了采用纯或者混合策略。相反，通常的复制动态则假定人们被设定好了只能采用纯策略。[1]因此，不同于将混合策略解释为群体中的每个人采取的某一特定随机选择，我们本章将混合策略 x 解释为群体状态，其中的每个分量 x_i 表示规定好了选择对应的纯策略 i 的人们占群体的比例。但是，我们还是要将其设想成大群体中的随机配对，其中收益代表的是适应性，而适应性是用后代的数量来表示的，并且每个后代继承的是他父母一方的策略（与生俱来的策略）。

如果繁衍是连续不断的，就会导致连续时间的群体动态——复制动态（replicator dynamics）（Taylor and Jonker，1978）。这里的复制（因子）指的是纯策略；这些纯策略可以从父母没有差错地传到孩子，群体中的人们是其宿主（host）[2]。

随着群体状态的改变,纯策略的收益及其适应性也会相应地改变。

上面已经指出,这种复制动态以及后文将会出现的其他选择动态(在第4章和第5章中)被模型化为常微分方程组。为了读者的方便起见,第6章介绍了用常微分方程表示动态的方法和技巧。本章对复制动态的讨论基本上是自足的,因此偶尔浏览一下第6章就足够了。③

本章的其余部分安排如下:3.1节推导出复制动态,并且讨论了它的一些基本特征。该节还分析了典型的2×2博弈中的定性的动态行为,并将其应用到广义的石头—剪子—布博弈。3.2节研究了弱被占优策略、严格被占优策略和反复剔除被占优策略的长期生存。3.3节研究了纳什均衡行为的含义。该节发现,在复制动态的静态群体状态中,存在着与总体纳什均衡行为对应的静态群体状态。而且,动态不稳定的静态群体状态并不对应着总体纳什均衡行为。因此,复制动态中的动态稳定性虽然不用理性假设就可以推导出来,但是却蕴涵着在纳什均衡的意义上是"理性的"和"协调好的"总体行为。虽然任何内点纳什均衡通过了基于策略的扰动的精炼标准,但是某些纳什均衡在复制动态中是动态不稳定的。从这个意义上来说,动态演化选择可能要比通常的精炼更严格。3.4节证明,渐近稳定的严格动态标准可以蕴涵着完美纳什均衡。

在研究了与非合作解标准的种种联系后,我们在3.5节转而研究与演化稳定性和中性稳定性的静态标准之间的联系。该节证明了信息理论中的熵函数可以为静态演化方法和动态演化方法提供关键的联系。尤其是,这个函数可以用来证明策略$x \in \Delta$的演化稳定性蕴涵着相应的群体状态x在复制静态中是渐近稳定的。同理可以证明,中性稳定这个更弱的标准蕴涵着Lyapunov稳定性这个同样更弱的标准。本节的最后得出了关于集合渐近稳定性的几个结果。

3.6节关注的是双重对称博弈这种特例——在这种博弈中,两个博弈方的收益永远是相同的,并且还发展了这类博弈的自然选择基本定理。这个结果表明,群体的平均适应性在复制动态中随着时间的推移会逐渐增强。还会证明,策略的演化稳定性与集合的演化稳定性分别等价于这类博弈的复制动态中的渐近稳定性。

在某些应用中,我们感兴趣的问题之一是,在长期中哪些策略会存在下去。根据3.2节的结果我们知道，如果一开始的时候所有的策略都存在，那么继续存在的纯策略集合是那些重复剔除后未被占优的策略集合的子集。但是，存活者的子集可能较小，这取决于初始条件。根据Ritzberger和Weibull(1993)的群总体模型，3.7节则提供了纯策略子集在如下意义上是长期存活者集合的一个充分条件：该子集在下面这个方面是最小的：如果开始时这个群体中几乎没有策略，那么这个子集外的所有纯策略随着时间的推移会消失。我们要考察的条件是简单的，而且几乎全部建立在该博弈的收益矩阵A的基础之上。

关于复制动态的更多结果，有兴趣的读者最好参阅Hofbauer和Sigmund(1988)的出色的教科书。第4章讨论了几个相关的议题，包括将上述结果推广到相当广泛的选择动态、离散时间复制因子模型与廉价谈话模型。

3.1 基础知识

考察如下大的但有限的群体，这个群体中的人被规定好了要选取两人对称博弈中的纯策略$i \in K$，其混合策略单纯形为Δ，收益函数为u。[④] 在任何时点t，令$p_i(t) \geqslant 0$表示当期被规定好了采取纯策略$i \in K$的人的数量，并且令$p(t) = \sum_{i \in K} p_i(t) > 0$来表示群体。相应的群体状态被定义为向量$x(t) = (x_1(t), \cdots, x_k(t))$，其中每个分量$x_i(t)$是在时间$t$按照规定采取纯策略$i$的人占群体的比例：$x_i(t) = p_i(t)/p(t)$。因此，$x(t) \in \Delta$；换言之，群体状态在形式上等同于混合策略。

当群体状态为$x \in \Delta$时，任何纯策略i在随机匹配中得到的期望收益相应地为$u(e^i, x)$。的确，对某个人来说，下面的情况是无关紧要的：他是与从这样的单一同态的群体中随机抽取的人互动，还是像演化稳定性框架中那样与一个采取混合策略x的人互动。换言之，相应的群体平均收益——随机从群体中抽取的人的收益是

$$u(x, x) = \sum_{i=1}^{k} x_i u(e^i, x) \tag{3.1}$$

这个收益与混合策略 x 针对自身采用时得到的收益是相同的。

3.1-1 推导

假设收益代表的是博弈对个人适应性影响的增量效应；该适应性是用单位时间的后代数量来度量的。还假设，每个后代继承了他父母的单一策略——与生俱来的策略。如果生育是连续不断的，那么按规定选择纯策略 i 的人在任何时间 t 的出生率是 $\beta+u[e^i, x(t)]$，这里的 $\beta\geqslant 0$ 是群体中个人的设定适应性(background fitness)(与博弈的结果无关)。假设所有人的死亡率 δ 是相同的。用点表示时间导数，并去掉时间自变量，这就产生了如下的群体动态：⑤

$$\dot{p}_i=[\beta+u(e^i, x)-\delta]p_i \tag{3.2}$$

与占群体的比例 x_i 相应的动态变成

$$\dot{x}_i=[u(e^i, x)-u(x, x)]x_i \tag{3.3}$$

为了看清这一点，对恒等式 $p(t)x_i(t)=p_i(t)$ 两边取时间的导数，得到

$$\begin{aligned} p\dot{x}_i &= \dot{p}_i-\dot{p}x_i \\ &= [\beta+u(e^i, x)-\delta]p_i-[\beta+u(x, x)-\delta]px_i \end{aligned} \tag{3.4}$$

两边同除以 p 就得到了式(3.3)。

换言之，运用策略 i 的群体份额的增长率 $\dot{x}_i/x_i$ 等于该策略的当前收益(适应性)于群体的当前平均收益(适应性)之差。这个增长率独立于设定出生率 β 和死亡率 δ，因为它们对所有的子群体是相同的(纯策略)。式(3.3)给出了复制动态(Taylor and Jonker, 1978)。运用收益 $u(x, y)$ 是 x 的线性函数的事实，我们可以将这个动态更准确地写为

$$\dot{x}_i=u(e^i-x, x)x_i \tag{3.5}$$

因此，有着优于平均策略的子群体是增长的，而有着劣于平均策略的子群体是衰减的。对当前的群体状态 $x\in\Delta$ 有着最优纯反应的子群体有着最高的增长率。

还要注意的是，任何两个群体份额 $x_i>0$ 和 $x_i>0$ 之间的比例是递增的(递减的)，如果策略 i 得到的收益高于(低于)策略 j 得到的收益：

$$\frac{\mathrm{d}}{\mathrm{d}t}\left[\frac{x_i}{x_j}\right]=\frac{\dot{x}_i}{x_j}-\frac{x_i}{x_j}\frac{\dot{x}_j}{x_j}=[u(e^i, x)-u(e^j, x)]\frac{x_i}{x_j} \tag{3.6}$$

3.1-2 收益转换下的不变性

式(3.5)中的复制子动态在收益的正仿射变换下是不变的,改变的只是时间刻度而已。这是因为,如果用函数 $\bar{u}=\lambda u+\mu$ 来代替收益函数 u(λ 为某个正实数,μ 为某个实数),那么复制子动态变成

$$\dot{x}_i=\bar{u}(e^i-x, x)x_i=\lambda u(e^i-x, x)x_i \tag{3.7}$$

因此,这样的收益变换的效果等价于在复制动态式(3.5)中对时间标度乘以因子 $\lambda>0$。尤其是,这两个动态的解的轨迹是相同的;只有群体状态沿着轨迹运动的速度是不同的,差别为因子 λ。

类似地,收益函数的局部变化(1.3-3 小节)根本不影响复制动态。如果收益矩阵 A 的某一列的每个元素上加上某个常数 $v\in R$,任何纯策略 i 的收益 $u(e^i, x)$就被 $\bar{u}(e^i, x)=u(e^i, x)+vx_j$ 所替代,导致 $\bar{u}(x, x)=u(x, x)+vx_j$,而根本没有改变复制子动态式(3.5)。

3.1-3 得到的解映射

式(3.5)的右边定义了相应的向量场 $\varphi: R^k\to R^k$,其中

$$\varphi_i(x)=u(e^i-x, x)x_i$$

由于这个向量场是群体份额的多项式,根据 Picard-Lindelöf 定理(定理 6.1),微分方程组(3.5)通过任何初始状态 $x^o\in R^k$ 都有一个唯一的解。而且可以证明,单纯形 $\Delta\subset R^k$ 在这个动态中是不变的。也就是说,通过 Δ 中任何初始状态的式(3.5)的解的轨迹包含在 Δ 中。从直觉上看这是显而易见的,因为根据式(3.5),群体份额的总和等于 1($\sum\dot{x}_i=0$),并且没有群体份额是负的($x_i=0\Rightarrow\dot{x}_i=0$)。

更准确地说,微分方程组(3.5)定义了连续的解映射 $\xi: R\times\Delta\to\Delta$,这个映射对每个初始状态 $x^o\in\Delta$ 和时间 $t\in R$ 赋予了时间 t 的群体状态 $\xi(t, x^o)\in\Delta$。由于单纯形 Δ 是不变的,所以其内部与边界也是不变的。换言

之，如果在任何时候，所有的纯策略都出现在群体中，那么永远在群体中出现；类似地，如果一个纯策略在任何时候都不出现在群体中，那么它永远也不出现在群体中。当然，不排除如下情况：随着时间走向无穷，内点解轨迹收敛到单纯形的边界；那么，在任何时点，群体状态将是内点的，但是它到边界的距离将趋于零，因此在极限处某些纯策略将消失。（对这些论断的正式表述与证明，请参阅命题 6.1、命题 6.2 和本章末的附录。）

3.1-4 对称性 2×2 博弈

在本节中，我们将复制子动态式(3.5)应用到典型的对称性两人两策略博弈。可以看出，这类博弈中的总体状态在复制动态中是渐近稳定的，当且仅当相应的混合策略是演化稳定的(参阅 2.1-2 小节)。[6]

由于复制动态式(3.5)在收益的局部变动下是不变的，所以我们可以不失一般性地假设收益矩阵采取以下形式：

$$A = \begin{pmatrix} a_1 & 0 \\ 0 & a_2 \end{pmatrix} \tag{3.8}$$

当 $a_1 a_2 \neq 0$ 时，我们关心的是典型类型。收益标准化后复制动态变成

$$\dot{x}_1 = [a_1 x_1 - a_2 x_2] x_1 x_2 \tag{3.9}$$

这里的 $\dot{x}_2 = -\dot{x}_1$(这两个比例的和总是等于 1)。按照 1.5-3 小节的分类：

第一类博弈和第四类博弈 如果 $a_1 a_2 < 0$，那么群体份额 x_1 要么总是下降(当 $a_1 < 0$ 和 $a_2 > 0$ 时)，要么总是上升(当 $a_1 > 0$ 和 $a_2 < 0$ 时)。因此，从任何内点的初始位置出发，群体状态都会逐渐收敛到该博弈唯一的 ESS；关于第一类博弈和第四类博弈，分别参阅图 3.1(a)和(d)。

第二类博弈和第三类博弈 如果 $a_1 a_2 > 0$，那么当 $a_1 x_1 = a_2 x_2$ 时，x_1 的增长率会改变符号，这会发生在混合策略纳什均衡值 $x_1 = \lambda = a_2/(a_1 + a_2)$。首先假设，两个收益都是正的(第二类博弈)。那么 x_1 从任何初始值 $x_1^o < \lambda$ 会减小到零；相反，从任何初始值 $x_1^o > \lambda$ 会增加到 1；参阅图 3.1(b)。换言之，从任何内点初始位置出发，群体状态会收敛到这类博弈中的两个 ESS 之一。它们的“吸收域”会在混合策略纳什均衡点 $x_1 = \lambda$ 处相遇。其次，假设两个收益都是负的(第三类博弈)。那么群体份额 x_1 从任何较低的

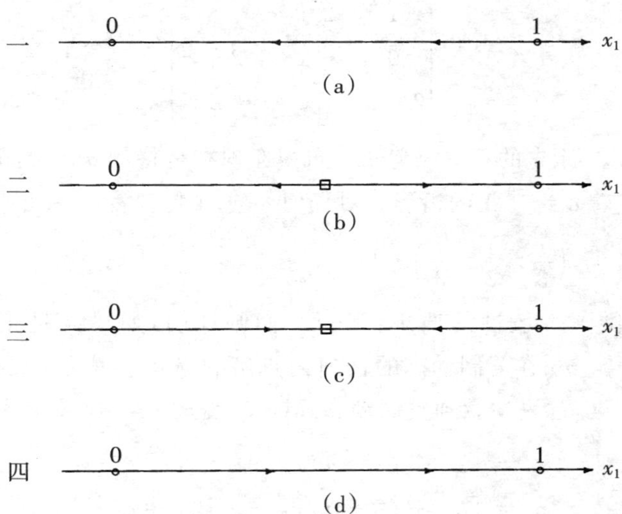

对称性 2×2 博弈中的复制动态:(a)第一类博弈,(b)第二类博弈,(c)第三类博弈,(d)第四类博弈。

图 3.1

(内点)初始值都会增至 λ;从任何较高的(内点)初始值都会降至 λ;参阅图 3.1(c)。因此,群体状态会从任何内点初始状态开始会收敛到任何这类博弈的唯一 ESS。

例 3.1 为得到例 1.1 的囚徒困境博弈中的复制动态,首先注意 $a_1 = -1$ 和 $a_2 = 3$。运用式(3.9)中的恒等式 $x_1 + x_2 = 1$,我们得到

$$\dot{x}_1 = (2x_1 - 3)(1 - x_1)x_1$$

(和 $\dot{x}_2 = -\dot{x}_1$)。类似地,对例 1.10 中的协调博弈,我们得到

$$\dot{x}_1 = (3x_1 - 1)(1 - x_1)x_1$$

对于例 2.3 中的鹰—鸽博弈,我们有 $a_1 = -1$,$a_2 = -2$,从而

$$\dot{x}_1 = (2 - 3x_1)(1 - x_1)x_1$$

3.1-5 广义的石头—剪子—布博弈

考察对例 1.12 的石头—剪子—布博弈的如下推广:

$$A = \begin{pmatrix} 1 & 2+a & 0 \\ 0 & 1 & 2+a \\ 2+a & 0 & 1 \end{pmatrix} \tag{3.10}$$

这里的 $a \in R$。原先的石头—剪子—布博弈现在是特例 $a = 0$，而且例 2.7 中的博弈对应着 $a = -1$ 的情形。对任何 a，这个博弈都有一个唯一的内点纳什均衡，$x^* = \left(\frac{1}{3}, \frac{1}{3}, \frac{1}{3}\right)$。⑦

3.5 节提供了一般性的原理，下面我们则证明，如果 a 是正的（负的、零），那么积 $x_1x_2x_3$ 在复制动态的任何内点解轨迹上会增加（减少、不变）。为了看清这一点，首先注意到复制动态式(3.5)变成

$$\dot{x}_1 = [x_1 + (2+a)x_2 - x \cdot Ax]x_1 \tag{3.11}$$

$$\dot{x}_2 = [x_2 + (2+a)x_3 - x \cdot Ax]x_2 \tag{3.12}$$

$$\dot{x}_3 = [x_3 + (2+a)x_1 - x \cdot Ax]x_3 \tag{3.13}$$

因此，$h(x) = \ln(x_1x_2x_3)$ 的时间导数为

$$\begin{aligned} \dot{h}(x) &= \dot{x}_1/x_1 + \dot{x}_2/x_2 + \dot{x}_3/x_3 \\ &= (x_1 + x_2 + x_3) + (2+a)(x_1 + x_2 + x_3) - 3x \cdot Ax \\ &= 3 + a - 3x \cdot Ax \end{aligned} \tag{3.14}$$

根据恒等式

$$1 = (x_1 + x_2 + x_3)^2 = \| x \|^2 + 2(x_1x_2 + x_2x_3 + x_1x_3) \tag{3.15}$$

其中，$\| x \|^2 = x_1^2 + x_2^2 + x_3^2$，平均收益 $x \cdot Ax$ 可以写成

$$\begin{aligned} x \cdot Ax &= 1 + a(x_1x_2 + x_2x_3 + x_1x_3) \\ &= 1 + \frac{a}{2}(1 - \| x \|^2) \end{aligned} \tag{3.16}$$

因此

$$\dot{h}(x) = \frac{a}{2}(3\| x \|^2 - 1) \tag{3.17}$$

注意，平方范数 $\| x \|^2$ 在单纯形 Δ 的三个顶点上都是极大的，达到了值 1；在单纯形的中心点 x^* 上是极小的，达到了极小值$\frac{1}{3}$。因此，式(3.17)右

边的因式 $(3\|x\|^2-1)$ 在 $x=x^*$ 处等于零;在 Δ 的其他地方都是正的。

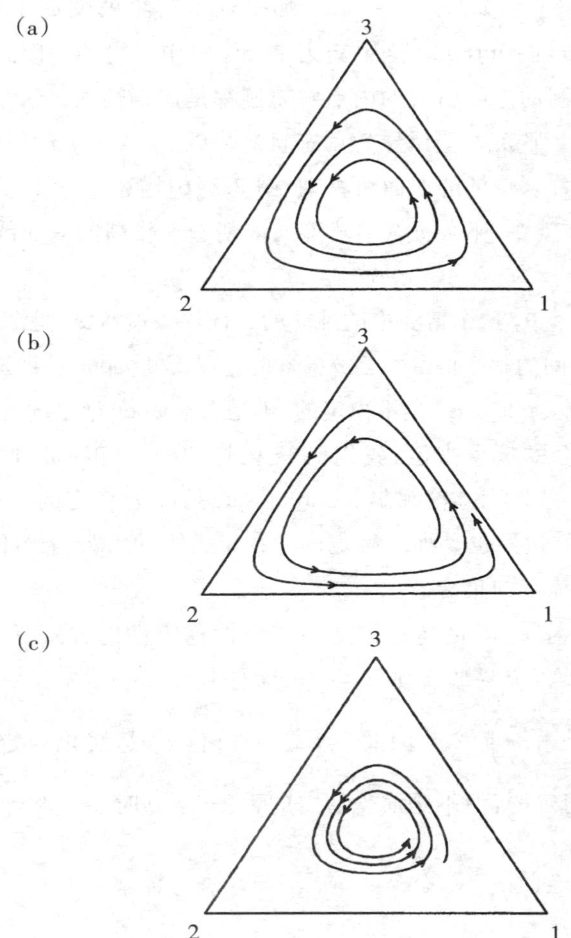

广义的石头—剪子—布博弈的复制动态:(a) $a=0$,(b) $a<0$,(c) $a>0$。

图 3.2

我们可以得到,在基本的石头—剪子—布博弈($a=0$)中,所有的解的轨迹都是 Δ 上的循环(cycles)。更准确地说,对任何初始状态 $x^o \in \text{int}(\Delta)$,解 $\xi(t, x^o)$ 永远沿着封闭的曲线运动,在这条封闭的曲线上,$x_1x_2x_3$ 恒等于 $\gamma=x_1^o x_2^o x_3^o$。(回忆一下,x^* 是唯一的内点静态状态。)从几何上来看,这

样的曲线是等式 $x_1x_2x_3=\gamma$ 给出的 R^3 中的双曲线与单纯形的交集；关于这一点，请参阅图 3.2(a)。如果 $x^o=x^*$，那么这个交集就变成了单个点 x^*；而对任何其他的 $x^o\in\text{int}(\Delta)$，这个交集是 int(Δ)中平滑的封闭式曲线。因此，当 $a=0$ 时，复制动态的所有的内点解轨迹都是周期性的。

相反，如果 $a<0$，那么 Δ 上诱导的动态轨迹从(除了 $x^o=x^*$ 外)所有内点初始状态向外朝着 γ 较低的双曲线移动；图 3.2(b)描述了 $-1<a<0$ 的轨迹。相反，如果 $a>0$，那么所有的轨迹向内朝着 γ 较高的双曲线移动；参见图 3.2(c)。

因此，对于任何 $a>0$，这个博弈中的唯一的纳什均衡策略 x^* 是渐近稳定的，而且吸引了状态空间的整个内部。当 $a=0$ 时，x^* 是 Lyapunov 稳定的，但不是渐近稳定的；当 $a<0$ 时，x^* 是不稳定的(不是 Lyapunov 稳定的)。

用群体状态的集合的概念来说，我们已经发现，当 a 为正(负)时，函数 $h(x)=x_1x_2x_3$ 的所有上(下)轮廓集(contour set)是渐近稳定的。在第二种情形($a<0$)中，Δ 的边界也是渐近稳定的。在 a 为零的刀刃情形中，整个空间 Δ 只是一个渐近稳定的集合。⑧

x^* 的动态稳定性与 x^* 满足演化稳定性与中性稳定性的方式是完全吻合的。通过上面的计算，容易验证如下事实，对任何 $x\in\Delta$，$u(x^*,x)-u(x,x)=a\left(\|x\|^2-\frac{1}{3}\right)\Big/2$。因此，当 $a>0$ 时，x^* 是演化稳定的；当 $a=0$ 时，x^* 是中性稳定的，但不是演化稳定的；当 $a<0$ 时，x^* 甚至不是中性稳定的。

3.2 被占优策略

并且仅当该策略得到的收益高于当前群体的平均收益，固定地选择某个纯策略的人占群体的比例在复制动态式(3.5)中是递增的。由于即使是严格被占优的策略得到的收益也可能高于平均收益，所有先验上还不清楚严格被占优的策略在复制动态中是否一定被剔除掉。的确，Dekel 和 Scotchmer(1992)提出了一个博弈，由于上述原因，在复制动态的离散时间版本中，这个策略没有消失（参见4.1节）。但是，可以证明，在连续时间的复制动态中，严格被占优策略长期内将会消失。上述结论对重复严格被占优策略也是成立的，但是并非对所有弱被占优策略都是成立的。

回忆如下事实，ξ 表示的是复制子动态(3.5)的解映射。因此，如果初始状态是 $x^o \in \Delta$，那么 $\xi(t, x^o) \in \Delta$ 是时间 $t \in R$ 的群体状态。

3.2-1 严格占优与重复剔除严格占优

Akin(1980；还可以参阅 Samuelson and Zhang, 1992)得到了如下结果：如果博弈中的纯策略一开始时就存在，那么复制动态将会剔除群体中所有的严格被占优策略：

命题3.1 如果纯策略 i 是严格被占优的，那么对任何 $x^o \in \text{int}(\Delta)$，有 $\xi_i(t, x^o)_{t\to\infty} \to 0$。

证明 假设 $i \in K$ 被 $y \in \Delta$ 严格占优，并且令

$$\varepsilon = \min_{x\in\Delta} u(y - e^i, x)$$

根据 u 的连续性与 Δ 的紧性，$\varepsilon > 0$。通过

$$v_i(x) = \ln(x_i) - \sum_{j=1}^{k} y_j \ln(x_j)$$

定义函数 $v_i : \text{int}(\Delta) \to R$。显然，$v_i$ 是可微的，而且它的时间导数沿着式(3.5)的任何内点解轨迹在任何点都是 $x = \xi(t, x^o)$，

$$\begin{aligned}\dot{v}_i(x) &= \left[\frac{\mathrm{d}v_i(\xi(t, x^o))}{\mathrm{d}t}\right]_{\xi(t, x^o)=x} \\ &= \sum_{j=1}^{k} \frac{\partial v_i(x)}{\partial x_j}\dot{x}_j \\ &= \frac{\dot{x}_i}{x_i} - \sum_{j=1}^{k} \frac{y_j \dot{x}_j}{x_j} \\ &= u(e^i - x, x) - \sum_{j=1}^{k} y_j u(e^j - x, x) \\ &= u(e^i - y, x) \leqslant -\varepsilon < 0\end{aligned}$$

因此，当 $t \to \infty$ 时，$v_i(\xi(t, x^o))$ 减至负无穷。根据 v_i 的定义，这意味着 $\xi_i(t, x^o) \to 0$。■

根据命题1.1，一个策略在双人博弈中是被严格占优的，当且仅当它是对某个（纯的或者混合的）策略的最优反应。因此，我们可以将上述结果重新表述为，演化选择淘汰那些在如下意义上非理性的行为：在任何关于对手策略的概率信念下都是次优的。不论演化轨迹收敛与否，这种选择都会发生，因此，从长期来看，即使总体行为永远波动，但（几乎）没有人会非理性地行动。

注意如下假设的意义：在博弈的一开始，所有的纯策略都是存在的。例如，如果某个策略 i 是严格被占优的，但是开始时不存在其他纯策略，那么在任何时间 t，都有 $\xi_i(t, x^o) = 1$。或者，更一般地说，当从博弈中剔除另外一个纯策略 j 时，如果某个策略 i 不是严格被占优的，那么如果策略 j 开始的时候不存在，我们未必会有 $\xi_i(t, x^o) \to 0$。

通过更复杂的分析，Samuelson 和 Zhang(1992)已经证明了，复制动态将剔除群体中所有的重复严格被占优纯策略。从直觉上看，这个结果并不令人吃惊。命题3.1告诉我们，经过足够长的时间，群体状态就会任意地接近混合策略单纯形 Δ 的面，该单纯形是由未被严格占优的纯策略子集 $K^1 \subset K$ 张成的。将命题3.1应用到简化后的博弈 G^1（有着纯策略集合 K^1），根据连续性，在该博弈中严格被占优的纯策略消失了，依此类推，直到没有什么纯策略再被剔除了。Samluelson 和 Zhang 针对一类包括式(3.5)在内的演化选择动态学给出了这个结果的正式证明：⑨

定理 3.1 如果纯策略 i 是重复严格被占优的，那么对任何 $x^o \in \mathrm{int}(\Delta)$，有 $\xi_i(t, x^o)_{t\to\infty} \to 0$。

在双人博弈中，这好像是，演化不仅剔除在任何关于对手策略的概率信念下都是次优的非理性行为，演化还剔除在认为对手在这个意义上非理性的概率信念下的最优行为，这个过程会经过很多轮共同信念，无穷地进行下去。

例 3.2 重新考察例1.4中的严格占优可解博弈。根据定理3.1，如果开始的时候所有的策略都存在，那么策略1之外的所有策略在复制动态式(3.5)中都会被剔除。换言之，每个内点解轨迹都收敛到 Δ 的顶点 e^1。这也是该博弈唯一的 ESS，因此在这个例子中，演化方法与非合作博弈论是一致的。

3.2-2 弱占优

虽然我们已经看到，复制动态剔除了所有严格被占优策略，但对弱被占优策略来说未必如此。Samuelson(1993)回答了这个问题，他发现在包括复制动态在内的很多演化选择动态中，这类策略未必能够被剔除。

但是，我们可以证明，如果纯策略 i 被某个策略 $y \in \Delta$ 弱占优，并且采取固定策略 i 的子群体没有随着时间而消失，那么 y 针对其优于 i 的所有这些纯策略 j 会从总体中消失。对上述命题 3.1 的证明稍加修改，就可以得到此结果：[10]

命题 3.2 假设某个策略 $y \in \Delta$ 弱占优纯策略 i。如果 $u(y-e^i, e^j) > 0$，那么对任何 $x^o \in \text{int}(\Delta)$，有 $\xi_i(t, x^o)_{t\to\infty} \to 0$ 或者 $\xi_j(t, x^o)_{t\to\infty} \to 0$（或者两者同时成立）。

证明 令 $v_i: \text{int}(\Delta) \to R$ 如同命题 3.1 证明中那样，其中 $y \in \Delta$ 弱占优 e^i。那么，在任何时间 $t \geqslant 0$，

$$\frac{\mathrm{d}}{\mathrm{d}t}v_i(\xi(t, x^o)) = u(e^i - y, \xi(t, x^o)) \leqslant 0$$

假设 $j \in K$ 使得 $u(y-e^i, e^j) = \varepsilon > 0$。由于 y 弱占优 e^i，对任何 $x \in \Delta$，有

$$u(y-e^i, x) = \sum_h u(y-e^i, e^h)x_h \geqslant u(y-e^i, e^j)x_j \geqslant \varepsilon x_j$$

因此，在任何时间 $t \geqslant 0$，有

$$\frac{\mathrm{d}}{\mathrm{d}t}v_i(\xi(t, x^o)) \leqslant -\varepsilon\xi_j(t, x^o) \leqslant 0$$

对 t 积分得到 $v_i[\xi(t, x^o)] \leqslant v_i(x^o) - \varepsilon\int_0^t \xi_j(\tau, x^o)\mathrm{d}\tau$。这个积分是 t 的递增函数，因此当 $t \to +\infty$ 时，它要么趋于 $+\infty$，要么趋于某个 $\beta \in R_+$。在第一种情形中，$v_i(\xi(t, x^o)) \to \infty$，因此根据 v_i 的定义，$\xi_i(t, x^o) \to 0$。在第二种情形中，由于 $\xi(t, x^o)$ 在 t 上是均匀连续的，所以 $\xi_j(t, x^o) \to 0$：根据式(3.5)，对所有的 t，有 $\left|\frac{\mathrm{d}}{\mathrm{d}t}\xi_j(t, x^o)\right| \leqslant \gamma$，其中 $\gamma = \max_{x\in\Delta} \mid u(e^j - x, x) \mid \in R_+$。（如果 $\xi_j(t, x^o)$ 不收敛到 0，那么将存在某个 $\delta > 0$ 和时间

$t_k > 0$ 的递增有界序列，使得对所有 k，有 $\xi_j(t_k, x^o) > \delta$。不失一般性，我们可以假定对所有的 k，有 $t_{k+1} - t_k > 2\delta/\gamma$，那么积分 $\int_0^{\infty} \xi_j(\tau, x^o) \mathrm{d}\tau = \beta$ 将代表一个包含了无穷多的相互重叠的三角形的面积，每个三角形高为 δ，底为 $2\delta/\gamma$。出现矛盾。）■

根据命题 1.1，纯策略是未被占优的，当且仅当它是对某个完全混合策略的最优反应。因此，我们可以将上述结果重新表述为，演化弱淘汰了那些在任何关于对手的策略的概率信念（这些信念对所有的纯策略都赋予了正的概率）下是次优的行为。这种淘汰在下面的意义上是弱的：如果在长期内，与之相比 i 是次优策略的纯策略 j 消失了，那么这类行为未必消失。

下面的简单例子说明如何可以运用这个结果来证明，在某些博弈中，弱被占优策略沿着任何内点解轨迹而不消失的。

例 3.3　考察有着如下收益矩阵的 2×2 博弈

$$A = \begin{pmatrix} 0 & 1 \\ 0 & 0 \end{pmatrix}$$

第一个纯策略 $y = e^1$ 弱占优第二个纯策略 $i = 2$。并且，针对 $j = 2$ 而言，y 要优于 i。因此，对于任何 $x^o \in \mathrm{int}(\Delta)$，有 $\xi_2(t, x^o) \to 0$。确实，在这个博弈中，式(3.9)变成了 $\dot{x}_1 = (1 - x_1)^2 x_1$ 和 $\dot{x}_2 = -\dot{x}_1$，这说明从任何 $x_1^o > 0$ 的初始状态开始，x_1 都会单调地递增到 1。

在下面的例子中，弱被占优策略在长期内存在，实际上在任意的正群体份额中都会存在。

例 3.4　考察有着如下收益矩阵的 3×3 博弈

$$A = \begin{pmatrix} 1 & 1 & 1 \\ 1 & 1 & 0 \\ 0 & 0 & 0 \end{pmatrix}$$

第一个纯策略 $y = e^1$ 弱占优第二个纯策略 $i = 2$，并且针对 $j = 3$ 而言 y 要优于 i。因此，对于任何 $x^o \in \mathrm{int}(\Delta)$，有 $\xi_2(t, x^o) \to 0$ 或者 $\xi_3(t, x^o) \to 0$。策略 1 严格占优策略 3，因此，考虑到策略 2 可能不会消失，我们确实有 $\xi_3(t, x^o) \to 0$。的确，在这个博弈中，式(3.6)变成 $\mathrm{d}(x_1/x_2)/\mathrm{d}t = x_1 x_3 / x_2$

>0。因此,在这个单纯形的内部,子群体 1 增长得比子群体 2 快,但随着子群体 3 收敛到零,它们之间的增长率的差别也趋向零。所有的内点解轨迹是收敛的;它们都最终停留在策略 3 消失的边界面上。在极限处,x_2 可以采取任何 0 与 1 之间的值,这个值取决于初始的总体状态。参见图 3.3 中的解轨迹。

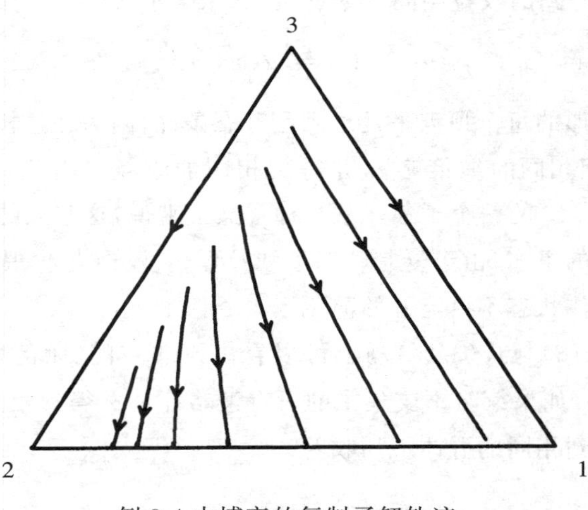

例 3.4 中博弈的复制子解轨迹。

图 3.3

3.3 纳什均衡策略

对任何我们研究的有限的、双人对称博弈来说,用 $\Delta^{NE} \subset \Delta$ 如前面一样表示与其自身是纳什均衡的策略的(非空)子集。对后面的动态分析而言,如下事实是有用的:当且仅当 x 赋予正概率的所有纯策略得到针对 x 的最高收益,策略 x 属于 Δ^{NE}。正式地,

$$\Delta^{NE} = \{x \in \Delta : u(e^i, x) = \max_{z \in \Delta} u(z, x),\ \forall i \in C(x)\} \quad (3.18)$$

我们下面来分别研究在复制动态下,这个集合与稳态集合、Lyapunov 稳定状态集合、极限状态集合的关系。我们还简要地考察它与时间平均值在

解的轨迹上的联系。

3.3-1 稳态与 Δ^{NE}

根据定义，群体状态 $x \in \Delta$ 在式(3.5)中是稳态的，当且仅当对所有的纯策略 $i \in K$，积 $u(e^i - x, x)x_i$ 是零，或者等价地，当且仅当群体状态 x 中的所有纯策略 i 得到的收益相同。令 $\Delta^o \subset \Delta$ 来表示式(3.5)中的稳态集合：

$$\Delta^o = \{x \in \Delta : u(e^i, x) = u(x, x), \ \forall i \in C(x)\} \tag{3.19}$$

这个单纯形的每个顶点平凡地满足静态条件，因为在这样的群体状态 x 中，所有人都用相同的纯策略 i，并得到相同的收益。因此，顶点的有限集 $\{e^1, \cdots, e^k\}$ 是 Δ^o 的一个子集。从某种意义上来说，这些点的稳态是复制动态的一个人为的事实；由于复制动态不涉及任何变异(与生俱来的策略)，从这个极端的群体状态不可能开始演化。

比较式(3.18)与式(3.19)马上可以看出，(非空的、闭的)集合 Δ^{NE} 也是 Δ^o 的一个子集：如果策略 x 支集中的所有策略针对 x 得到相同的最大收益，那么它们也得到相同的群体平均收益，

$$u(x, x) = \sum_{j=1}^{k} u(e^j, x)x_j = \sum_{j \in C(x)} u(e^j, x)x_j \tag{3.20}$$

对内点群体状态 x 而言，逆命题也是成立的：如果 $x \in \text{int}(\Delta)$ 在式(3.5)中是稳态的，那么根据式(3.19)，对博弈中的所有纯策略 i 来说，$u(e^i, x) = u(x, x)$，并且所有的纯策略都是对混合策略 x 的最优反应，因此 $x \in \Delta^{NE}$。令 Δ^{oo} 来表示内点稳态集合(可能是空的)，即，$\Delta^{oo} = \Delta^o \cap \text{int}(\Delta)$ 我们刚才已经证明了，Δ^{oo} 是 Δ^{NE} 的一个子集。由于所有的纳什均衡都是稳态的，所有我们实际上有 $\Delta^{oo} = \Delta^{NE} \cap \text{int}(\Delta)$。而且，Zeeman(1981)指出集合 Δ^{oo} 必然是凸的。事实上，Δ^{oo} 中的状态 x、y 的任何线性组合 $z = \alpha x + \beta y \in \Delta$ 也是一个稳态，而且实际上还属于稳态的子集 Δ^{NE}。我们将其总结在如下命题中：

命题 3.3 $\{e^1, \cdots, e^k\} \cup \Delta^{NE} \subset \Delta^o$，$\Delta^{oo} = \Delta^{NE} \cap \text{int}(\Delta)$ 和 Δ^{oo} 是凸集合，使得 Δ^{oo} 中状态的线性组合 $z \in \Delta$ 属于 Δ^{NE}。

证明 只需证明最后的这个结果。为此目的，假设 $x, y \in \Delta^{oo}$，并且令

$\alpha, \beta \in R$ 使得 $z = \alpha x + \beta y \in \Delta$。对任何纯策略 $i \in K$，根据 u 的双线性，x 和 y 的稳态以及这两个状态在内部的假设，我们有

$$\begin{aligned} u(e^i, z) &= \alpha u(e^i, x) + \beta u(e^i, y) \\ &= \alpha u(x, x) + \beta u(y, y) \end{aligned}$$

因此，所有的纯策略 i 针对 $z(z \in \Delta^o)$ 得到相同的收益。如果 $z \in \Delta^{oo}$，那么 $z \in \Delta^{NE}$。否则，由于 Δ^{NE} 是一个闭集，所以，z 是 $\Delta^{oo} = \Delta^{NE} \cap \text{int}(\Delta)$ 的一个边界点。由于 Δ 是凸的，而且对所有的 α、$\beta \geqslant 0(\alpha + \beta = 1)$，有 $z \in \Delta^{oo}$，所以 Δ^{oo} 是凸的。■

这个命题对复制动态中的稳态集合 $\Delta^o \in \Delta$ 有很强的几何含义。例如，在 2×2 博弈中，集合 Δ^{oo} 或者是空的，或者是单点集，或者是(一维)单纯形的整个内部，参阅图 1.1(a)。类似地，在 3×3 博弈中，集合 Δ^{oo} 或者没有包含任何状态，或者只包含一个状态，或者包含通过 $\text{int}(\Delta)$ 的直线上的所有状态，或者包含 $\text{int}(\Delta)$ 的所有状态，参阅图 1.1(b)。在第一种情形中，Δ^{NE} 没有包含任何内点，但是根据命题1.5，至少包含了 Δ 边界上的一个点 x。在第二种情形中，唯一的内部稳态点 x 属于 Δ^{NE}，而其他所有的内点都不属于 Δ^{NE}。在第三种情形中，通过 Δ 的线段上的所有点，包括它与该单纯形边界的两个交点，都是稳态，而且属于 Δ^{NE}。在第四种(退化)情形中，每一种状态都是稳态，而且是其自身的纳什均衡。还要注意稳态集合的几何对这些博弈中单纯形的边界面的影响：这些稳态要么是孤立点(在孤立点的情形下，在每个边界面的相对内部至多有一个点)，要么构成一整个边界面。将上面的命题分别应用到每个边界面就可以得到上述结果：每一个这样的边界面在复制动态式(3.5)中是不变的，因此可以当作相应的 2×2 博弈的混合策略空间，等等。

例 3.5　重新考察例 2.9 中的博弈。根据命题 3.3，复制动态中的稳态点的集合 Δ^o 包含了三个顶点和整个连续统 $\Delta^{NE} = \{x \in \Delta: x_1 = x_2\}$，但是没有包含这个单纯形内部的其他点。容易验证，其他的边界点都不是稳态的。

3.3-2 Lyapunov 稳态和 Δ^{NE}

我们前面已经指出过，复制动态不能解释演化相关的变异。在目前的框架下，复制因子是博弈的纯策略，因此变异只能采取从一个纯策略到另一个纯策略变换的形式。假设群体开始时处在某种稳态 $x \in \Delta$，并且突然在小比

例 ε 的群体中发生变异(也许不同的人有不同的纯策略变异)。例如,如果所有纯策略变异的可能性相同,并且 y_i 是导致任何纯策略 $i \in K$ 的变异的概率,那么这就相当于从初始群体状态 x 到群体状态 $x' = (1-\varepsilon)x + \varepsilon y \in \Delta$ 的转变。因此,从演化的观点来看,对这类群体状态的变化不稳健的稳态没有多大意义。可以验证,不在 Δ^{NE} 中的所有稳态由于这些原因都应该加以排斥:式(3.5)中的动态稳定性要求(对称性)纳什均衡,正如我们在第 2 章中看到的演化稳定性与中性稳定性要求的那样。

更准确地说,不是纳什均衡的稳态甚至不满足 Lyapunov 稳定性标准。不在 Δ^{NE} 中的稳态是静态不稳定的,这恰是因为群体状态($x_i = 0$)中存在某个未用的纯策略 i,它针对 x 得到的收益高于状态 x 中用到的那些纯策略;根据稳态的定义,状态 x 中用到的那些纯策略得到的收益是相同的。因此,如果群体中有任意小的正的比例开始的时候运用的是带来好处但不在 x 中的策略 i,那么这些变异者得到了更高的收益,这导致群体状态偏离 x。这个结果是 Bomze(1986)得出来的。

命题 3.4 如果 $x \in \Delta$ 在式(3.5)中是 Lyapunov 稳定的,那么 $x \in \Delta^{NE}$。

证明 假设 $x \in \Delta^o$, $x \notin \Delta^{NE}$。那么支集 $C(x)$ 中的所有纯策略针对 x 得到的收益都是次优的。因此,存在某个 $i \notin C(x)$ 使得 $u(e^i - x, x) > 0$。由于 u 是连续的,所以存在某个 $\delta > 0$ 和 x 的邻域 U 使得对所有 $y \in U \cap \Delta$,有 $u(e^i - y, y) \geqslant \delta$。但是,这就会得到,对任何 $x^o \in U \cap \Delta$ 和任何时间 $t > 0$,有 $\xi_i(t, x^o) \geqslant x_i^o \exp(\delta t)$ 使得 $\xi(t, x^o) \in U \cap \Delta$。因此,$\xi_i(t, x^o)$ 开始的时候从任何 $x^o \in U \cap \text{int}(\Delta)$ 指数上升,但是 $x_i = 0$,所以 x 不是 Lyapunov稳定的。

像第 2 章中的演化稳定标准一样,复制动态中的 Lyapunov 稳定性标准超越了纳什均衡。例如,3.1-5 小节中的广义的石头—剪子—布博弈中的唯一内点纳什均衡是对称的和完全混合的,当且仅当 $a \geqslant 0$ 时 $x \in \Delta^{NE}$ 可以看作是 Lyapunov 稳定的。相反,这个纳什均衡通过了 1.4 节中任何 a 值下基于扰动的非合作精炼。类似地,在 3.1-4 小节中,我们发现协调博弈(第二类博弈)中纳什均衡是动态不稳定的,但是这个均衡却满足所有的精炼标准。相反,鹰—鸽博弈(第三类博弈)中的混合策略纳什均衡也通过了所有的精炼测试,在复制动态中被视为渐近稳定的;因此,对这个均衡而言,理性范式与演化范式是一致的。

3.3-3 极限状态与 Δ^{NE}

在3.2节我们证明过，即使复制动态的一个内点解轨迹不收敛，长期的加总行为在如下意义上也是理性的：重复严格被占优的策略会被剔除。不难证明，如果这样的解轨迹不收敛，那么长期加总行为不但在这个意义上是理性的，而且在纳什均衡的意义上是协调好的。这好像是，总体中的所有人知道纯策略在总体中的分布，并根据这个分布来最大化他们自己的收益。

在证明这个结果时，人们可能首先注意到下面这个一般性的事实：如果一个状态是（自治常微分方程组）解轨迹的极限，那么这个状态一定是稳态的（参见命题6.3）。特别地，如果复制动态的解轨迹收敛到某个内点群体状态，那么根据命题3.3，这个极限状态属于 Δ^{o}，因此也属于 Δ^{NE}。下面的结果将这个结果扩展到单纯形边界上的极限状态（Nachbar，1990）：

命题3.5 如果 $x^o \in \text{int}(\Delta)$ 且 $\xi(t, x^o)_{t\to\infty} \to x$，那么 $x \in \Delta^{NE}$。

证明 假设 $x^o \in \text{int}(\Delta)$ 且 $\xi(t, x^o)_{t\to\infty} \to x$，但 $x \notin \Delta^{NE}$。那么存在某个策略 $i \in K$ 使得对某个 $\varepsilon > 0$ 有 $u(e^i - x, x) = \varepsilon$。由于 $\xi(t, x^o) \to x$ 且 u 是连续的，所以存在某个 $T \in R$ 使得 $u(e^i - \xi(t, x^o), \xi(t, x^o)) > \varepsilon/2$，$\forall t \geqslant T$。根据式(3.5)，$\dot{x}_i > x_i\varepsilon/2$，$\forall t \geqslant T$，因此，$\xi_i(t, x^o) > \xi_i(T, x^o)\exp(\varepsilon(t-T)/2)$，$\forall t \geqslant T$，这意味着 $\xi_i(t, x^o) \to \infty$（因为 $\xi_i(T, x^o) > 0$），出现矛盾。因此，$x \in \Delta^{NE}$。■

这个结果可以重新表述如下。如果存在某个内点状态，从这个状态，解的轨迹收敛到 x，我们可以称状态 $x \in \Delta$ 是可达的。根据命题3.3，任何内点纳什均衡策略 $x \in \Delta^{NE}$ 在这个意义上都是可达的：只需令初始状态为 x（在实质上很类似基于策略空间扰动的精炼）。那么这个结果说的是，每个可达的群体状态 $x \in \Delta$ 属于子集 Δ^{NE}。

下面的例子说明了如下可能性：状态 $x \in \Delta^{NE}$ 是式(3.5)所有内点解轨迹的极限点，但 x 甚至不是Lyapunov稳定的。出现这种特殊动态特征的原因是，这个状态 x（纯策略1）对变异的纯策略（策略3）是脆弱的，策略3在进入后的群体中开始时还是表现不错的，但是随着它占群体的比例不断提高，它允许了第二个变异策略（纯策略2）来侵犯第一个变异策略。一旦第一个变异策略衰减而第二个变异策略在群体中占主导地位,第二个变异策略针对现有策略的表现就开始变得比较糟糕了。因此,在长期内只有现有策略盛存。

例 3.6 考察下面的收益矩阵给出的两人对称博弈

$$A = \begin{pmatrix} 0 & 1 & 0 \\ 0 & 0 & 2 \\ 0 & 0 & 1 \end{pmatrix}$$

(Ritzberger and Weibull,1993;参阅 Nashbar(1990) 提供的相似的例子)。令 $x = e^1$。显然 $x \in \Delta^{NE}$。但是,x 不是 Lyapunov 稳定的,因为沿着导向顶点 e^3 的棱的解轨迹偏离了 x。但是,策略 3 却被策略 2 弱占优。而且,针对策略 3,策略 2 不如策略 3,因此根据命题 3.2,策略 3 沿着任何内点解轨迹在长期内都会被剔除。根据 $\xi(t, x^o)$ 对初始状态 x^o 的连续性,存在始于 $x = e^1$ 附近而且可以穿过任意接近顶点 e^3 附近的内点解轨迹。根据式(3.6),比率 $\xi_2(t, x^o)/\xi_3(t, x^o)$ 随着时间 t 单调递增;而且当 $\xi(t, x^o)$ 接近 $x = e^1$ 和 e^2 之间的棱时,$\xi_1(t, x^o)$ 单调增向 1,因为在这个棱上 $x = e^1$ 得到的收益高于 e^2。参阅图 3.4。

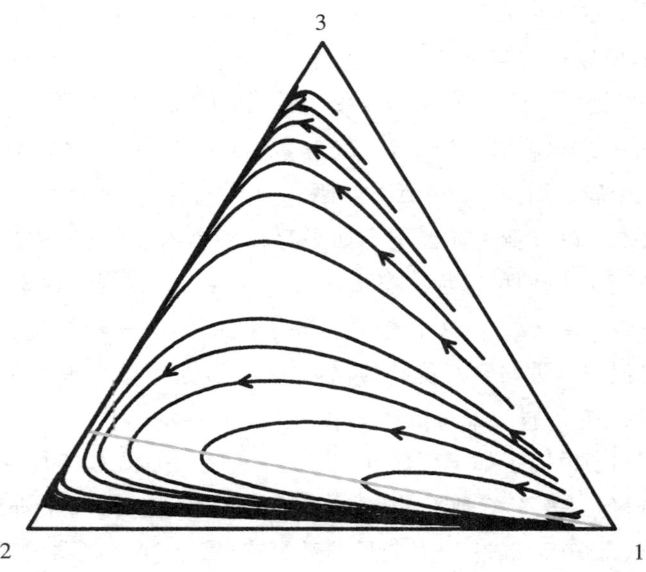

例 3.6 中博弈的复制子解轨迹。

图 3.4

3.3-4 时间平均与 Δ^{NE}

我们已经得到了关于纳什均衡的演化基础的两个实证的结果:动态稳定性和内点收敛都蕴涵着纳什均衡行为。还存在第三个这样的实证结果。这个结果的一般性稍弱一些,因为它只适用于有一个唯一内点稳态 x,或者等价地,只适用于有一个内点对称纳什均衡的博弈(命题 3.3)。但是,这个结果既不要求稳定性,也不要求解轨迹是收敛的。相反,需要的假设是解轨迹 $\xi(\cdot, x^o)$有别于单纯形的边界。对后面这个要求的精确的数学表述为,前向轨迹(forward orbit) $\gamma^+(x^o)$ 的闭包包含在单纯形的内部。[11]

在这些假设下,当 T 趋向无穷时,由

$$\bar{\xi}_i(T, x^o) = \frac{1}{T}\int_{t=0}^{T} \xi_i(t, x^o)\mathrm{d}t, \ \forall i \in K \tag{3.21}$$

定义的时间平均 $\bar{\xi}(T, x^o) \in \Delta$ 收敛到内点纳什均衡策略。因此,即使复制动态的解轨迹永远波动,看作时间平均而非群体平均的群体的长期总量行为可能是一个纳什均衡。例如,int(Δ)中任何周期性的解轨迹就是如此。

命题 3.6 假设 $\Delta^{NE} \cap \mathrm{int}(\Delta) = \{x\}$, $x^o \in \mathrm{int}(\Delta)$ 且 $\overline{\gamma^+(x^o)} \subset \mathrm{int}(\Delta)$,那么

$$\lim_{T\to\infty} \bar{\xi}(T, x^o) = x \tag{3.22}$$

(关于该命题的证明,请参阅 Schuster、Sigmund、Hofbauer and Wolff, 1981a;或者 Hofbauer and Sigmund, 1988。)

例 3.7 我们在 3.1-5 小节中证明过,当且仅当 $a \geqslant 0$,广义的石头—剪子—布博弈中复制动态的所有内点解轨迹是有别于单纯形的边界的。因此,对这些参数值而言,沿着任何解轨迹的时间平均都会收敛到唯一的纳什均衡(当 $a = 0$ 和解轨迹是周期性的时候也是如此)。

作为对上述结果的补充,可以证明,如果 Δ^{NE}不包含任何内点状态,那么复制子动态的任何解轨迹都收敛到边界(Haufbauer, 1981):

命题 3.7 假设 $\Delta^{NE} \cap \mathrm{int}(\Delta) = \varnothing$,那么对所有的 $x^o \in \Delta$,有 $\xi(t, x^o)_{t\to\infty} \to bd(\Delta)$。

(关于该命题的证明请参阅 Hofbauer, 1981;或者 Hofbauer and Sigmund,

1988。)

如果在长期内没有纯策略消失或者更准确地说,如果存在某个内部紧集,所有的内点解轨迹都收敛到这个紧集,那么复杂子动态式(3.5)被称为是永恒的(permanent)。经证明,如果复制动态在这个意义上是永恒的,那么这个博弈只有一个内点对称纳什均衡(Hofbauer and Sigmund, 1988)。那么根据命题 3.6,每个内点解轨迹的时间平均都收敛到这个唯一的内点策略。一般地,在某个博弈中不容易验证复制动态是不是永恒的。但是,Jensen (1986)得出了一个关于永恒性的相当清楚的充分条件,即存在 $u(z, y) > u(y, y)$ 意义上优于边界上的所有稳态 y 的某个内点策略 z。总结为:

命题 3.8 如果存在某个 $z \in \text{int}(\Delta)$ 使得对所有 $y \in \Delta^o \cap bd(\Delta)$ 有 $u(z, y) > u(y, y)$,那么式(3.5)是永恒的。如果式(3.5)是永恒的,那么 $\Delta^{NE} \cap \text{int}(\Delta)$ 是一个单点集,而且当 $T \to \infty$ 时,时间平均 $\bar{\xi}(T, x^o)$ 从任何 $x^o \in \text{int}(\Delta)$ 收敛到这个单点集。

3.4 完美均衡策略

从作出动态预测的角度来看,渐近稳定性是一个比 Lyapunov 稳定性更可靠的标准。因为 Lyapunov 稳定性没有抵制未模型化的漂变;群体状态的偶然的小变动在这样的群体状态下都会发生,而这个动态却不能发现(对这样的漂变的讨论,可以参阅 Gale, Binmore and Samuelson, 1993; Binmore and Samuelson, 1994)。因此,一系列这样的变动会将群体引向一个状态,从这个状态复制动态使它越偏越远。与此相反,渐近稳定性保证经历群体状态的较小变动后都能回到现状。因此,稳健性的演化预测要求渐近稳定性。

从命题 3.4 我们已经知道,Lyapunov 稳定性这一较弱的标准蕴涵着纳什均衡行为。因此,如果我们寻求的是在复制动态式(3.5)中渐近稳定的群体状态,只有子集 Δ^{NE} 中的状态 x 是满足条件的。Bomze(1986)证明过,非完美的纳什均衡(参阅 1.4-1 节)在复制动态中不是渐近稳定的。换言之,相应的策略组合 $(x, x) \in \Theta^{NE}$ 对任何较小的扰动序列都是稳健的。但这对渐近稳定性来说不是充分的。例如，3.1-5 小节中广义的石头—剪子—布博弈中唯一的内点纳什均衡是完美的(是内点)，但对参数值 $a<0$，却是动态不稳定的。策略 $x \in \Delta^{NE}$ 的动态稳定性还清楚地要求，它在如下意义上是孤立的(isolated)：$\{x\}$ 必须是集合 Δ^{NE} 的一个分量(参阅 2.4-2 小节)。否则，就会存在任意接近的策略 $y \in \Delta^{NE}$，它们都是稳态的(因此，我们得不到渐近稳定性要求的 $\xi(t, y)_{t\to\infty} \to x$)。

命题 3.9 如果 $x \in \Delta$ 在式(3.5)中是渐近稳定的，那么 $(x, x) \in \Theta^{NE}$ 是完美的，并且 x 是孤立的。

证明 假设 $x \in \Delta$ 在式(3.5)中是渐近稳定的，那么 x 是 Lyapunov 稳定的，从而根据命题 3.4，$x \in \Delta^{NE}$。假设 (x, x) 不是完美的，那么根据命题 1.4，某个策略 $y \in \Delta$ 弱占优 x。因此，对所有的 $z \in \Delta$，有 $u(y-x, z) \geqslant 0$。

对任何固定的 $x, y \in \Delta$，通过

$$v(z) = \sum_{i \in C(z)} (y_i - x_i) \ln(z_i)$$

定义函数 $v: \Delta \to R$。根据与命题 3.1 的证明中相同的计算，我们得到如下结论：v 在式(3.5)的所有内点解轨迹上都是非递减的。正式地，在任何状态 $z \in \text{int}(\Delta)$，有

$$\dot{v}(z) = \sum_{i \in K} (y_i - x_i) u(e^i - z, z) = u(y-x, z) \geqslant 0$$

根据假定，x 是渐近稳定的，因此 x 有邻域 U 使得对所有 $x^o \in U \cap \Delta$ 有 $\xi(t, x^o) \to x$。结合上面的观察：v 沿着所有内点解轨迹都是非递减的，这意味着对所有的 $z \in U \cap \text{int}(\Delta)$ 有 $v(x) \geqslant v(z)$。但是存在使得 $v(z) > v(x)$ 的 $z \in U \cap \text{int}(\Delta)$。按照下面的方式取任何 $\delta \in (0,1)$，$w \in \text{int}(\Delta)$ 和足够小的 $\varepsilon > 0$，就可以得到策略 z：

$$z = (1-\varepsilon)[(1-\delta)x + \delta y] + \varepsilon w$$

对足够小的 $\varepsilon > 0$，$y_i \gtreqless x_i$ 意味着 $z_i \gtreqless x_i$。而且，

$$\begin{aligned} v(z) - v(x) &= \sum_{i \in K} (y_i - x_i) \ln(z_i) - \sum_{i \in C(x)} (y_i - x_i) \ln(x_i) \\ &= \sum_{i \in C(x)} (y_i - x_i)[\ln(z_i) - \ln(x_i)] + \sum_{i \notin C(x)} y_i \ln(z_i) \end{aligned}$$

可以证明第二项为零。因此 $v(z) > v(x)$，这与上面的推论 $v(z) \leqslant v(x)$ 相矛盾，因此 $(x, x) \in \Theta^{PE}$。

为了证明第二项为零，只需证明 $C(y) \subset C(x)$。为此目的，假设 $j \in C(y)$ 但 $j \notin C(x)$。根据 x 的渐近稳定性，对所有的 $x^{o} \in U \cap \mathrm{int}(\Delta)$，有 $\xi(t, x^{o}) \to x$。特别地，$v(\xi(t, x^{o}))$在时间 t 上是非递减的。但是当 $y_j > 0$ 时，$\xi_j(t, x^{o}) \to x_j = 0$，因此对某个常数 γ，我们有 $v(\xi(t, x^{o})) \leqslant \gamma + y_j \ln(\xi_j(t, x^{o})) \to -\infty$，出现矛盾。■

3.5 演化稳定与中性稳定的策略及其策略集

本节我们讨论下面的问题：复制动态中的演化稳定性与相应的混合策略的演化稳定标准和中性稳定标准有什么关系。可以得到如下结果：子集 Δ^{ESS} 中的每个群体状态在复制动态中都是渐近稳定的，而且 Δ^{ESS} 中的每个群体状态是 Lyapunov 稳定的。从这个意义上来说，演化稳定性意味着渐近稳定性，中性稳定性意味着 Lyapunov 稳定性。但是，一般而言，逆命题未必成立。

只要适当选择所谓的 Lyapunov 函数（参见第 6 章），就可以正式地证明这些结果。为此目的而使用的函数是信息论和统计力学中有名的相对熵函数。命题 2.6 和命题 2.7 曾提到了它与演化稳定标准的联系：演化稳定策略是局部优越的，而中性稳定策略则是局部弱优越的。可与运用这第一个特征化来将 ESS 的渐近稳定性扩展到 ES 集合的渐近稳定性。

3.5-1 相对熵函数

对任意的混合策略 $x \in \Delta$，令 $Q_x \subset \Delta$ 表示赋予所有纯策略正的概率的混合策略集合：

$$Q_x = \{y \in \Delta, C(x) \subset C(y)\} \tag{3.23}$$

显然，x 本身属于 Q_x，单纯形 Δ 内部的所有点 y 也属于 Q_x。事实上，Q_x 是 $\mathrm{int}(\Delta)$ 与包含 x 的最小边界面——x 的承载子 $C(x) \subset K$ 张成的子单纯形的并。因此，Q_x 是 x 的相对于 Δ 的邻域（正式地，对于某个包含 x 的

开集 $U \subset R^k$，有 $Q_x = \Delta \cap U$)。参阅图 3.5 对三个纯策略情形($k=3$)的说明。

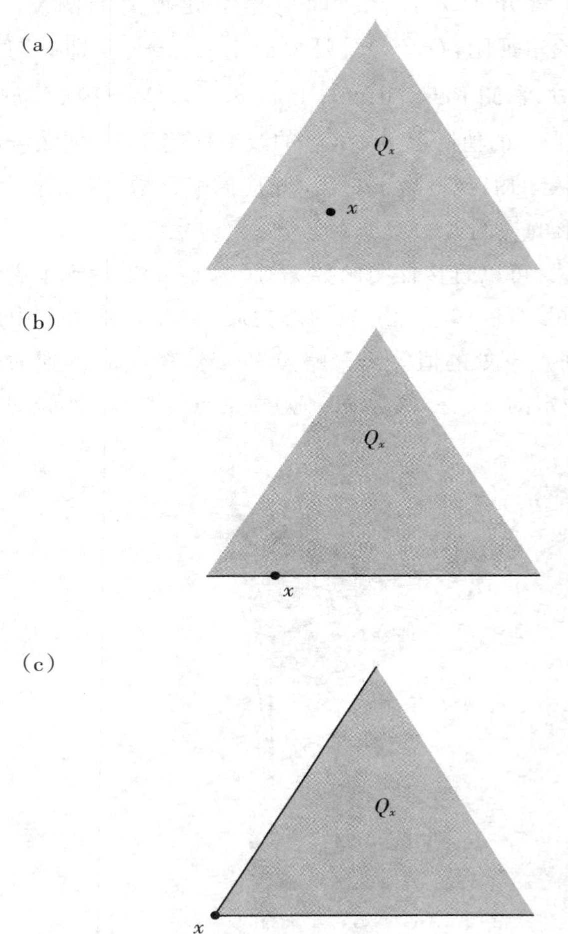

相对熵函数 H_x 的域 Q_x：(a)x 是内点，(b)x 属于单纯形的边，(c)x 是单纯形的顶点。

图 3.5

上面提到的稳定性分析所用的关键函数是对某个混合策略 $x \in \Delta$ 定义的，该混合策略是适当的渐近稳定状态，它的定义域为(相对)邻域 Q_x。它通常被称为(Kullback—Leibler)相对熵测度 $H_x : Q_x \rightarrow R$，并定义如下：

$$H_x(y) = \sum_{i \in C(x)} x_i \ln\left(\frac{x_i}{y_i}\right) \tag{3.24}$$

这是信息论中衡量分布 x 与 y 之间概率空间距离的测度。[12] 显然 $H_x(x) = 0$，且信息论中证明，$H_x(y)$ 总是大于 $\| x - y \|^2$，即 x 与 y 之间的欧几里得距离的平方（参阅 Reiss，1989；Bomze，1991）。[13] 因此，如果对任何固定的 $x \in \Delta$，$H_x(y)$ 的值随着 $y \in Q_x$ 的改变而趋于零，那么 y 必然趋于 x。确实，对任何固定的混合策略 $x \in \Delta$，相应的熵函数 H_x 是凸的；请参阅图 3.6 对 $k = 3$ 情形的说明。

根据 Jensen 不等式，可以直接证明函数 H_x 在 $y = x$ 处达到了它的全局极小值。而且，这个函数有着如下特别的动态性质：它在复制动态中的时间导数在值域 Q_x 内任何点 y 处的值等于策略 y 和 x 针对 y 时得到的收益之差。正式地，对任何固定的 $x \in \Delta$，函数 $H_x(y)$ 在某点 $y \in Q_x$ 的时间导数被

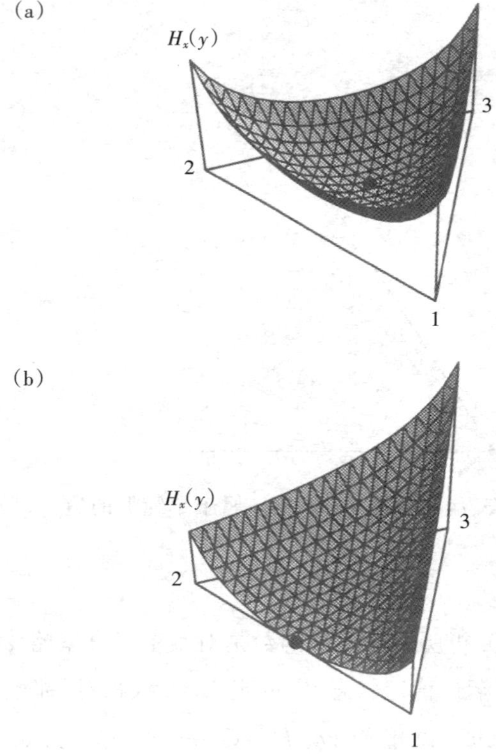

（c）

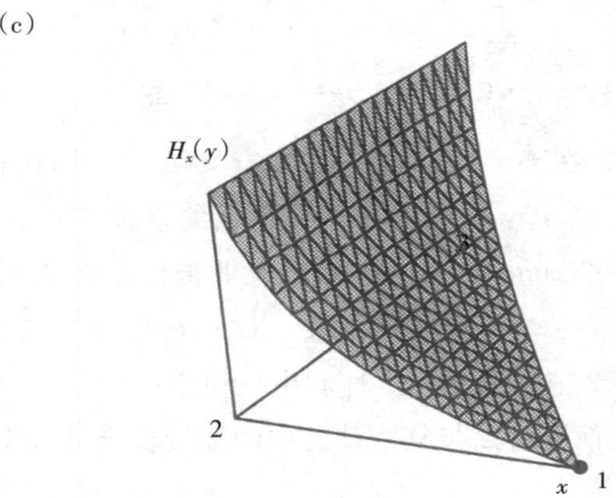

图 3.5 三种情形（a）—（c）下相对熵函数的情形。

图 3.6

定义为根据式（3.5）状态 y 改变时 $H_x(y)$ 的变化率：

$$\dot{H}_x(y) = \frac{\mathrm{d}}{\mathrm{d}t}[H_x(\xi(t, y))]_{t=0} = \sum_{i=1}^{k} \frac{\partial H_x(y)}{\partial y_i}\dot{y}_i \tag{3.25}$$

引理 3.1 假设 $x \in \Delta$ 且 $y \in Q_x$，那么 $H_x(y) \geqslant 0$，当且仅当 $y = x$ 时等号成立。而且，$\dot{H}_x(y) = -u(x-y, y)$。

证明 首先注意 $H_x(x) = 0$，而且对于任何 $y \in Q_x$，

$$\begin{aligned} H_x(y) &= -\sum_{i \in C(x)} x_i \ln\left(\frac{y_i}{x_i}\right) \\ &\geqslant -\ln\left(\sum_{i \in C(x)} \frac{x_i y_i}{x_i}\right) \\ &\geqslant -\ln\left(\sum_{i=1}^{k} y_i\right) = -\ln(1) = 0 \end{aligned}$$

假设 $y \neq x$，并且回忆 $C(x) \subset C(y)$。如果 $C(x) = C(y)$，那么第一个弱不等式就成了严格的。如果 $C(x) \neq C(y)$，那么第二个不等式就是严格的。因此，这两种情形下都有 $H_x(y) > 0$。

接下去，我们注意到，在任何点 $y \in Q_x$，

$$\dot{H}_x(y) = -\sum_{i \in C(y)} \frac{x_i}{y_i}[u(e^i, y) - u(y, y)]y_i$$

$$= -\sum_{i \in C(x)} x_i[u(e^i, y) - u(y, y)]$$
$$= -[u(x, y) - u(y, y)] \quad \blacksquare$$

假设，群体状态 y 处在某个策略 $x \in \Delta$ 的定义域 Q_x 中，使得针对策略 $y \in Q_x$，x 得到的收益高于 y 得到的收益。那么复制动态(3.5)导致了向 H_x 的越来越低的轮廓集(contour set)的变动，除非群体状态 $\xi(t, y)$ 与此同时离开定义域 Q_x，随着 $t \to \infty$ 它将收敛到 x。对 Lyapunov 直接法(参见第6章)的这种应用，连同2.2节对演化稳定性和中性稳定性的刻画，是第2章中的某些静态演化稳定性标准可以与复制动态中的渐近稳定性和 Lyapunov 稳定性联系起来的关键。

3.5-2 渐近稳定状态与 Δ^{ESS}

引理3.1连同命题2.6中对演化稳定性的刻画和 Lyapunov 直接法可以用来证明如下结果：每个 ESS 都是复制动态中的一个渐近稳定状态。这个思路是 Taylor 和 Jonker(1978)提出来的；还可以参阅 Hofbauer、Schuster 和 Sigmund(1979)：⑭

命题 3.10 每个 $x \in \Delta^{ESS}$ 在复制动态式(3.5)中是渐近稳定的。

证明 假设 $x \in \Delta^{ESS}$。根据命题2.6，存在 x 的邻域 U 使得对所有在 $\Delta \cap U$ 的 $y \neq x$，有 $u(x-y, y) > 0$。我们已经指出，函数 H_x 的定义域 Q_x 是 x 的一个相对邻域，因此根据引理3.1，H_x 是(相对)邻域 $V = U \cap Q_x$ 上的复制动态的严格局部 Lyapunov 函数。准确地说，$H_x: V \to R_+$ 是连续可微的，当且仅当 $y = x$ 且 $\dot{H}_x(y) < 0$ 有 $H_x(y) = 0$，$\forall y \in V$。根据命题6.4，这意味着 x 是渐近稳定的。⑮ $\blacksquare$

回忆一下，内点 ESS 一定是唯一的(命题2.2)。因此，我们可以推测这样的策略在吸引所有内点初始状态的意义上来说是全局稳定的。这个推测是很容易证明的(Hofbauer and Sigmund, 1988)：

命题 3.11 如果 $x \in \text{int}(\Delta) \cap \Delta^{ESS}$，那么对任何 $x^o \in \text{int}(\Delta)$，有 $\xi(t, x^o)_{t \to \infty} \to x$。

证明 如果 $x \in \text{int}(\Delta)$，那么 $Q_x = \text{int}(\Delta)$。如果 $x \in \Delta^{ESS}$，那么所有的策略 $y \in \Delta$ 都是对 x 的最优反应，而且对所有的 $y \neq x$，有 $u(x-y, y) >$

0(根据命题 2.1)。那么根据引理 3.1,对所有的 $y \neq x$,我们有 $\dot{H}_x(y) < 0$。子集 $\text{int}(\Delta)$ 在式(3.5)中是正变换不变的(positively invariant),因此 $\dot{H}_x(y) < 0$ 意味着复制因子向量场 $\varphi(y)$(严格)指向 H_x 的每个轮廓集,因此对任何 $x^o \in \text{int}(\Delta)$,有 $\xi(t, x^o) \to x$。■

例 3.8 用命题 3.10 和命题 3.11 的视角重新考察 3.1-5 小节中广义的石头—剪子—布博弈。这个博弈唯一的纳什均衡策略是对任何 $a > -1$, $x = \left(\frac{1}{3}, \frac{1}{3}, \frac{1}{3}\right)$。在 3.1-5 小节中,我们已经证明过,当 $a \leqslant 0$ 时,x 在复制动态中不是渐近稳定的。因此,根据命题 3.10, $x \notin \Delta^{ESS}$。事实上,当针对博弈中的三个纯策略采用时,x 得到的收益为 $1 + \frac{a}{3}$;而每个纯策略针对自身采用时,得到的收益为 1。因此,当 $a \leqslant 0$ 时,x 不是演化稳定的。当 $a > 0$ 时如何呢?由于 x 是内点的,所以根据命题 2.6,它是一个 ESS 当且仅当对所有的 $y \neq x$,有 $u(x, y) > u(y, y)$。3.1-5 小节已经证明过,对任何 $y \in \Delta$ 有 $u(y, y) = 1 + a(1 - \| y \|^2)/2$。上面已经指出,对任何 $y \in \Delta$,有 $u(x, y) = 1 + a/3$。当 $a > 0$ 时,对极小的 $\| y \|$ 来说,$u(y, y)$ 是极大的,这在 Δ 上发生在 $y = x$ 处。我们得到 $u(x, x) = 1 + a/3$,因此根据命题 2.6,有 $x \in \Delta^{ESS}$。从命题 3.11 可以得出,x 吸引了整个内部,我们已经在 3.1-5 小节中证明了这一点。的确,在这类博弈中,$H_x(y) = c - h(y)/3$。

Taylor 和 Jonker(1978)及 Zeeman(1981)给出了一些例子,在这些例子中,非 ESS 策略构成了在复制动态式(3.5)中的渐近稳定的群体状态。如下的例子将说明这种可能性。事实上,我们考察的策略 $x \in \text{int}(\Delta)$ 甚至不是中性稳定的,但是作为复制动态中群体状态的 x 却吸引了(3.5)的所有内点解轨迹。这里 x 对某个纯策略 $y = e^3$ 的变异在下面的意义上是脆弱的:y 是对 x 的另一个最优反应,y 针对自身得到的收益要比 x 针对 y 得到的收益多。但是,存在另一个针对 y 的更好的纯策略 $z = e^2$,依此类推,这样就导致了在 x 附近的复制动态中的螺旋上升,这个螺旋当与 x 与 y 之间的线段相交时不时偏离 x,但在长期内会接近 x(参见图 3.7)。

例 3.9 考察两人对称博弈,其收益矩阵为

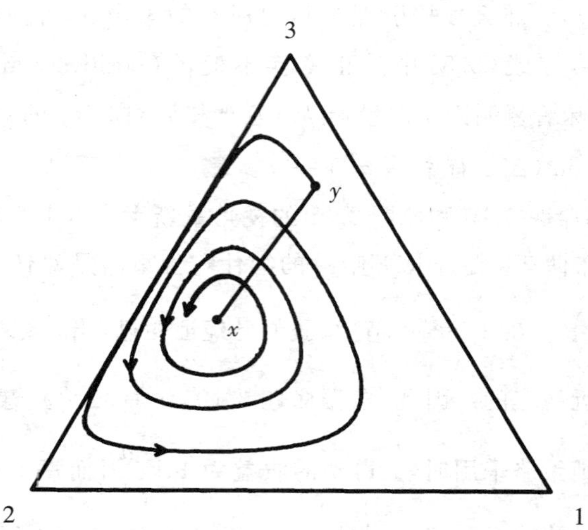

有渐近稳定策略但没有中性稳定策略的博弈中的复制动态，参见例 3.9。

图 3.7

$$A = \begin{pmatrix} 1 & 5 & 0 \\ 0 & 1 & 5 \\ 5 & 0 & 4 \end{pmatrix}$$

除了第 3 个纯策略针对自身得到的收益以外，这个矩阵与 $a = 3$ 时广义的石头—剪子—布博弈的矩阵(3.1-5 小节)是相同的。在这个新的博弈中，$x = (3/18, 8/18, 7/18)$ 是复制动态中唯一的内点稳态群体状态，从而也是集合 Δ^{NE} 中唯一的内点。事实上，$\Delta^{NE} = \{x\}$。由于 x 是内点，所以所有的策略 $y \in \Delta$ 都是对 x 的最优反应。而且，另一个最优反应 $y = e^3$ 针对自身得到的收益为 4，而 x 遇到变异纯策略 y 时，得到的收益 $68/18 < 4$。因此，$x \notin \Delta^{NSS}$。但是，针对另外两个变异纯策略 e^1 和 e^2，x 是比较好的策略：针对自身，这两个策略得到的收益为 1，而 $u(x, e^1) = 38/18$，$u(x, e^2) = 23/18$。

如同在 $a > 0$ 时的广义的石头—剪子—布博弈(图 3.2c)中，复制动态的解轨迹向内旋转；参阅图 3.7。

动态式(3.5)中的复制因子是该博弈的纯策略。但是，只要复制因子的总数是有限的，当混合策略是复制因子时，相同的动态机制仍然是适用的。假

设某个有限子集 $Z = \{z^1, z^2, \cdots, z^m\} \subset \Delta$ 中的(纯的或者混合的)策略是复制因子,那么对所有的复制因子 r,纯策略复制动态式(3.5)对应着 $m = k$ 和 $z^r = e^r$ 的特例。给定复制因子的任意有限集 $Z \subset \Delta$,令 p_r 表示采取策略 $z^r \in Z$ 的群体份额。如同在推导 3.1 节中纯策略复制动态那样,p_r 的增长率为 $u(z^r - z, z)$,其中 $z = \sum_r p_r z^r \in \Delta$。

现在考察任何策略 $x \in \Delta$,并令混合策略的有限集合是复制因子,使得 x 是 Z 中策略的凸组合,即对其和为 1 的群体份额 $p_r \geqslant 0$ 来说,$x = \sum_r p_r z^r$。例如,如果 Z 包含了博弈中的 n 个纯策略 e^i(如同在通常的复制动态中那样),那么这总是成立的。Thomas(1985b)与 Cressman(1990)以及 Weissing(1991)证明了策略 $x \in \Delta$ 是演化稳定的,当且仅当相应的群体状态 x 在所有的这类复制动态中是渐近稳定的(都具有某些行为方向的等价性)(参阅 Bomze and van Damme, 1992; Hammerstein and Selten, 1994)。

特别地,存在某种复制动态,在这种动态中,例 3.9 中的非 NSS 策略(此后简称非 ESS)x 不是渐近稳定的。这样的复制因子集合是容易发现的。只需令 $z^1 = x$, $z^2 = e^3$;也就是说,z^2 是 x 针对其为脆弱的变异策略。在相应的一维复制动态中,每当 $p_1 < 1$ 时,z^1 的增长率为负;这说明在这个复制动态中,群体状态 $x = z^1$ 是不稳定的。

3.5-3 Lyapunov 稳态与 Δ^{NSS}

我们运用了引理 3.1 和命题 2.6 中的演化稳定性的特征化来证明如下结果:演化稳定性意味着纯策略复制动态式(3.5)中的渐近稳定性。类似地,命题 2.7 中对中性稳定性的刻画也可以用来证明如下结果:这种弱形式的演化稳定性意味着称为 Lyapunov 稳定性的弱形式的动态稳定性(Thomas 1985a; Bomze and Weibull, 1995):

命题 3.12 每个 $x \in \Delta^{NSS}$ 在复制动态中都是 Lyapunov 稳定的。

证明 假设 $x \in \Delta^{NSS}$。根据命题 2.7,存在 x 的邻域 U 使得对所有 $y \in U$,有 $u(x-y, y) \geqslant 0$。H_x 的定义域 Q_x 是 x 的相对邻域,根据引理 3.1,H_x 是(相对)邻域 $V = U \cap Q_x$ 上复制动态的弱局部 Lyapunov 函数。准确地说,当且仅当 $y = x$ 且对所有的 $y \in V$ 有 $\dot{H}_x(y) \leqslant 0$,那么 $H_x: V \to R_+$

是连续可微的，$H_x(y) = 0$。根据定理 6.4，这意味着 x 是 Lyapunov 稳定的。[16] ■

这个结果，连同关于时间平均的命题 3.6，具有如下更深远的含义：如果(对称性的两人博弈)有唯一的内点策略 $x \in \Delta^{NE}$，而且这个策略是中性稳定的，从而存在一个 x 的邻域使得始于这个邻域的任何解轨迹上的时间平均收敛到 x，即使 $\xi(t, x^o)$本身不收敛。例 3.9 中的博弈说明，命题 3.12 的逆命题一般而言并不成立。

3.5-4 渐近稳定集合和 ES* 集合

由于演化稳定状态在复制动态里是渐近稳定的，所以就可以说，演化稳定策略集——所谓的 ES 集合(2.4-2 小节)也是渐近稳定集合。概言之，闭集 $X \subset \Delta$ 是演化稳定的(ES 集合)，如果这个集合中的每个策略 x 针对自身得到的收益弱高于所有邻近策略 y，并严格优于不在集合 X 中的所有邻近策略 y。

事实上，策略结合的动态稳定性特征并不取决于这个集合中的策略之间的优劣比较。这些特征只取决于这些策略与集合外策略的比较。在这个意义上，ES 标准的弱化只是要求这个集合中的每个策略都局部地优于集合外的策略 y：

定义 3.1 如果集合 $x \subset \Delta$ 是非空的和闭的，并且每个 $x \in X$ 有一个邻域 U 使得对所有策略 $y \in U \cap \sim X$ 有 $u(x, y) > u(y, y)$，那么集合 $x \subset \Delta$ 是演化稳定*的(ES* 集合)。

显然，每个 ES 集合是一个 ES* 集合，而且根据命题 2.6，当且仅当 $x \in \Delta^{ESS}$，单点集 $X = \{x\}$ 是演化稳定*集合。因此，ES* 标准是另一个对 ESS 概念在集合上的更弱的推广。整个策略空间 $X = \Delta$ 自然地是一个 ES 集合；根据定义，不存在外部策略。因此，这样就平凡地保证了 ES* 集合的存在。而且，我们还可根据 Zorn 引理证明，每个有限的和对称的博弈都有至少一个最小的 ES* 集合，即不包含另一真子集 ES* 集合的 ES* 集合。[17]

由于作为单点集的演化稳定策略是 ES* 集合的特例，所以命题 3.10 可以视为下面结果的一个推论：

命题 3.13 每个 ES* 集合 $X \subset \Delta$ 在式(3.5)中是渐近稳定的。

证明 假设 $X \subset \Delta$ 是一个 ES* 集合。对每个 $x \in X$，令 U_x 表示 x 的邻域使得对所有策略 $y \in U_x \cap \sim X$，有 $u(x, y) > u(y, y)$。$Q_x \subset \Delta$ 的定义如同式(3.23)。那么 $V_x = U_x \cap Q_x$ 是 x 的(相对)邻域，在这个邻域上定义熵函数 H_x。接下去，我们确定 X 的邻域 P，它是 X 的吸引域。为此目的，注意到如下事实：对每个 $x \in X$，存在某个 $\alpha_x > 0$ 使得下轮廓集 $P_x = \{y \in Q_x: H_x(y) < \alpha_x\}$ 包含在上面的邻域 V_x 中。令 P 表示所有 P_x 的并。那么 $P \subset \Delta$ 就是 X 的邻域(相对于 Δ)。而且，如果 $y \in P \cap \sim X$，那么根据引理 3.1，对某个 $x \in X$，有 $y \in P_x$，而且对每个这样的 x，有 $\dot{H}_x(y) < 0$。

对每个 $y \in P$，令 $X(p) = \{x \in X: C(x) \subset C(y)\}$，并定义函数 H：$p \rightarrow R_+$ 如下

$$H(y) = \min_{x \in X(y)} H_x(y)$$

根据 Berge 极大化定理，H 是连续的。而且，对所有的 $y \in P$，$H(y) \geqslant 0$，当且仅当 $y \in X$ 时等号成立。如果 $y \in P \cap \sim X$，那么对所有的 $t > 0$，有 $\xi(t, y) \in P$ 和 $H[\xi(t, y)] < H(y)$。因此，根据定理 6.3，X 是渐近稳定的。[18] ■

下面的这些例子提供了完整的一类嵌套的 ES* 集合，它们(或者它们的交集)中只有一个是 ES 集合：

例 3.10 重新考察例 1.10 中的协调博弈。x_1 的唯一的混合策略纳什均衡值是 $\lambda = \frac{1}{3}$。而且，对于任何 $\alpha \in (\lambda, 1]$，集合 $X_\alpha = \{x \in \Delta: x_1 \geqslant \alpha\}$ 是一个 ES* 集合，因为对任何 $x \in X_\alpha$ 和 $y \notin X_\alpha$ 的 $y \in \Delta$，有 $u(x-y, x) = (x_1 - y_1)(3x_1 - 1) > 0$。在例 3.1 中我们看到，群体份额 x_1 从任何高于 λ 的初始值单调收敛到 1，因此 X_α 的确是渐近稳定的。但是，只有当 $\alpha = 1$ 时，X_α 是一个 ES 集合。

例 3.11 重新考察例 2.9 中的集合 $X = \Delta^{NE}$。我们已经证明了，$X = \Delta^{NSS}$ 是一个 ES 集合。所以 X 是一个 ES* 集合。每个 $x \in X$ 是 Lyapunov 稳定的，但不是渐近稳定的，并且 X 整个集合在复制动态里是渐近稳定的；关于某些解轨迹，可以参阅图 3.8。

例 3.12 说明，命题 3.13 的逆命题一般而言是不成立的。

例 3.12 考察有着如下收益矩阵的双人对称博弈：

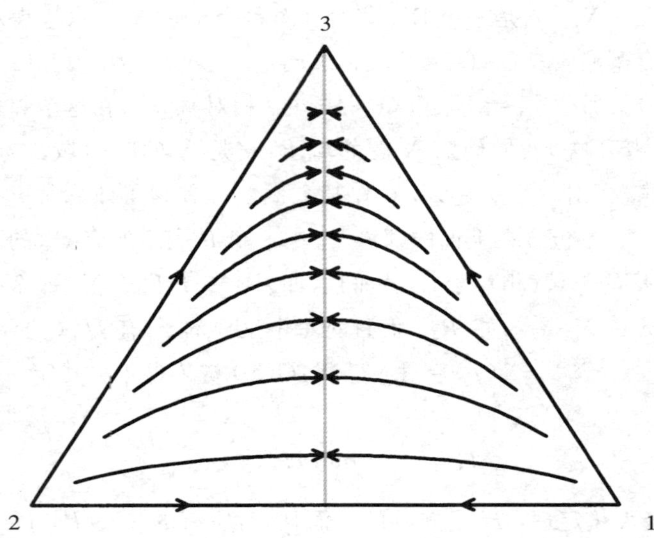

例 3.11 的博弈的复制子解轨迹。

图 3.8

$$A = \begin{pmatrix} 0 & 2 & 0 \\ 2 & 0 & 2 \\ 1 & 1 & 1 \end{pmatrix}$$

容易验证，Δ^{NE} 包含了 Δ 边界上的两个点，即 $p = \left(\frac{1}{2}, \frac{1}{2}, 0\right)$ 和 $q = \left(0, \frac{1}{2}, \frac{1}{2}\right)$。从 A 的第三行可以清楚地看出，每个内点策略 $x \in \Delta^{NE}$ 得到的收益为 1；这从第 1 行的角度来看，意味着 $x_2 = \frac{1}{2}$。从第 3 行可以清楚地看出，每个满足这个条件的内点策略 x 属于 Δ^{NE}。因此，$\Delta^{NE} = \left\{x \in \Delta : x_2 = \frac{1}{2}\right\}$；参阅图 3.9(a)。对任何 $x \in \Delta^{NE}$ 和 $y \in \Delta$，我们有

$$u(x, y) - u(y, y) = (1 - 2y_2)\left(y_1 - y_2 + \frac{1}{2} - x_1\right)$$

对每个 $x \in \Delta^{NE}$ 和某个邻近的 $y \notin \Delta^{NE}$，这个数是负的；参阅图 3.9(b)。因

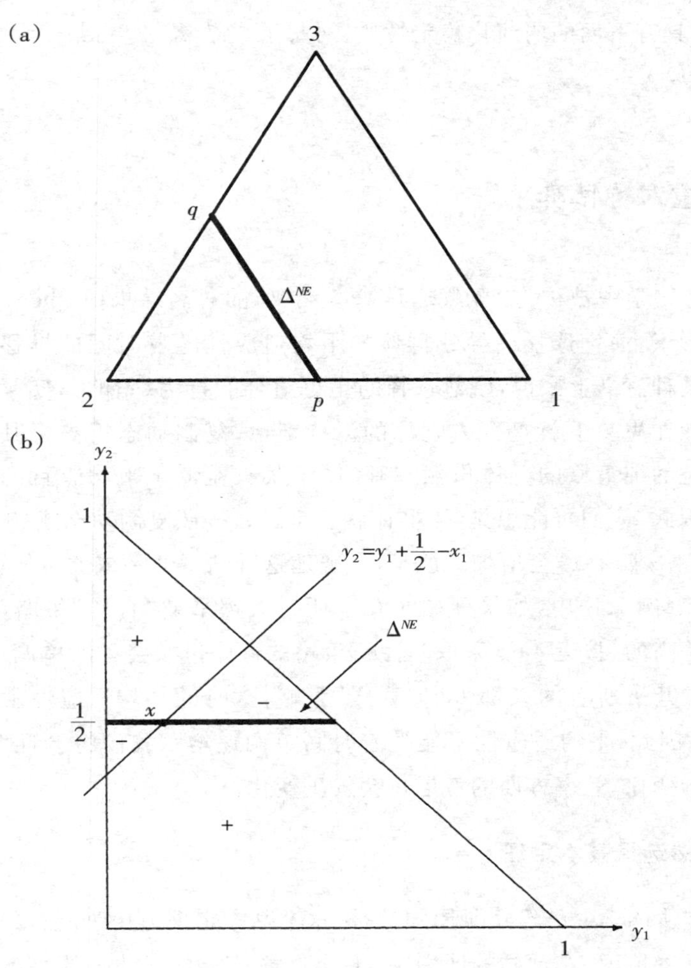

(a)例 3.2 中博弈的集合 Δ^{NE}。(b)同样的集合向(y_1,y_2)平面的投影。

图 3.9

此,这个博弈没有中性稳定策略,而且 Δ^{NE} 不是一个 ES* 集合。⑲

但是,Δ^{NE} 在复制子动态中是渐近稳定的,因为式(3.5)给出了 $\dot{x}_2=2(1-2x_2)x_3x_2$。因此,群体份额 x_2 从位于 $x_2=0$ 处的边界或者 $x_2=1$ 的顶点处的任何初始位置收敛到它的纳什均衡值。

还要注意的是,虽然这个例子中的渐近稳定集合 $X=\Delta^{NE}$ 不是一个 ES*

集合，但它具有下面的弱演化稳定性质：对每个 $y \notin X$，存在某个 $x \in X$ 使得 $u(x-y, y) > 0$。

3.6 双重对称博弈

根据生物学中被称为“自然选择基本定理”的著名结果(Fisher, 1930)，在某些情形下，演化选择会导致群体的平均适应性随着时间的推移而单调增加。从某种意义上来说，既然选择的是更适合的行为(策略)，实际情况并不总是如此在先验上就是令人吃惊的。特别地，复制动态提高了其收益高于平均收益的纯策略的群体份额，却降低了其收益低于平均收益的纯策略的比例。因此，人们可能想见，当群体状态 $x \in \Delta$ 按照复制动态式(3.5)变化时，平均收益 $u(x, x)$会增加。但是，一般地这种情形并不成立。例如，在囚徒困境博弈(例 1.1)中，如果开始时几乎所有人都采取“合作”策略，那么平均适应性是高的(接近 4)。采取“背叛”策略的群体份额会逐渐单调地增加，直到长期中几乎所有的人都采取“背叛”策略，这时的平均适应性就会降低(接近 3)。因此，平均适应性不能随着时间单调递增。我们将会证明，随着收益函数的变化，效率方面的考虑也会发生变化。

3.6-1 自然选择基本定理

在群体遗传学上已经众所周知的是，这个基本定理适用于所有的双重对称博弈。准确地说，在这样的博弈中，平均收益沿着复制动态的每条非稳态的解轨迹会增加。因此，在双重对称博弈中，复制动态式(3.5)所刻画的演化会导致社会福利随着时间的推移而提高(参阅 2.5 节)。

为了表述并证明这个结果，假设我们要考察的博弈是双重对称的，并令沿着通过任何状态 $x \in \Delta$ 的复制动态式(3.5)的解轨迹的平均收益(适应性)$u(x, x)$的时间导数表示为

$$\dot{u}(x, x) = \frac{\mathrm{d}}{\mathrm{d}t} u[\xi(t, x), \xi(t, x)]_{t=0} \tag{3.26}$$

根据收益矩阵 A 的对称性，我们可以证明

$$\dot{u}(x, x) = 2\sum_{i=1}^{k} x_i[u(e^i, x) - u(x, x)]^2 \tag{3.27}$$

因此，$\dot{u}(x, x) \geqslant 0$，当且仅当 $x \in \Delta^o$ 时等号成立。而且，平均收益增加的速率 $\dot{u}(x, x)$ 是群体收益分布方差的两倍：这个分别在纯策略上分布越不均匀，平均收益增加的速率就越高。

剩下来要做的是从式(3.26)推导式(3.27)。首先注意到，根据博弈的对称性，我们得到

$$\begin{aligned}\dot{u}(x, x) &= \sum_{i, j \in K}[\dot{x}_i u(e^i, e^j)x_j + x_i u(e^i, e^j)\dot{x}_j] \\ &= 2\sum_{i, j \in K}\dot{x}_i u(e^i, e^j)x_j \\ &= 2\sum_{i \in K}\dot{x}_i u(e^i, x)\end{aligned} \tag{3.28}$$

用 $x_i[u(e^i, x) - u(x, x)]$ 代替 $\dot{x}_i$ 就得到式(3.27)。[20]

我们已经证明了如下形式的自然选择基本定理(Losert and Akin, 1983)：

命题 3.14 对任何双重对称博弈而言，$\dot{u}(x, x) \geqslant 0$，当且仅当 $x \in \Delta^o$ 时等号成立。

注意，在双重对称博弈中，虽然平均收益(适应性)总是增加的，但是这并不意味着长期内平均收益一定会达到全局最大值。例如，在 3.1 节我们看到，2×2 协调博弈中的两个严格均衡都是渐近稳定的。特别地，如果初始状态足够接近其中的一个均衡，那么群体状态会收敛到这个均衡，不论它的收益是否高于另外一个均衡的收益。

例 3.13 考察有着如下收益矩阵的任何 2×2 博弈。

$$A = \begin{pmatrix} a_1 & 0 \\ 0 & a_2 \end{pmatrix}$$

对任何 $x \in \Delta$，有

$$u(x, x) = (a_1 + a_2)x_1^2 - 2a_2 x_1 + a_2$$

因此，在协调博弈的情形中，$a_1, a_2 > 0$，因此作为群体份额 x_1 函数的平均收益 $u(x, x)$ 是一个抛物线，它在混合策略纳什均衡值 $x_1 = \lambda = a_2/(a_1 + a_2)$ 处达到它的极小值；参见图 3.10(a)。类似地，在鹰—鸽博弈的情形中，

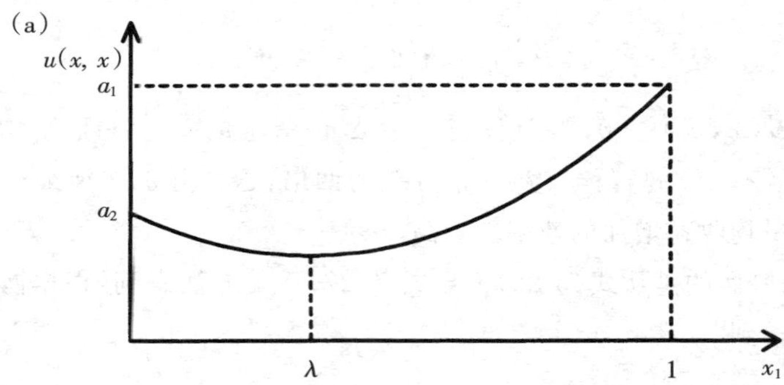

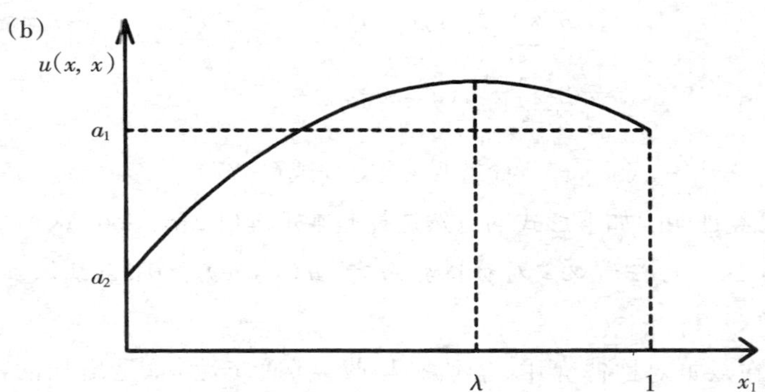

(a)协调博弈中的平均收益。(b)鹰—鸽博弈中的平均收益。

图 3.10

a_1，$a_2 < 0$，因此作为 x_1 函数的平均收益 $u(x, x)$是一个抛物线，它在混合策略纳什均衡值 $x_1 = \lambda$ 处达到它的极大值；参见图 3.10(b)。根据前面我们对复制动态的研究，在这两种情形下，平均收益沿着每个非稳态的解轨迹都单调增加。

3.6-2 对渐近稳定状态的刻画

上述结果的一个推论是，在双重对称博弈中，演化稳定性等价于复制动态中的渐近稳定性(Hofbauer and Sigmund，1988)。将这个结果与 2.5 节中我们对演化稳定性的刻画结合起来，我们得到

命题 3.15 对任何双重对称博弈而言，下述说法都是等价的：

(a) $x \in \Delta^{ESS}$

(b) $x \in \Delta$是局部严格有效的。

(c) $x \in \Delta$在复制子动态中是渐近稳定的。

证明 命题2.14已经证明了(a)和(b)的等价性,命题3.10已经证明了$(a) \Rightarrow (c)$的推理,现在只需证明$(c) \Rightarrow (b)$。这一点可以直接从基本定理中得到:如果$x \in \Delta$是渐近稳定的,那么它有每个邻域U使得$\xi(t, y)_{t \to \infty} \to x$对$U$中所有的初始状态都成立。根据命题3.14,我们有$u(y, y) < u(x, x)$对$U$中所有的$y \neq x$都成立。■

而且,根据命题2.16,双重博弈中的每个局部有效集合$X \subset \Delta$是ES集合,而且每一个ES集合是渐近稳定的(命题3.13),所以双重对称博弈中的每个局部有效集合$X \subset \Delta$在复制子动态中是渐近稳定的。

3.6-3 解轨迹的收敛

基本定理意味着,任何双重对称博弈中复制动态式(3.5)的解轨迹都会收敛到稳定状态的子集Δ^o。Losert和Akin(1983)证明了这类博弈中的每个解轨迹事实上收敛到Δ^o中的某个点。将这个结果与命题3.5和命题3.14的结果结合起来,我们便可以得到关于双重对称博弈的效率和均衡的如下结论:复制动态刻画的演化稳定性导致了社会福利的单调增加,而且如果初始状态是内点,那么加总的行为就会收敛到某种对称纳什均衡。

在3.1-2小节,我们看到,收益函数的局部变动不影响复制动态的解轨迹,而且收益函数的正仿射变换也不改变诱致的解轨迹。因此,这样的收益转换不影响解轨迹的收敛。所以,Loser和Akin(1983)的收敛结果可以扩展到任何通过这两类收益变换可以变为双重对称的双人对称博弈。我们称这类博弈的收益矩阵为可对称化的。正式地,

定义3.2 如果可以通过有限的局部变换和收益的仿射转换将收益矩阵A变成对称矩阵A',那么称A是可对称化的。

例如,从这个意义上说,所有的对称性2×2博弈都是可以对称化的。

命题3.16 有着可对称化收益矩阵的两人博弈中的复制动态式(3.5)的每个解轨迹都会收敛到某个点$x \in \Delta^o$。

但是要注意的是,平均收益是一个二次函数,因此一般而言会受收益函

数的仿射变换和局部变换的影响。虽然转换后的平均收益会单调递增，但原来博弈中定义的平均收益未必会单调递增。譬如，囚徒困境博弈就是如此。

例 3.14 重新考察例 1.1 中的囚徒困境博弈，用 u 表示原来收益的收益函数，用 $\bar{u}$ 表示标准化收益的收益函数：

$$u(x, x) = x_1(2x_1 - 1) + 3$$
$$\bar{u}(x, x) = 2x_1(x_1 - 3) + 3$$

因此，当 x_1 在复制动态中向 0 单调递减时，标准化收益中的平均收益增加；在原来的收益中，平均的收益先是减少 $\left(当 x_1 > \frac{1}{4}\right)$，然后增加。

3.7 最优反应下的纯策略闭子集

在某些应用中，有意义的是知道哪些纯策略在长期内存在了下来。从定理 3.1 我们知道，如果开始的时候所有的纯策略都存在，那么存在下来的策略的集合是未被重复严格占优的策略的子集。但是，存活策略的子集可能比较小，这取决于初始的群体状态。例如，在 2×2 协调博弈中，除非初始群体状态恰好就是唯一的动态不稳定的内点纳什均衡策略，否则只有一个纯策略在长期内存在下来。相反，在鹰—鸽博弈或者石头—剪子—布博弈中，所有的策略在长期内都存在下来。而且，如果初始群体状态不是内点的，那么严格被占优纯策略也会长期存在下来。

在 Ritzberger 和 Weibull(1995)的多群体模型的基础上(我们将在第 5 章对其进行讨论)，我们提供了纯策略子集 $H \subset K$ 在长期内存在的充分条件，这是在以下最小的意义上说的：如果开始的时候几乎没有其他纯策略存在(即它们的群体份额足够小)，那么不在 H 中的所有纯策略都会消失。这个条件是简单的，而且只取决于该博弈的收益矩阵 A。特别地，不需要对动态进行计算。的确，我们将在 4.3-3 小节中证明，这些结果很容易一般化到很大一类动态，复制子动态式(3.5)只是其中的一个特例而已。

更准确地说，考察如下有限的对称(未必是双重对称)的双人博弈，它的

纯策略集合为 K，混合策略单纯形为 Δ，收益矩阵为 A。对纯策略的任何子集 $H \subset K$ 而言，用 $\Delta(H)$表示 H 中的纯策略张成的 Δ 的面（或子单纯形）：

$$\Delta(H) = \{x \in \Delta : C(x) \subset H\} \tag{3.29}$$

如果 H 是 K 的真子集，那么这样的子集 $X = \Delta(H) \subset \Delta$ 就是一个边界面。极端的情形是 H 是一个单点集，从而 $\Delta(H)$是 Δ 的顶点。（参阅 1.1-1 节对 Δ 的几何图形的讨论。）

我们这里称纯策略 $i \in K$ 为对混合策略 $x \in \Delta$ 的弱较优反应，如果 i 针对 x 得到的收益不低于 x 针对自身得到的收益。相应地，

定义 3.3 如果

$$[x \in \Delta(H) \text{ 且 } u(e^i, x) \geqslant u(x, x)] \Rightarrow i \in H \tag{3.30}$$

那么，子集 $H \subset K$ 在弱较优反应下是闭的。

用混合策略的术语来说，当且仅当对任何支集在 H 中的混合策略 x，H 之外所有的纯策略针对 x 比 x 针对自身更糟时，子集 H 在弱较优反应下是闭的。而用群体状态的术语来说，子集 H 在弱较优反应下是闭的，当且仅当对所有纯策略都属于 H 的群体状态 x，H 之外的所有纯策略得到的收益低于群体平均值。显然，最大的子集 $H = K$ 满足这个条件，因为根据定义，K 之外不存在纯策略。而且单点集 $H = \{h\}$ 满足这个条件当且仅当纯策略 h 是它唯一的最优反应，也就是说，当且仅当策略组合 $(e^h, e^h) \in \Theta$ 是一个严格纳什均衡。从这个意义上说，在弱较优反应下是闭的是对称严格纳什均衡在集合方面的推广。因此，下面这个将前面提到的这类策略的渐近稳定性推广的结果就不令人吃惊：

命题 3.17 如果 H 在弱较优反应下是闭的，那么 $\Delta(H)$在式(3.5)中是渐近稳定的。

为证明这个命题，我们首先证明如下结果：如果纯策略子集在弱较优反应下是闭的，那么它还包含了对它张成的面附近所有群体状态的弱较优反应：

引理 3.2 如果 $H \subset K$ 在弱较优反应下是闭的，那么对于某个开集 U，有 $\Delta(H) \subset U$ 使得

$$[y \in U \cap \Delta \text{ 且 } u(e^i, y) \geqslant u(y, y)] \Rightarrow i \in H \tag{3.31}$$

证明 假设 $H \subset K$ 在弱较优反应下是闭的。如果 $j \notin H$，那么对所有 $x \in \Delta(H)$，有 $u(e^j, x) < u(x, x)$。根据 u 的连续性和 $\Delta(H)$ 的紧性，存在包含 $\Delta(H)$ 的开集 U_j 使得对所有 $y \in U_j \cap \Delta$ 有 $u(e^j, y) < u(y, y)$。令 $U = \bigcap_{j \notin H} U_j$。白于纯策略集合 K 是有限的，所以 U 是包含 $\Delta(H)$ 的开集的有限交，因此 U 满足引理的性质。($H = K$ 是一种平常的情形。)■

命题 3.17 的证明 假设 $H \subset K$ 在弱较优反应下是闭的，并假设 U 满足引理中的性质。那么存在某个 $\bar{\varepsilon} > 0$ 使得对任何 $\varepsilon \in (0, \bar{\varepsilon})$，$\varepsilon$-片(slice)

$$B(\varepsilon) = \{x \in \Delta: x_j < \varepsilon, \ \forall j \notin H\}$$

包含了面 $\Delta(H)$，而且闭包 $\bar{B}(\varepsilon)$ 包含在 U 内使得对任何 $x \in \Delta \cap B(\varepsilon)$ 和 $j \notin H$，有 $u(e^j - x, x) < -\delta$。根据 u 的连续性与 $\bar{B}(\varepsilon)$ 的紧性，存在某个 $\delta > 0$。因此，对任何这样的 x 与 j，有 $\dot{x}_j = u(e^j - x, x)x_j < -\delta x_j$，这意味着对每个 $j \notin H$，$\xi_j(t, x^o)$ 从 $\Delta \cap B(\varepsilon)$ 中的任何初始状态 x^o 单调递减到零。因此，$\Delta(H) \subset \Delta$ 是渐近稳定的。■

命题 3.17 的逆命题是不成立的。例如，下面的博弈有在弱较优反应下不是闭的纯策略子集，但是它张成了混合策略单纯形的一个渐近稳定的边界面。

例 3.15 考察下面的收益矩阵给出的双重对称性 3×3 博弈

$$A = \begin{pmatrix} 2 & 0 & 1 \\ 0 & 2 & 1 \\ 1 & 1 & 0 \end{pmatrix}$$

这里纯策略 1 和纯策略 2 一起构成了一个协调博弈，它的唯一混合策略纳什均衡得到的收益为 1，恰好等于策略 3 针对策略 1 或者策略 2 得到的收益。令 $H = \{1, 2\}$。那么 $x = \left(\frac{1}{2}, \frac{1}{2}, 0\right) \in \Delta(H)$，而且 $u(x, x) = 1 = u(e^3, x)$。因此，H 在弱较优反应下不是闭的。但是，由于 $\dot{x}_3 = -[x_1 + x_2 + (x_1 - x_2)^2]x_3$，所以 $\Delta(H)$ 在复制动态式(3.5)中是渐近稳定的，因此对任何 $x^o \in \Delta$，有 $\xi_3(t, x^o) \to 0$；参阅图 3.11。

因此，对复制动态中的渐近稳定性来说，如下情况不是必然的：子集

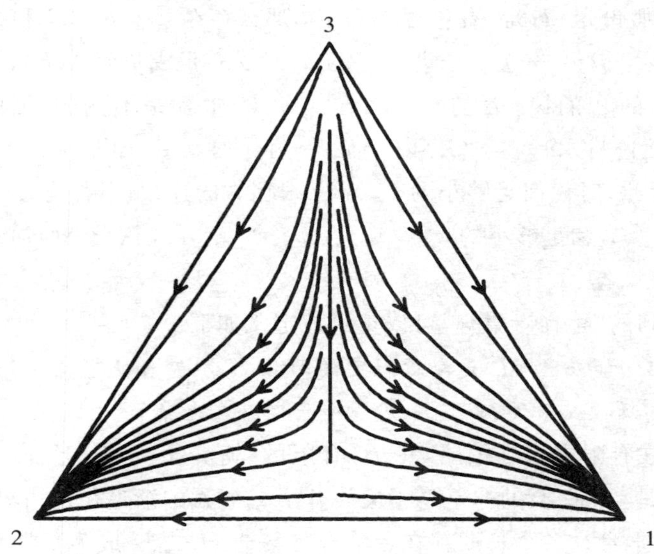

例 3.15 的博弈中的复制子解轨迹。

图 3.11

$H \subset K$ 包含了对 $\Delta(H)$ 面中的所有混合策略的全部弱较优反应。但是，H 一定包含了对 $\Delta(H)$ 中所有顶点——即对所有纯策略 $j \in H$ 的严格较优反应。否则，将存在 $\Delta(H)$ 面的某个顶点，这个顶点有某个向外走的(outgoing)边(edge)，沿着这条边有一个偏离 $\Delta(H)$ 的局部演化力量。由于边在复制动态下是不变的，所以这与 $\Delta(H)$ 起码是 Lyapunov 稳定的事实相悖。

更准确地，令

$$\alpha(H) = \{\text{对某个 } x \in \Delta(H),\ i \in K : u(e^i, x) \geqslant u(x, x)\} \tag{3.32}$$

且令

$$\alpha^o(H) = \{\text{对某个 } j \in H,\ i \in K : u(e^i, e^j) > u(e^j, e^j)\} \tag{3.33}$$

那么 $\alpha(H) \subset H$ 当且仅当 H 在弱较优反应下是闭的，并且 $\alpha^o(H) \subset H$ 意味着 H 包含着对 H 中策略的严格较优反应。

命题 3.18 如果 $\Delta(H)$ 在式(3.5)中是 Lyapunov 稳定的，那么 $\alpha^o(H) \subset H$。

证明 假设 $\alpha^o(H)$没有包含在 H 内，那么存在某个 $i \notin H$ 和 $j \in H$ 使得 $u(e^i, e^j) > u(e^j, e^j)$。子集 $L = \{i, j\} \subset K$ 张成了面 $\Delta(L)$，它是连接顶点 e^i 与 e^j 的 Δ 的棱。Δ 的每个面在式(3.5)中都是不变的，因此始于 $\Delta(L)$内的解轨迹将永远在 $\Delta(L)$内。而且，对任何 $x \in \Delta(L)$，$\dot{x}_i = u(e^i - x, x)x_i$，因此，对任何足够小的 $x_i > 0$，根据 u 的连续性，都有 $\dot{x}_i > 0$。从而，对任何 $t \geqslant 0$ 和足够小的 $x_i^o > 0$，$\xi_i(t, x^o) \geqslant x_i^o$，因此 $\Delta(H)$不是 Lyapunov 稳定的。■

前面提到的"生存者集合"可以正式地定义如下：

定义 3.4 如果 $\Delta(H)$是渐近稳定的而且 H 不包含使得 $\Delta(L)$是渐近稳定的非空真子集 L，那么 $H \subset K$ 是一个长期存在者集合。

由于存在有限多个纯策略，每个(有限的)博弈至少有一个长期存在者集合。尤其是，如果 K 的非空真子集展开了一个 Δ 的渐近稳定边界面，那么整个集合 K 本身是一个长期存在者集合。集合 $H \subset K$ 成为长期存在者集合的充分条件可以从命题 3.17 和命题 3.18 中直接得到：

命题 3.19 $H \subset K$ 在复制动态式(3.5)中是长期存在者集合，如果 H 在弱较优反应下是闭的，而且不包含任何使得 $\alpha^o(L) \subset L$ 的非空真子集 L。

例 3.16 在 3.1-5 小节中定义的广义石头—剪子—布博弈增加第四个纯策略，这个纯策略针对其他策略得到的收益较低，但它是针对自身的严格纳什均衡策略。例如，不妨令收益矩阵为

$$A = \begin{pmatrix} 1 & 2+a & 0 & b \\ 0 & 1 & 2+a & b \\ 2+a & 0 & 1 & b \\ d & d & d & c \end{pmatrix}$$

其中，$a > -1$，$b < c$，$d < 0$。那么 $H = \{1, 2, 3\}$ 在弱较优反应下是闭的，而且不包含任何使得 $\alpha^o(L) \subset L$ 的真子集。根据命题 3.19，H 是一个长期存在者集合。在 3.1-5 小节中，我们已经看到，如果 $a \in (-1, 0)$，那么这个面的相对内部的解轨迹将永远振荡，向着边界不断地荡出。如果开始的时候，策略 4 存在于足够小的群体份额中，那么解轨迹将逐渐接近面 $\Delta(H)$，并且以这种方式永远振荡。那么，长期内的平均收益 $u(x, x)$将在 0 和 $2+a$ 之间振荡。整个博弈的第二个长期存在者集合是包含该博弈的唯一严格纳

什均衡策略的单点集合 $H'=\{4\}$。如果开始时纯策略 4 存在于足够大的群体份额中，那么群体份额将收敛到顶点 e^4。

3.8 附录

命题 3.20 复制子动态式(3.5)具有通过任何初始状态 $x^o\in\Delta$ 的唯一解 $\xi(\cdot, x^o):R\to\Delta$。解映射 $\xi:R\times\Delta\to\Delta$ 是连续的，而且对时间是连续可微的。两个子集 $bd(\Delta)\subset\Delta$ 和 $\text{int}(\Delta)\subset\Delta$ 在解映射 ξ 下都是不变的。

证明 根据命题 6.1 和命题 6.2，只需证明如果 $x^o\in\Delta$，那么在任何时间 $t\in R$，都有 $\xi(t, x^o)\in\Delta$。为此目的，首先注意到式(3.5)使得所有坐标 x_i 的和恒等于一：

$$\begin{aligned}\frac{\mathrm{d}}{\mathrm{d}t}\sum_i\xi_i(t, x^o) &= \sum_i\dot{x}_i = \sum_i u(e^i-x, x)x_i \\ &= u(x-x, x)=0\end{aligned}$$

因此，超平面 $H=\{x\in R^k:\sum_i x_i=1\}$ 在这个动态中是不变的。相关的状态空间 $C=\Delta$ 是这个超平面与 $X=R^K$ 的正的闭象限 $P=R_+^k$ 的交集，因而现在需要证明 $H\cap P$ 中没有解离开 P。相反，如果存在初始状态 $x^o\in\Delta=H\cap P$ 和时间 $t\in R$ 使得 $\xi(t, x^o)\notin P$，那么根据 ξ 的连续性，存在某个策略 $i\in K$ 和时间 $s\in R$ 使得 $\xi_i(s, x^o)=0$，而且对某个 t' 有 $\xi(t', x^o)<0$。但是这与通过点 $x^1=\xi(s, x^o)$ 的式(3.5)的解的唯一性相矛盾。假设我们令 $x_i=\eta_i(t, x^1)=0$(对所有的 t)，并在式(3.5)中求解所有的 $x_j(j\neq i)$。那么我们就得到了另一个通过 x^1 的解 $\eta(\cdot, x^1)$，这与 Picard-Lindelöf 定理相矛盾。因此，对所有的 $t\in R$，有 $\xi(t, x^o)\in\Delta$。(很巧合，同样的推论也可以用来证明 Δ 的内部与它的边界面都是不变的。)■

注 释

① Zeeman(1981)，Akin(1982)，Thomas(1985b)与 Bomze(1991)讨论了混合策略的复制动态；还可以参阅 3.5-2 小节的讨论。

② 复制因子(replicator)的概念看来是由英国的生物学家 Richard Dawkins(1976)创造的,指的是可以被复制的东西。被复制的概率可能取决于该复制因子的表现与环境。复制因子的复件是相同的,可以被无限复制。复制动态的概念可能是由 Schuster 和 Sigmund(1983)开创的。

③ 参阅 Hirsch 和 Smale(1974)关于常微分方程的出色教科书。

④ 假如存在有限的个人被设定好了要选取的混合策略,那么下面发展的机制也可以用于混合策略复制动态学。正式地,令这个混合策略的有限集为 $\{Z^r\}_{r=1}^{m} \subset \Delta$,并考察相应的两人对称博弈 G',该博弈有纯策略集合 $K'=\{1, \cdots, m\}$ 和纯策略收益 $\pi(r, s)=u(z^r, z^s)$, $r, s \in K'$。还可以参阅 3.5-2 小节中的简单的讨论。

⑤ 根据大数定律,当 n_i 较大时,选择策略 i 的人们的后代的平均数量接近于预期的收益值 $u(e^i, x)$。关于随机匹配模型的确定性逼近的批判性分析,可以参阅 Boylan(1992)。

⑥ 关于 Lyapunov 稳定性与渐近稳定性的正式定义,请参阅 6.4 节。从直觉上来说,如果群体的结构性变化没有使它偏离原来的状态,状态 $x \in \Delta$ 是 Lyapunov 稳定的;如果群体任何足够小的结构上的变化都会导致它回到 x, x 是渐近稳定的。

⑦ 对包括这些博弈在内的 3×3 博弈的连续时间和离散时间复制动态的全面分析,可以参阅 Weissing(1991)。

⑧ 集合的渐近稳定性是点的渐近稳定性的直接推广;细节请参阅 6.4 节。

⑨ 他们的结果考察了两个不同群体之间的互动;我们将在第 5 章中论述多群体动态与单群体动态之间的联系。Hofbauer 和 Weibull(1995)将这个结果扩展到一类他们称之为"凸单调的"演化选择动态。

⑩ 在此我要感谢 Josef Hofbauer 和 Larry Samuelson 的有益评论。

⑪ 通过状态 $x^o \in \Delta$ 的前向轨迹(fornard orbit) $\gamma^+(x^o) \subset \Delta$,是沿着经过 x^o 的解在未来的某个时间达到的所有群体状态的集合。详细情况可参见第 6 章。

⑫ 在信息论中,人们通常将 $H_x(y)$ 视为对分布 x 相对于分布 y 的熵的测度;参阅 Kullback(1959)。

⑬ 但是,H_x 不能定义一个度量,因为它是非对称的。

⑭ Taylor 和 Jonker(1978)的结果稍微弱一些。他们还通过反例证明,他们的结果不能推广到每期代表一代的离散时间的复制子动态;参阅 4.1 节。

⑮ 逆命题也是部分成立的:如果 H_x 是严格局部 Lyapunov 函数,那么引理 3.1 意味着对 x 某个邻域内的所有 $y \neq x$,有 $u(x-y, y)>0$,因此根据命题

2.6，$x \in \Delta^{ESS}$。

⑯ 逆命题也是部分成立的：如果 H_x 是弱局部 Lyapunov 函数，那么引理 3.1 意味着对于 x 的邻域内的所有 y，有 $u(x-y, y) \geqslant 0$，并且根据命题 2.7，有 $x \in \Delta^{NSS}$。

⑰ 注意在 ES^* 集合 X 的定义中，只需在 X 的边界点上检验优越性：闭集 $X \subset \Delta$ 是一个 ES^* 集合当且仅当每个 $x \in bd(X)$ 有一个邻域 U，使得对所有 $y \in U \cap \sim X$，有 $u(x, y) > u(y, y)$。

⑱ 在这一点上，我要感谢 Klaus Ritzberger 的有益的建议。

⑲ Thomas(1985a)错误地指出，在等价的博弈中这个集合是一个 ES 集合。

⑳ 将式(3.27)中的平方项展开，利用 u 的双线性就可以得到。

4 其他的选择动态

在上一章中，我们发现连续时间的单群体复制动态蕴涵着纳什均衡。我们还发现，如果该博弈的所有纯策略一开始时就存在于群体中，那么这个动态中的收敛蕴涵着纳什均衡。最后，我们还看到，如果所有的纯策略开始的时候都存在，那么即使动态的解轨迹不收敛，那么严格被占优纯策略在长期内都会消失。本章考察的是这些结论，在第 3 章之外的模型设定下从演化选择到博弈论理性的正确性。

在 4.1 节中，我们考察的是离散时间的生物复制(biological replication)。在这样的模型中，每一期通常代表一代。由于整个群体会同时改变策略，所以在动态调整中会出现一定的波动性或者超调。实际上，我们已经通过例子说明，在这种形式的复制子动态中，占优策略未必能够被剔除。我们研究了通常的复制动态的叠代(overlapping generations，OLG)形式中时间离散化的影响，该离散时间模型涵盖的情形从我们前面提到过的所有人同时复制的极端情形，一直到连续时间复制动态式(3.5)的极限情形。碰巧的是，这种叠代动态对于计算机计算也是有用的。

在 4.2 节到 4.4 节我们又回到了连续时间模型。4.2 节研究了复制动态应用到对称性两人廉价谈话博弈的情形。在这样的博弈中，每个博弈方在基础博弈开始前发出了一个没有成本的信息。在2.6节中我们已经看到，这会促进某种程度的行动协调。在这里复制因子是基础博弈在廉价谈话方面扩展形式中的纯策略。因此，我们想象每个人都被设定好了传递一个信息和遵守某个决策规则——针对从对手那里得到的每个信息，采取某种基础博弈行动的规则。由于在复制动态的生物学解释中，任何人传递的信息都是固定的，所以我们也可以认为信息代表不同的物理特征。在这种解释下，人们可以采取不同的行动；他们可以根据对手的信息或者物理特征来采取行动。我们考察的一个特例是对所有的信息或者物理特征赋予一个相同行动的不变或者恒定决策规则。这正是第3章研究的标准情形。我们已经通过例子说明，当演化选择在这种信息和决策规则水平上进行时，长期的加总行为未必会符合纳什均衡，甚至还有可能运用到严格被占优策略。但是，我们还证明过，如果所有可能的决策规则都有可能被采用，那么我们就重新得到了前面从演化选择到博弈论理性方面的推论，尽管涉及了非对称纳什均衡，使得形式复杂一些。

4.3节和4.4节研究了互动的人们组成的大群体中的策略的非生物复制。这里的收益未必代表适应性，它可以是决策者的效用或者利润，正如非合作博弈论中那样；这里的传播机制(transmission mechanism)是建立在对成功行为(博弈中的纯策略)的模仿或者加强的基础之上的。这两节从两个角度来研究这个目前研究甚少的问题。4.3节考察了某些大类的连续时间纯策略选择动态，这些动态都包括复制动态。某些复制子动态在博弈论理性方面的实证含义对这些类型的动态也是成立的。4.4节则考察了产生4.3节中的那类选择动态的模仿过程的一些例子。该节还说明了复制动态在某些模仿过程中是如何出现的。关于本章中涵盖的内容的更多结果，可以参阅Nachbar(1990)，Dekel和Scotchmer(1992)，Robson(1990)，Samuelson和Zhang(1992)以及Cabrales和Sobel(1992)。

4.1 连续时间形式的复制动态

在某些生物学模型中，演化选择被模型化为离散时间形式，其中每期

$t=0, 1, 2, \cdots$ 代表一代。如同第 3 章中的标准的连续时间复制动态，假设收益代表得自互动中的适应性收益(fitness gain)，其中的适应性简单地用后代的数量来表示。还假设每个后代的人都遗传了父或母的某个策略，用 $\alpha \geqslant 0$ 来表示该人的设定(终生)出生率。如果 $p_i(t)$ 表示的是被设定好了采取某种纯策略 $i \in K$ 第 t 代人的数量，那么相应的群体份额为 $x_i(t)=p_i(t)/p(t)$，其中，$p(t)=\sum_i p_i(t)>0$ 是 t 代中的总人口。因此，被设定好了在第 t 代采取纯策略 i 的人拥有 $\alpha+u[e^i, x(t)]$ 个后代，这里的 $x(t) \in \Delta$ 是第 t 代在博弈中纯策略上的分布。① 我们得到了如下的群体动态：

$$p_i(t+1)=(\alpha+u[e^i, x(t)])p_i(t) \tag{4.1}$$

按照所有的纯策略 $i \in K$ 进行相加，我们得到

$$p(t+1)=(\alpha+u[x(t), x(t)])p(t) \tag{4.2}$$

这里的 $u[x(t), x(t)]$ 是第 t 代人得到的平均收益。式(4.1)的两边除以式(4.2)中相应的群体数量，我们得到了离散时间复制动态

$$x_i(t+1)=\frac{\alpha+u[e^i, x(t)]}{\alpha+u[x(t), x(t)]}x_i(t),\ t=0, 1, 2, \cdots \tag{4.3}$$

在第 3 章中，我们证明过，连续时间复制动态式(3.5)中的任何 Lyapunov 稳定群体状态 $x \in \Delta$ 被看作一个策略时是对其自身的纳什均衡，即 $x \in \Delta^{NE}$。类似地，任何群体状态如果是同一动态内点解轨迹的极限，那么它也是 Δ^{NE} 中的一个点。Nachbar(1990)证明了，这些推论在离散时间复制动态式(4.3)中也是成立的。但是，离散时间复制动态的动态稳定群体状态集合和收敛的内点解轨迹与连续时间复制动态的相应集合和轨迹都会不同。特别地，由于离散时间模型式(4.3)中存在超调的可能性，纳什均衡行为的这两个含义在离散时间下可能更弱(参见下面的论述)。

在第 3 章连续时间的复制动态中，重复严格被占优的纯策略在长期内都会消失。Nachbar 证明了如下关于离散时间动态式(4.3)的更弱的结果：如果被其他纯策略严格占优的纯策略被重复剔除后，只剩下一个纯策略没有被剔除，那么动态式(4.3)就会从任何内点初始群体状态 $x(0) \in \text{int}(\Delta)$ 收敛到所有人都用这个纯策略的群体状态。Dekel 和 Scotchmer(1992)用反例

证明了，连续时间的复制动态的更强的结果——定理 3.1 在离散时间动态式(4.3)中是不成立的。下面的 4.1-2 节分析了这个反例。但是，我们首先要将动态式(4.3)放在一个更一般性的离散时间框架之中。

4.1-1 叠代

在动态式(4.3)中，人们之间的所有互动每次都发生在一代人之中，好像是所有的一代人在时间 $t=0, 1, 2, 3 \cdots$ 同生和共死。相反，假设各代在时间上是交叠的，因此每个时间单位内生死发生的比例 $r \geqslant 1$，单位时间只与总体份额 $\tau = 1/r$ 的人数有关，这里的 $\tau \in (0, 1]$ 是两个相连的群体改变之间的时间间隔。[②]还假设出生的人和死亡的人是随机抽取的，群体中所有人被抽中的概率是相等的。当一个人被抽中时，他就死去然后由他的后代来代替。

这种设定下，一个人的寿命是时间间隔 τ 的倍数。更准确地说，它是一个几何分布的随机变量，其均值 $\mu = 1$，方差 $\sigma^2 = 1-\tau = 1/r$。注意当 $\tau = r = 1$ 时，这个方差为 0，并且按照动态式(4.3)在 r 上是递增的。

假设被设定采取纯策略 i 并在时间 t 繁衍后代的每个人被 $u(e^i, x(t)) + \beta \geqslant 0$ 个后代所替代，这里 $\beta \geqslant 0$ 是设定(终生)出生率。[③]这会得到如下的群体状态：

$$p_i(t+\tau) = (1-\tau)p_i(t) + \tau(\beta + u[e^i, x(t)])p_i(t) \tag{4.4}$$

这里的 $p_i(t)$ 是被设定好了在时间 t 采取策略 i 的人的数量，$p(t) > 0$ 是这时的总人数，而且 $x_i(t) = p_i(t)/p(t)$。将所有的群体份额加总并运用收益函数的双线性，我们得到总体按照如下的方式发生改变

$$p(t+\tau) = (1-\tau)p(t) + \tau(\beta + u[x(t), x(t)])p(t) \tag{4.5}$$

用式(4.4)的两边分别除以式(4.5)的相应两边，我们就得到了用群体份额表示的复制动态：

$$x_i(t+\tau) = \frac{1-\tau+\tau(\beta+u[e^i, x(t)])}{1-\tau+\tau(\beta+u[x(t), x(t)])}x_i(t) \tag{4.6}$$

注意，分子可以解释为被设定好了在时间 t 采取策略 i 的人的复制的预期数

量。该人繁衍和死亡的概率均为τ,这时他复制的数量为$\beta + u[e^i, x(t)]$,而他不繁衍和不死亡的概率均为$1-\tau$,此时他作为自己的复制继续存在下去。如果这些等式中的共同的分母是正的,那么差分方程组(4.6)将每个状态$x(t) \in \Delta$映射到新的状态$x(t+\tau) \in \Delta$上。我们将称式(4.6)为(r阶的)叠代复制子动态。

当$\gamma = 1$时,这就是式(4.3),其中$\alpha = \beta$。相反,在极限状态,当$r \to \infty$时,式(4.6)变成了连续时间复制动态式(3.5)。为了看清这一点,首先将式(4.6)改写为

$$\frac{x_i(t+\tau) - x_i(t)}{\tau} = \frac{u[e^i - x(t), x(t)]}{1-\tau+\tau(\beta+u[x(t), x(t)])} x_i(t) \qquad (4.7)$$

让同时繁衍后代的人们的比例τ趋近零,我们得到

$$\lim_{\tau \to 0} \frac{x_i(t+\tau) - x_i(t)}{\tau} = \dot{x}_i = u(e^i - x, x) x_i \qquad (4.8)$$

因此,叠代动态式(4.6)张成的范围包含了从$r = 1$时的代内的离散时间复制动态式(4.3),到$r \to \infty$时的连续时间复制动态式(3.5)。

还要注意,当$\alpha = \beta + r - 1$时,叠代动态式(4.6)的解轨迹与代范围内的复制动态式(4.3)是相同的。唯一的区别是叠代动态每单位时间沿着解轨迹运动$r \geqslant 1$次,而代内的动态每单位时间只运动一次。根据式(4.8),当$\alpha \to \infty$时,代内的动态式(4.3)的解轨迹趋向连续时间复制动态的解轨迹(这一点是由 Hofbauer 和 Sigmund 1988 年提出来的)。如果设定出生率x较高,那么好像没有几个人按照该博弈的内生的收益来复制,而所有其他的人则按照同一外生的比率来复制。

Björnerstedt 等(1993)提出的下面这个例子说明了时间离散性(temporal discreteness)的几何图形,这个例子说明了连续时间动态的收敛和稳定性并不意味着相应离散时间动态中的收敛和稳定性。

例 4.1 图 4.1 说明了 3.1-5 小节中广义的石头—剪子—布博弈的叠代动态始于同一初始状态x^o的三条解轨迹(相连的状态$x(0)$、$x(\tau)$、$x(2\tau)$等已经用直线段连起来了)。收益参数值为$a = 0.35$,这些轨迹分别对应着$\beta = 0$和$\tau = 0.05$、$\tau = 0.6$与$\tau = 1$的叠代离散化。根据我们在 3.1-5 小节

对连续时间复制子动态的研究，我们知道，当 $a>0$ 时，它所有的内点解轨迹收敛到纳什均衡策略 $x^*=\left(\frac{1}{3},\frac{1}{3},\frac{1}{3}\right)$。的确，$\tau=0.05$ 时离散时间的轨迹收敛到 x^*。相反，其他的两条轨迹不收敛到 x^*。原因在于，离散时间轨迹在连续时间轨迹的切线方向（即向量场方向）几乎有直线跳跃（jump）。对足够大的 τ 来说，这些跳跃长得足以使得后继状态越来越偏离 x^*，从而趋近这个单纯形的边界。

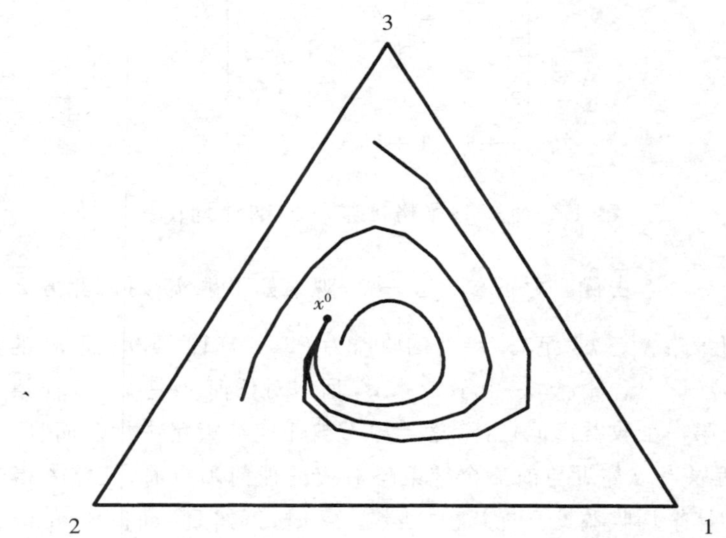

广义的石头—剪子—布博弈中的叠代复制子动态（参数 $a>0$），参见例 4.1。

图 4.1

4.1-2 Dekel-Scotchmer 例子

在这个例子中，有一个严格被占优纯策略，但这个策略没有被任何纯策略占优。因此，没有哪个子群体的人的处境能够比按规定采取这个严格被占优策略的人更好。事实上，在某些群体状态中，后面的策略得到的收益高于群体平均收益。但是，我们从命题 3.1 知道，在连续时间复制动态中，这样的策略会被剔除的。Dekel 和 Scotchmer（1992）证明，在离散时间动态式（4.3）中情况并非如此，除非这个博弈中的其他纯策略一开始就以相同的比例存在。

Cabrales 和 Sobel(1992)指出过，这个反例之所以能够说明问题，不是因为时间离散性本身，而是因为它具有式(4.3)的特殊形式。的确，他们证明，如果时间离散化足够细微，那么就可以恢复第三个实证的结果：所有严格被占优策略沿着所有内点解轨迹都会被剔除。④

更准确地说，Dekel-Scotchmer 例子是 3.1-5 小节中广义的石头—剪子—布博弈的如下扩展当 $a = 0.35$ 和 $c = 0.1$ 时的特例：

$$A = \begin{pmatrix} 1 & 2+a & 0 & c \\ 0 & 1 & 2+a & c \\ 2+a & 0 & 1 & c \\ 1+c & 1+c & 1+c & 0 \end{pmatrix} \tag{4.9}$$

这里 $0 < 3c < a$。第 4 个纯策略严格被唯一的纳什均衡策略 $x^* = \left(\frac{1}{3}, \frac{1}{3}, \frac{1}{3}, 0\right) \in \Delta^{NE}$ 占优。为了看清这一点，观察如下事实：对博弈方 2 可能运用的任何策略 $y \in \Delta$，策略 $i = 4$ 的收益为 $(1+c)(1-y_4)$，而 x^* 的收益为 $(1+a/3)(1-y_4)+cy_4$。由于 $3c < a$，所以对任何 $y_4 \in [0, 1]$，第二个收益都高于第一个收益。但是，策略 4 却不被任何纯策略占优。而且，由于 c 是正的，所以当 x 靠近与前三个纯策略对应的任何顶点时，策略 4 得到的收益高于群体平均收益 x。事实上，当 $a < 4c$ 时，正如 Dekel 和 Scotchmer 的例子中那样，策略 4 得到的收益不高于平均收益的区域 $E = \{x \in \Delta: u(e^4, x) \leqslant u(x, x)\}$ 是一个包含纳什均衡策略 x^* 的蛋形集合；参见图 4.2 (Björnerstedt et al., 1993)。

因此，如果群体状态沿着动态解轨迹经常会有很长的时间处在这个蛋形区域外，那么群体份额 x_4 未必会收敛到零。为了看清这一点，回忆如下事实：当同时繁衍的比例 τ 较大(例如 $\tau = r = 1$)时，叠代动态在 x_4 为零的混合策略单纯形 Δ 的面上向外，向着这个面(或者子单纯形)的相对边界旋转；参见图 4.1。如果 τ 较大，那么这个动态将使群体状态走出图 4.2 中的蛋形区域。这将使得策略 4 的收益高于平均，而且 x_4 不收敛到零。事实上，这个群体份额不断地趋向$\frac{1}{2}$；参见图 4.3。相反，当 τ 较小时，所有的内点解轨迹迟

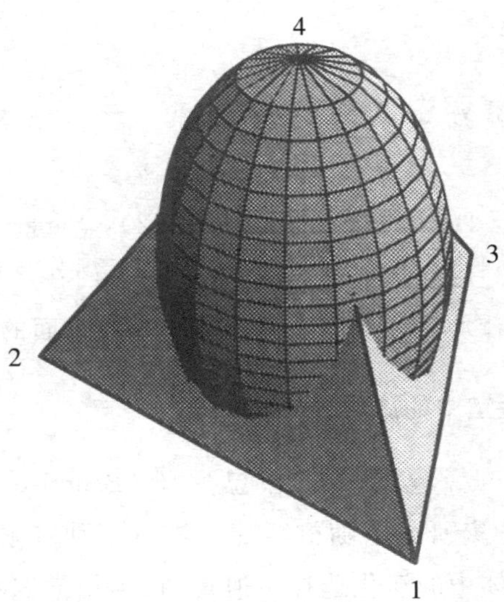

Dekel-Scotchmer 博弈的多面体 Θ 中严格被占优的策略 4 得到的收益小于平均值的区域。

图 4.2

早会进入蛋形区域中，而且会收敛到纳什均衡策略 x^*，正如在连续时间复制子动态式(3.5)中一样(关于这些细节，可以参阅 Björnerstedt et al.，1993)。

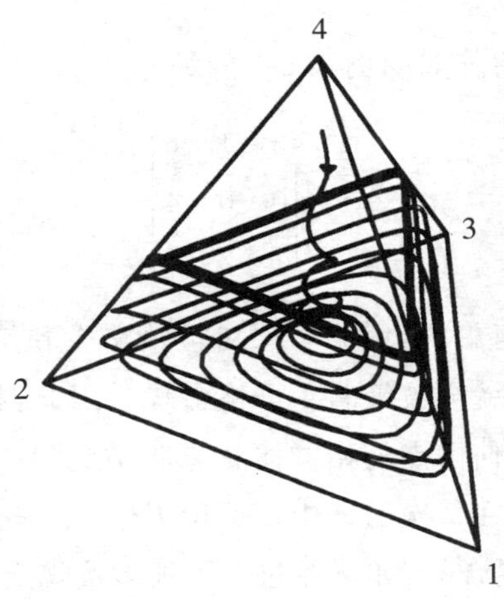

Dekel-Scotchmer 博弈的叠代复制动态的非收敛解轨迹(τ 较大)。

图 4.3

4.2 廉价谈话博弈中的复制动态

Robson(1990), Dekel 和 Scotchmer(1992), Banerjee 和 Weibull(1992, 1995)与 Stahl(1993)已经指出过,如果互动的人们在经验方面是异质性的,那么演化在总量纳什均衡和严格被占优战略剔除方面的支持就会有问题。[5]

4.2-1 生物家实验室中的廉价谈话

为了说明这一点,考察如下思想实验(Banerjee and Weibull, 1992, 1995)。一个生物学家研究了随机匹配来进行某种有限和双人对称博弈的人们组成的大的群体中的演化选择。但是,在生物学家不知晓的情况下,一个经济学家过来并向样本群体中注入了某些经济人(homo oeconomicus)。这些经济人能够辨认他们遇到的人的类型。特别地,在每次遭遇都能正确地预测每个生物学上规定好行动的对手所采用的策略。他们还能够辨认彼此,并采取没有反复严格被占优的唯一的纯策略。相反,原先的生物学上规定好行动的人继续沿用他们遗传的纯策略。在这种情况下会发生什么呢?

假设博弈的收益矩阵如同例 1.4 中的那样:

$$A = \begin{pmatrix} 3 & 1 & 6 \\ 0 & 0 & 4 \\ 1 & 2 & 5 \end{pmatrix} \tag{4.10}$$

这个博弈是严格占优可解的:策略 2 严格被策略 1 和策略 3 占优,而且一旦策略 2 被剔除,策略 3 就会被策略 1 严格占优。因此,根据定义 3.1,生物学家会预计,群体会从任何内点初始群体状态收敛到单一同态的群体状态,在这种状态下,所有的人在每次遭遇中都运用策略 1。

如果初始群体是混合的,如群体包含了很多按规定采取严格被占优策略 2 的生物人,少数采取策略 1 和 3 的生物意义上的人和某些经济人,那么情况会如何呢?经济人遇到经济人时得到的收益为 3;遇到类型 2,即按规定采用策略 2 的生物人时，得到的收益为 2。相反，类型 2 的人遇到同类时，得到的收益为零；而当遇到经济人时，得到的收益为 4。因此，经济人出现后，类型 2 的人从承诺采取严格被占优但是具有进攻性的策略 2 中是可以得到好处的。如果经济人占群体的比例较高，按规定采用策略 1 和策略 3 的生物人占群体的比例较低，那么按规定采用策略 2 的生物人得到的收益甚至还高于经济人。

事实上，我们可以证明，从任何包含了三种生物人和经济人的初始群体混合出发，类型 3 的生物人占群体的比例在连续时间的复制动态中会渐近地消失。一旦它占群体的比例较小，那么将会发生两种事情，具体哪种事情会发生取决于初始的群体状态。一种情况是，群体状态向连续统的状态变动，在这些状态中所有的人运用策略 1，正如演化博弈论和非合作博弈论预测的那样。在这种情况下，存活下来的人是经济人和某些碰巧采取策略 1 的生物人。正如 Stahl(1993)指出的那样："做正确的事情如同做聪明的事情一样重要"。另外一种情况是，群体状态移向下面的状态：在这种状态中，群体中 $\frac{2}{3}$ 的人是经济人，$\frac{1}{2}$ 的人被规定好了采取被严格占优策略 2。在这种情形中，采用三种纯策略的人的比例分别为 $\frac{4}{9}$、$\frac{1}{3}$ 和 $\frac{2}{9}$；这与生物学家的预期显然不同。而且，即使沮丧的生物学家通过注入一些"好的"生物人（即被规定好了采取策略 1 的人）来改变群体状态，那么复制动态也会引导群体回到总体上采用严格被占优混合策略 $x=\left(\frac{4}{9}, \frac{1}{3}, \frac{2}{9}\right)$ 的"坏"习惯上去。

为了看清这一切是如何发生的，注意到生物学家实验室的情形等价于让被规定好的人们的群体进行如下的 4×4 博弈：

$$A^{*}=\begin{pmatrix} 3 & 1 & 6 & 3 \\ 0 & 0 & 4 & 4 \\ 1 & 2 & 5 & 1 \\ 3 & 2 & 6 & 3 \end{pmatrix} \tag{4.11}$$

在原先的基础博弈中成为一个经济人等价于在这个元博弈中按规定采取策

略 4;这个策略针对所有策略得到的是最优反应收益,而且所有其他的策略遇到它们的最优反应时,都得到针对策略 4 的这个收益。复制动态式(3.5)可以运用于这个元博弈,而且根据标准的理论可以得到第 3 章中得到的结果。特别地,群体份额 $\xi_3(t, x^o)$ 会沿着这个元博弈中混合策略单纯形中的任何内点解轨迹递减到零,而且策略 3 消失于其上的边界面看上去如同图 4.4 所示。

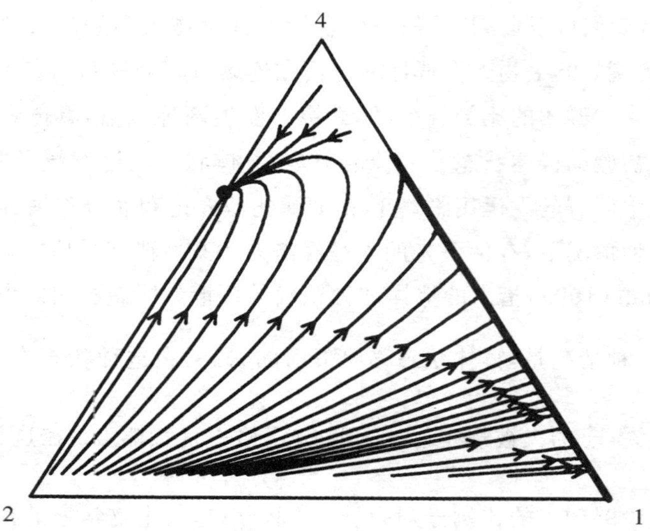

当少数经济人被注入到生物学家的样本群体中而且纯策略 3 消失时的复制因子解轨迹。

图 4.4

4.2-2 作为复制因子的廉价谈话策略

可以将前面的例子置于更复杂的模型框架中。那么演化选择对第 3 章确立的"博弈论理性"的含义可以得到恢复,尽管形式上稍弱和更为复杂。特别地,图 4.4 所示的严格被占优混合基础博弈策略的动态稳定性将遭到破坏。

首先,与通常一样,假设我们的群体是由随机匹配来采取两人对称博弈的人的组成的。但是,不同的是,现在每人具有一种可观察的、有区别的物理特征,或者等价地,在每次匹配时每个人在博弈前传递一个易辨别的信号。假设这些人天生地或者被设定来选择某种决策规则,这些规则规定了在博弈开始前,如何按照收到的信息来选择策略。正式地,这个情形等同于廉价谈话博弈的情形,因此,所有的机制可以直接应用到目前这个设定下。

我们沿用 2.6-1 小节中的符号,用 G 表示有着纯策略集 $K=\{1, \cdots, k\}$ 和纯策略收益函数 π 的基础博弈,并且令 M 来表示有限的信息(物理特征)集合。决策规则是一个函数 $f: M \rightarrow K$,这个函数说明,如果对手的信息是 $\mu \in M$,那么就运用纯策略 $i=f(\mu)$,如此等等。用 F 来表示所有的这类函数。相应的廉价谈话博弈 G_M 中的纯策略是一个对 $(\mu, f) \in M \times F$,而且纯策略组合 $((\mu, f), (v, g))$ 的收益为 $\pi[f(v), g(\mu)]$。⑥为了避免在基础博弈 G 中的策略和廉价谈话博弈 G_M 中的策略造成的混淆,我们将基础博弈中的策略称为行动。

例 4.2 如果将集合 M 应用到 4.2-1 小节中的思想实验,那么它可以包含四个信息,其中每种生物上规定好了采取行动的人对应着一个信息,经济人对应着一个信息,即 $M=\{1, 2, 3, 4\}$。而且,类型为 $\mu=i \leqslant 3$ 的每个人都被规定好了采取固定不变的(或者非歧视性的)决策规则,类型为 $\mu=4$(即经济人)的每人则被规定好了采取由 $f(2)=3$ 定义的最优反应规则 f,否则采取 $f(\mu)=1$。

复制子动态的所有结果完全适用于这样定义的廉价谈话博弈。因此,演化选择具有通常的关于廉价谈话博弈 G_M 中的被占优均衡策略和纳什均衡策略的含义。但是,对这样得到的决策或者基础博弈行动的含义却不是马上就可以看出来的。

为了研究这些含义,我们需要更多的符号。对廉价谈话博弈中的每个纯策略 $h=(\mu, f)$,用 p_h 表示被规定好了采取 h 的人占群体的比例。那么向量 $p=(p_h)$ 就是群体状态,即廉价谈话博弈中混合策略单纯形 Δ_M 上的一个点,我们可以像第 3 章中那样来研究这个单纯形上的复制动态的运行。当群体状态为 $p \in \Delta_M$ 时,廉价谈话博弈中任何纯策略 $h=(\mu, f)$ 的收益为 $u_M(e^h, p)$,群体中的平均收益为 $u_M(p, p)$。因此,复制动态式(3.5)应用到廉价谈话博弈的混合策略空间 Δ_M 中去时为

$$\dot{p}_h=u_M(e^h-p, p) p_h \tag{4.12}$$

对任何信息 $\mu \in M$,我们说传递这个信息的人为类型 μ 的传递者,而相

应的子群体被称为子群体 μ。相同次子群体 $\mu \in M$ 中的人们的唯一区别在于他们的决策规则 $f \in F$，而且当与来自这个群体的任何人匹配时，他们都面临着相同的行动(基础博弈策略)：如果对手的决策规则为 $g \in F$，那么来自子群体 μ 的任何人都面临着行动 $j = g(\mu)$。用 p^{μ} 来表示类型 μ 的传递者占群体的比例(即，对某个 $f \in F$，所有使得 $h = (\mu, f)$ 的 p_h 之和)。

为了分析上的方便，我们将人们之间的匹配分成几批，每一批对应着一个信息对。对每个行动 $i \in K$，信息对 $(\mu, v) \in M^2$，群体状态 $p \in \Delta_M$，其中，$p^{\mu} > 0$，用 $p_i^{\mu v} \in [0, 1]$ 来表示子群体 μ 中当遇到类型 v 的人时采取行动 i 的人的比例。显然，相应的向量 $p^{\mu v} = (p_i^{\mu v})_{i \in K}$ 是基础博弈 G 的单纯形 Δ 上的一个点，因此可以将 $p^{\mu v}$ 视为类型 v 的人与类型 μ 的人匹配时面对的随机化行动(混合基础博弈策略)。换言之，$p^{\mu v} \in \Delta$ 是子群体 $\mu \in M$ 针对子群体 $v \in M$ 采用的等价的随机化行动。

4.2-3 严格被占优基础博弈策略

从命题 3.1 我们知道，所有严格被占优廉价谈话博弈在长期内都会沿着复制子动态的任何解轨迹消失(适用到 Δ_M)。但是，例 3.4 告诉我们，对弱被占优策略这并不成立。这一点对于目前的设定也是有意义的，因为如果集合 M 至少包含了两个信息，那么 G 中被严格占优的任何行动 $i \in K$ 是在 G_M 中只是被弱占优的廉价谈话策略 $h = (\mu, f) \in K_M$ 的一部分。这是因为这样的廉价谈话策略 h 可以只规定那些针对某些对手信息 $v \in M$ 的严格被占优行动 i。因此，我们不能用命题 3.1 来证明，G 中被严格占优的基础博弈纯策略 i 在廉价谈话复制动态式(4.12)中将被剔除。但是，我们可以利用命题 3.2 证明，在长期内的匹配中几乎从来不用被严格占优的基础博弈行动(Banerjee and Weibull，1993)。下面的这个结果是得到这个结论的第一步：

命题 4.1 *假设基础博弈策略 $i \in K$ 在 G 中被严格占优，并令 $\mu, v \in M$。那么积 $p_i^{\mu v} p^{v}$ 沿着 Δ_M 中复制动态的任何解轨迹都会收敛到零。*

证明 首先，假设行动 $i \in K$ 被 $y \in \Delta$ 严格占优。对任何信息 $\mu, v \in M$，令 $H_i^{\mu v} = \{(\mu, f) \in K_M : f \in F \text{ 且 } f(v) = i\}$，$H^{v} = \{(v, g) \in K_M : g \in F\}$。那么 $p_i^{\mu v}$ 是满足 $h \in H_i^{\mu v}$ 的所有 p_h 之和，p^{v} 是满足 $k \in H^{v}$ 的所有 p_k 的和。从现在开始，固定任何廉价谈话纯策略 $h = (\mu, f) \in H_i^{\mu v}$，并

令 $q \in \Delta_M$ 对每个行动 $j \in C(y)$，使得廉价谈话在所有 $g \in F$（对所有的 $w \neq v$，满足 $g(v) = j$，$g(w) = f(w)$）上的概率 $q_{\mu, g}$ 之和为 y_j。换言之，廉价谈话混合策略 $q \in \Delta_M$ 对所有拥有信息 $w \neq u$ 和/或者当面临 v 以外的信息时拥有异于 f 的决策规则 g，和/或者拥有运用 $y \in \Delta$ 的支集之外的行动 $j \in K$ 的决策规则 g 的廉价谈话纯策略 $k = (w, g) \in K_M$ 赋予零概率。而且，q 针对信息 v 随机化行动使得在集合 K 上诱致的分布恰好就是 $y \in \Delta$ 的分布。可以得到，廉价谈话纯策略 $h \in (\mu, f) \in K_M$ 被廉价谈话混合策略 $q \in \Delta_M$ 占优，因为 h 针对廉价谈话策略 $k \in H^v$ 得到的收益小于 q 得到的收益，而针对所有其他的廉价谈话纯策略 k 得到的收益一样多。正式地，对所有 $k \in H^v$，有 $u_M(q - e^h, e^k) > 0$；对所有 $k \notin H^v$，有 $u_M(q - e^h, e^k) = 0$。根据命题 3.2，对任何 $k \in H^v$ 和初始状态 $p^o \in \text{int}(\Delta_M)$，$p_h(t, p^o)p_k(t, p^o)_{t\to\infty} \to 0$。将所有 $k \in H^v$ 加起来，我们得到 $p_h(t, p^o)p^v(t, p^o) \to 0$。这对任何 $h \in H_i^{\mu v}$ 都成立，因此我们可以将它们加起来，这就得到了 $p_i^{\mu v}(t, p^o)p^v(t, p^o)_{t\to\infty} \to 0$。■

从描述的角度来看，被规定好了采取不同的廉价谈话策略的人占群体的比例，不如各种不同的基础博弈策略在人们的互动中得到实际运用的频率有意义。正式地，令 $z_i(p)$ 表示行动 $i \in K$ 在内点群体状态 $p \in \Delta_M$ 中得到运用的匹配的比例：

$$z_i(p) = \sum_{\mu \in M} p^\mu \left[\sum_{v \in M} p_i^{\mu v} p^v \right] \tag{4.13}$$

那么 $z(p) \in \Delta$ 代表了得到的总体基础博弈行为，而且从命题 4.1 中可以直接得到如下结果：

推论 4.1.1 如果基础博弈的纯策略 $i \in K$ 是严格被占优的，那么它的相对频率 $z_i(p)$ 沿着式(4.12)的任何内点解轨迹趋于零。

换言之，即使某些存在下来的决策规则涉及了严格被占优的基础博弈行动，这样的行动在长期内几乎用不上。特别地，在 4.2-1 小节中的实验中，严格被占优的行动 2 在例 4.2 中相应的廉价谈话博弈 G_M 中的所有内点解轨迹上消失了。这与图 4.4 中的向量场有什么联系吗？答案在于，相应的解轨迹在完全廉价谈话单纯形 Δ 中不是内点。因为在 G_M 中有四个信息。三个基础博弈行动下，这会导致 $3^4 = 81$ 个决策规则 $f: M \to K$，其中只有三个决策规则表示在图 4.4 的 Δ_M 的面上。如果开始的时候所有的 81 种决策规则都出现了(与四个信息之一结合),那么根据推论 4.1.1,基础博弈的行动 2 的频率 $z_2(p)$将会趋于零。例如,传递信息 2 的廉价谈话策略——看上去像被设定好了采取严格被占优但是进攻性的策略 2 的生物人——并且运用最优的决策规则将胜过类型 2 的生物人,因此会降低严格被占优策略 2 的运用。

4.2-4 基础博弈纳什均衡

根据命题 3.4,任何在复制动态式(3.5)中是 Lyapunov 稳定的群体状态 $p \in \Delta_M$ 是对其自身的最优反应,也就是说,$p \in \Delta_M^{NE}$。而且,Banerjee 和 Weibull(1993)证明了,如果子群体 μ 和 v(这里可能 $\mu = v$)在这样的 Lyapunov 稳定的群体状态 p 中是不存在的,那么这些子群体彼此之间一定采用某个基础博弈的可能是非对称性的纳什均衡。

命题 4.2 假设 $p \in \Delta_M$ 在式(4.12)中是 Lyapunov 稳定的。如果 p^μ,$p^v > 0$,那么 $(p^{\mu v}, p^{v\mu}) \in \Theta^{NE}$。

证明 假设 $p \in \Delta_M$ 在式(4.12)中是静态的,p^μ、$p^v > 0$,并且 $p^{\mu v} \in \Delta$ 不是 G 中对 $p^{v\mu} \in \Delta$ 的最优反应。假设 $h = (\mu, f) \in K_M$ 满足 $f(v) = i$ 和 $p_h > 0$;由于 $p^\mu > 0$ 且 $p_i^{\mu v} > 0$,所以存在这样的廉价谈话策略 h。令 $k = (\mu, g) \in K_M$ 表示另一个廉价谈话纯策略使得 $g(v) \in K$ 是针对 $p^{v\mu} \in \Delta$ 的最优反应且对所有其他的信息 $w \neq v$ 有 $g(w) = f(w)$。换言之,廉价谈话纯策略 $k = (\mu, g)$ 针对 v 类传递者子群体中的群体构成是一个最优反应,所以在这样的互动中得到的收益高于廉价谈话纯策略 $h = (\mu, f)$ 得到的收益;其他情况下 k 与 h 完全相同。由于 $p^v > 0$,所以 $u_M(e^k, p) > u_M(e^h, p)$。根据 $p_h > 0$ 的稳态性,$u_M(e^h - p, p) = 0$,因此 $u_M(e^k - p, p) > 0$,根据稳态性,这意味着 $p_k = 0$。但是,根据 u_M 的连续性,对所有接近 p 的群体状态 $q \in \text{int}(\Delta_M)$,有 $\dot{q}_k = u_M(e^k - q, q)q_k > 0$。因此,$p$ 不是 Lyapunov 稳定的。■

换言之,当允许所有可能的决策规则而不仅仅是不变的(非歧视性的)决策规则(像标准的演化博弈论中)时,在演化选择和复制动态方面,在每个子群体内部会采用对称性基础博弈纳什均衡,在两个子群体之间会采用对称性或者非对称性的基础博弈纳什均衡。⑦ 从而,群体的总体基础博弈均衡是对称性和/或非对称纳什均衡的某种凸组合。正式地,令 $\Theta_1^{NE} \subset \Delta$ 表示混合策略 $x \in \Delta$ 的子集,使得对某个混合策略 $y \in \Delta$,有 $(x, y) \in \Theta^{NE}$;并用 $\text{co}(\Theta_1^{NE}) \subset \Delta$ 来表示这个集合的凸包。[8] 用这种符号表示,命题 4.2 意味着

推论 4.2.1 对于式(4.12)中 Lyapunov 稳定的 $p \in \Delta_M$ 来说:$z(p) \in \text{co}(\Theta_1^{NE})$。

从例 1.10 的协调博弈中,我们可以看出,这个结果的逆命题——基础博弈纳什均衡的某些凸组合可以构成某个动态不稳定的廉价谈话群体状态,一般而言是不成立的。在 3.1-4 小节中,我们已看到,没有可以视为复制子动态式(3.5)中的群体状态的内点混合策略 $x \in \text{int}(\Delta)$ 是 Lyapunov 稳定的。但是,这里,任何混合策略是(两个严格)纳什均衡的凸组合:$\Theta_1^{NE} = \Delta$。而且,由于在只有一个信息(M 为单点集)的特例下,廉价谈话动态(4.12)恰好就是基础博弈的复制动态式(3.5),所以我们确实有了在 $\text{co}(\Theta_1^{NE})$ 中的整个连续统的基础博弈策略,其中每个策略都对应着一个动态不稳定的廉价谈话群体状态。

第 3 章证明过,Lyapunov 稳定性的一个充分条件是中性稳定性,因此,任何中性稳定的廉价谈话博弈策略 $p \in \Delta_M$ 都对应着基础博弈均衡的某个凸组合。下面的例子说明了,这样的中性稳定廉价谈话策略可能涉及采用非对称的基础博弈均衡,而且在这个例子中会导致比没有沟通的情况下更高的收益。

例 4.3 重新考察例 2.3 的鹰—鸽博弈。这个博弈有三个纳什均衡,其中一个是对称内点纳什均衡,另外两个是不对称严格纳什均衡。对称内点纳什均衡给每个博弈方带来的收益均为 $\frac{2}{3}$,两个不对称严格纳什均衡都给一个博弈方带来的收益为 2,给另一个博弈方带来的收益为 0。在 3.1-4 小节已说明,对称纳什均衡策略 $x = \left(\frac{2}{3}, \frac{1}{3}\right)$ 在复制动态式(3.5)中是渐近稳定的,因而也是 Lyapunov 稳定的。现在,假设在博弈开始前可以无成本地发送信息,还假设信息的数量是奇数,如 $M = \{\mu, \upsilon, \omega\}$。我们可以根据如下方式构建一个中性稳定的廉价谈话策略,从而构建一个动态稳定的群体状态,给群体中的所有主体带来的收益为 $8/9 > 2/3$。构建的思想是,让每种

类型的博弈方针对自身采取前面提到的随机化行动，针对另外两种类型的信息传递者则采取这两个不对称的纳什均衡。

更准确地，我们可以运用两个决策规则，每一个对应着一个信息传递者类型，这会导致图 4.5 所示的对称的行动组合，其中 H 表示基础博弈行动 1——鹰，D 表示基础博弈行动 2——鸽。正式地，令子群体 μ 中运用决策规则 f 和 g 的比例分别为 $\frac{2}{3}$ 和 $\frac{1}{3}$，这里 $f(\mu)=f(v)=H$，$f(\omega)=D$，$g(\mu)=g(\omega)=D$，$g(v)=H$。那么子群体 μ 对其自身采取对称纳什均衡，让其他的两个子群体也这样行动（参见图 4.5），不同的子群体之间采用两个不对称纳什均衡。如果所有子群体一样大，即 $p^{\mu}=p^{v}=p^{w}=\frac{1}{3}$，那么 p 中用到的所有廉价谈话策略得到的收益是相同的，因此 $p\in\Delta_M$ 在式(4.12)中是静态的。事实上，$p\in\Delta_M^{NSS}$，因为 p 是对其自身的最优反应。任何其他的最优反应 $q\in\Delta_M$ 必须在不同的信息传递者类型中运用与 p 一样的决策规则，在同一传递者类型中运用其他的决策规则不会带来进入后的额外收益。由于所有的传递者类型出现的概率是相同的，而且在 p 中的行为是渐近的，所以信息频率的改变不会使得 q 进入后的收益高于 p 的进入后收益。从而，由于 p 在 G_M 中是中性稳定的，根据命题 3.12，在 Δ_M 上的复制动态中是

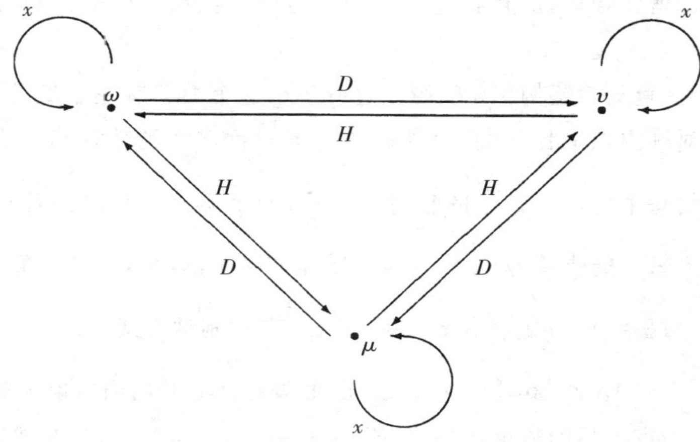

在例 4.3 中的廉价谈话博弈中构建 Lyapunov 稳定的群体状态。

图 4.5

Lyapunov 稳定的。

4.2-5 双重对称博弈中的社会效率

在双重对称博弈中，每个局部有效的集合是一个 ES 集合（命题 2.16），从而在复制动态中是渐近稳定的（根据命题 3.13）。如果基础博弈 G 是双重对称的，那么在它的基础上的任何廉价谈话博弈 G_M 也是双重对称的，因此上述结论也适用于双重对称博弈基础上的廉价谈话博弈。而且，根据命题 2.17，不运用所有信息的廉价谈话总体状态属于 ES 集合，当且仅当它是全局有效的。因此，在不运用所有信息的前提下，在全局社会效率与双重对称博弈在廉价谈话扩展上的（集合）渐近稳定性有着紧密的联系（参阅 Schlag 1993a 的更多结果）。

4.3 一般性的选择动态

在很多应用中，以生物繁衍的方式进行的复制不能很好地描述行为是如何在群体中得到扩散的。在社会科学一般和经济特殊中，通过对成功行为的模仿与实施看上去更适合。在下一节研究某些这样的社会演化机制的模型之前，我们将考察把复制动态式(3.5)作为一个特例的几类连续时间选择动态。在这些动态中，复制因子是两人对称博弈的纯策略，其混合策略单纯形为 Δ，收益函数为 u。4.4 节举了一些例子。

具体而言，我们将关注以博弈的每个纯策略 $i \in K$ 对应的群体份额的增长率和混合策略单纯形 Δ 基础上定义的如下动态(dynamics)：

$$\dot{x}_i = g_i(x)x_i \tag{4.14}$$

这里的 g 是一个函数，其开的定义域 X 包括 Δ。函数 g 规定了每个群体份额单位时间的增长率，$\dot{x}_i/x_i = \lim_{\Delta_t \to 0}(\Delta x_i/x_i \cdot 1/\Delta t) = g_i(x)$。因此，$g_i(x) \in R$ 是群体处在状态 x 中时纯策略 i 复制的速率。在复制动态式(3.5)的特例中，$g_i(x) = u(e_i - x, x)$。

式(4.14)的动态代表在如下意义上代表着选择（而非变异）：它偏爱某些

现有行为(纯策略)胜过另外一些现有行为,而没有出现的策略一直没有出现。我们在介绍复制子动态(3.3-2 小节)时提到,动态稳定性方面的考虑可以间接地解决变异问题。

注意到如下事实:式(4.14)中的增长率 $g_i(x)$ 是当前群体状态的函数。特别地,我们在此没有让增长率取决于过去的群体状态,而是取决于纯策略过去的绩效。⑨ 在考察收益与增长率的联系之前,我们需要保证我们考察的增长率函数 g 在动态方面是表现良好的。

4.3-1 正则性(regularity)

更准确地说,这里的表现良好意味着相应的微分方程组(4.14)通过 Δ 中的任何初始状态有唯一的解,这个解一直处在单纯形内。借助 Picard-Lindelöf 定理(定理 6.1),如果式(4.14)中的向量场是 Lipschitz 连续的,那么就可以保证这样的解的存在性与唯一性。上述条件的一个充分条件为 g 是 Lipschitz 连续的。容易验证,如果增长率的加权和 $\sum_i g_i(x)x_i$ 恒等于零,那么群体状态就会一直处在单纯形内。这使得群体份额的和是常数(等于 1):

$$\frac{\mathrm{d}}{\mathrm{d}t}\Big[\sum_{i\in K}x_i\Big]=\sum_{i\in K}\dot{x}_i=\sum_{i\in K}g_i(x)\cdot x_i=g(x)\cdot x \tag{4.15}$$

从几何上来说,条件 $g(x)\cdot x=0$ 意味着增长率向量 $g(x)\in R^k$ 与相应的群体向量 $x\in\Delta$ 总是正交的。

定义 4.1 正则增长率函数是一个 Lipschitz 连续函数 $g:X\to R^k$(其开的定义域 X 包含 Δ),使得对所有的 $x\in\Delta$,有 $g(x)\cdot(x)=0$。

从这个意义上来说,复制动态式(3.5)中的增长率函数显然是正则的。对任何 $x\in\Delta$,等式 $g_i(x)=u(e^i-x, x)$ 在 $X=R^k$ 上定义了 Lipschitz 连续函数 g:

$$\begin{aligned} g(x)\cdot x &= \sum_i[u(e^i, x)-u(x, x)]x_i \\ &= u(x, x)-u(x, x) \end{aligned} \tag{4.16}$$

我们在 3.1-3 小节(和第 3 章的附录)中证明复制动态得到了连续解映射 $\xi: R\times\Delta\to\Delta$,该映射使得单纯形 Δ 及其内部和边界不变这个结论时,我们实际上只用到了相应的增长率函数 g 的正则性。因此,从命题 3.20 中可以直接得出如下推论:如果 g 是正则性的,那么式(4.14)通过任何初始状态 $x^o \in \Delta$ 有一个唯一的解 $\xi(\cdot, x^o): R \to \Delta$,而且解映射 $\xi: R \times \Delta \to \Delta$ 是连续的,每个子集 $bd(\Delta) \subset \Delta$ 和 $\text{int}(\Delta) \subset \Delta$ 在这个映射 ξ 下是不变的。如果相应的增长率函数 g 是正则的,那么我们将称微分方程组(4.14)为正则选择动态。

容易验证,在任何正则选择动态式(4.14)中,任何两个群体份额 $x_i > 0$ 和 $x_j > 0$ 之间的比例等于两个增长率之差:⑩

$$\frac{\mathrm{d}}{\mathrm{d}t}\left[\frac{\xi_i(t, x)}{\xi_j(t, x)}\right]_{t=0} = \frac{\dot{x}_i}{x_j} - \frac{x_i \dot{x}_j}{x_j x_j} = [g_i(x) - g_j(x)]\frac{x_i}{x_j} \qquad (4.17)$$

而且,从式(4.14)中可以清楚地看出,当且仅当 x 中用到的所有纯策略的增长率为零,群体状态 $x \in \Delta$ 是稳态的。也就是说,当且仅当对所有的 $i \in C(x)$,有 $g_i(x) = 0$。关于稳定性有什么结论呢?下面的结果分别提供了渐近稳定性和非稳定性的充分条件。⑪

命题 4.3 假设 g 是一个正则的增长率函数。如果 x 有某个邻域 U 使得对 U 中的所有群体状态 $y \neq x$,有 $g(y) \cdot x > 0$,那么 x 在式(4.14)中是渐近稳定的。如果 x 有某个邻域 U 使得对 U 中所有 $y \neq x$,有 $g(y) \cdot x < 0$,那么 x 在式(4.14)中是不稳定的。

证明 首先,假设 $U \subset \Delta$ 是 x 的一个邻域使得 $g(y) \cdot x > 0$, $\forall y \neq x$, $y \in U \cap \Delta$。只需证明,3.5-1 小节中的相对熵函数沿着式(4.14)的每条解轨迹在 $V = U \cap Q_x$ 上是递减的,这里 $Q_x \subset \Delta$ 是 H_x 的定义域。运用证明引理 3.1 时相同的技巧,我们得到

$$\dot{H}_x(y) = \sum_i \frac{\partial H_x(y)}{\partial y_i}\dot{y}_i = -\sum_i \frac{x_i}{y_i} g_i(y) y_i = -g(y) \cdot x < 0$$

如果 U 是 x 的一个邻域使得对所有 $y \neq x$, $y \in U \cap \Delta$,有 $g(y) \cdot x < 0$,那么对所有的 $y \in V = U \cap Q_x$ 有 $\dot{H}_x(y) > 0$。■

根据关于内积的余弦定律,整个结果中的条件具有非常直观的几何性质,渐近稳定性要求增长率向量在任何靠近 x 的状态 $y \neq x$ 与总体状态向量 x 成锐角(而根据正则性, $g(x)$ 总是与 x 正交)。⑫这保证了向 x 的局部移动。关于 $k = 2$ 时的稳定性和非稳定性,请分别参见图 4.6 的(a)与(b)。

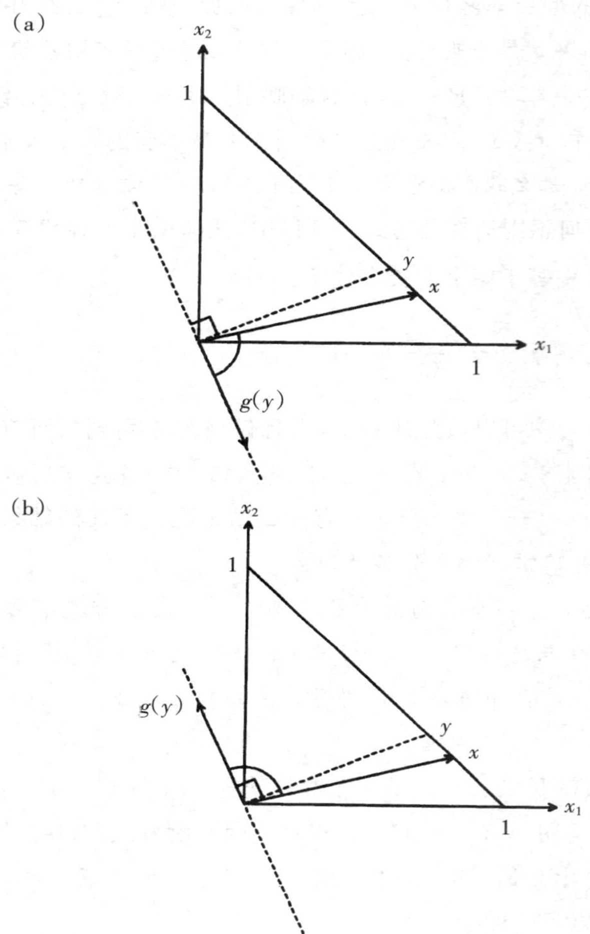

命题 4.3 中稳定性的几何表示:(a)在 x 处是渐近稳定的,(b)在 x 处不是稳定的。

图 4.6

在复制动态式(3.5)的特例中,如下条件等价于 x 的演化稳定性:对所有邻近的状态 $y \neq x$,$g(y) \cdot x > 0$。根据命题 2.6,$x \in \Delta^{ESS}$,当且仅当对所有邻近的状态 $y \neq x$,有 $u(x, y) > u(y, y)$;而且在复制动态中

$$g(y) \cdot x = \sum_i u(e^i - y, y) x_i = u(x, y) - u(y, y) \tag{4.18}$$

因此,如上的命题是命题 3.10 在任何正则选择动态上的推广。而且,正

如命题 3.10 可以从演化稳定状态推广到命题 3.13 中的演化稳定*集合，命题 4.3 也同样可以推广到集合上：

命题 4.4 假设 g 是一个正则增长率函数。如果 $X \subset \Delta$ 是一个闭集，而且每个 $x \in X$ 有某个邻域 U，使得对所有 $y \in U \cap \sim X$ 有 $g(y) \cdot x > 0$，那么 X 在式(4.14)中是渐近稳定的。

这个命题的证明类似于命题 3.13 的证明。而且在复制动态的特例下，命题中的稳定性条件等同于如下要求：$X \subset \Delta$ 是一个 ES* 集合。

4.3-2 收益的单调性

迄今为止，我们还没有考察增长率与收益之间的关系，因而也不可能建立动态特征与非合作博弈中的各种标准之间的关系。但是，如果高的增长率与高的收益相关，那么就可以建立这样的联系。这里的直觉理解是简单的：如果成功的纯策略比不成功的纯策略复制的比率高，那么表现较差的策略就会被剔除，因此在长期内只有最优反应存在下来了(即与对其自身是纳什均衡的群体状态)。但是，可以看出，沿着非收敛的解轨迹对严格被占优策略的剔除可能比复制动态中要弱。

正式地，这要求有着较高收益的纯策略的复制比率较高。正式地，

定义 4.2 正则增长率函数 g 在收益上是单调的，如果对所有的 $x \in \Delta$，

$$u(e^i, x) > u(e^j, x) \Leftrightarrow g_i(x) > g_j(x) \tag{4.19}$$

相应的群体动态式(4.14)将被称为收益单调的。⑬ 显然，复制动态是收益单调的。不等式关系 $u(e^i, x) > u(e^j, x)$ 等价于 $u(e^i - x, x) > u(e^j - x, x)$，后者在式(3.5)中就是 $g_i(x) > g_j(x)$。

从几何上看，收益单调性要求式(4.14)的向量场指向一个锥，这个锥是由混合策略单纯形 Δ 中的纯策略收益决定的。图 4.7 刻画了 $k = 3$ 的情形。如果状态 $x \in \Delta$ 中的策略 1、2、3 的收益排序如下：$u(e^2, x) > u(e^1, x) > u(e^3, x)$，那么从式(4.17)和式(4.19)中可以得出如下结论：x 处的任何收益单调的群体动态的向量场指向阴影部分的(相对)内部。

2×2 博弈 在每个博弈方只有两个纯策略的两人对称博弈中，复制动态式(3.5)的所有结果都可以推广到任何收益单调的群体动态式(4.14)中。

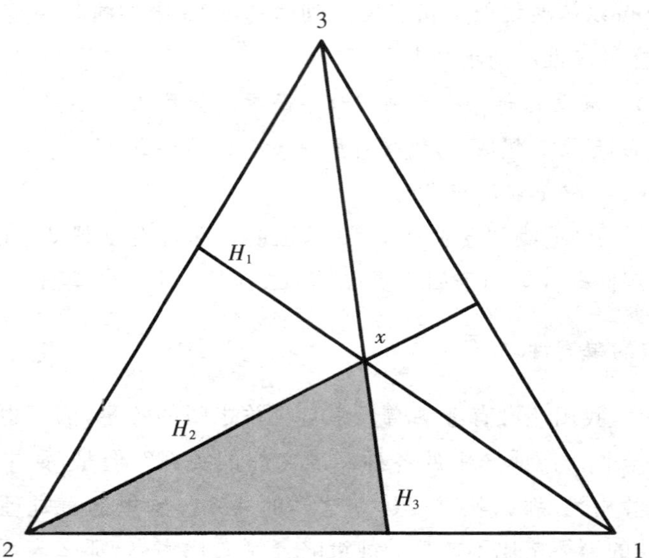

三个纯策略情形下的收益单调的几何表示。对每个纯策略 i，H_i 是使得另外两个纯策略份额之比为常数的直线。

图 4.7

这是因为，优于平均，因此在复制动态中有正的增长率等价于优于其他策略，因此在任何收益单调的选择动态中有正的增长率。正式地，

$$u(x,x)=x_1u(e^1,x)+(1-x_1)u(e^2,x) \tag{4.20}$$

因此，复制动态式(3.5)可以写为

$$\dot{x}_1=[u(e^1,x)-u(e^2,x)](1-x_1)x_1 \text{ 和 } \dot{x}_2=-\dot{x}_1 \tag{4.21}$$

因此，采取策略 1 的子群体的复制子增长率是正的(负的)，当且仅当它的收益超过策略 2 得到的收益。但这恰好是任何收益单调的动态学在相同的子群体上引导正(负)的增长率的条件。因此，3.1-4 小节中关于复制动态的定性结果也适用于任何收益单调的选择动态。

***k*×*k* 博弈**　可以证明，复制动态中的某些基本结果，对所有收益单调的选择动态(selection dynamics)而言，在有着任意(有限)个纯策略的博弈中也是成立的。在 3.2 节中，我们证明了复制动态沿着所有的内点解路径

(不论是收敛的,还是发散的)会剔除所有的严格被占优策略。但是,这个结果并不是对所有的收益单调的选择动态都成立的。更准确地说,关于收益单调的选择动态,我们只得到了如下结果:被其他纯策略严格占优的纯策略在长期内会消失。这个较弱的论断的正确性在直觉上是相当明显的。如果一个子群体采用一个被另外一个纯策略严格占优的纯策略,那么(在内点群体状态)存在另外一个子群体,它得到的收益严格较高。由于后面这个子群体所占的比例小于一,所以随着时间的推移,前面群体的比例会递减到零(Nachbar, 1990)。

命题 4.5　如果策略 $i \in K$ 被一个纯策略严格占优,那么在任何收益单调的动态式(4.14)中,总体份额 $\xi_i(t, x^o)$ 从任何内点初始状态 $x^o \in \text{int}(\Delta)$ 收敛到零。

证明　假设 $u(e^i, x) < u(e^j, x)$, $\forall x \in \Delta$, 那么根据式(4.19), $g_i(x) - g_j(x) < 0$, $\forall x \in \Delta$。根据 g 的连续性和 Δ 的紧性,存在某个 $\varepsilon > 0$ 使得 $g_i(x) - g_j(x) < -\varepsilon$, $\forall x \in \Delta$。假设 $x^o \in \text{int}(\Delta)$, 根据式(4.17),

$$\frac{\mathrm{d}}{\mathrm{d}t}\left[\frac{\xi_i(t, x^o)}{\xi_j(t, x^o)}\right] < -\varepsilon \cdot \frac{\xi_i(t, x^o)}{\xi_j(t, x^o)}, \ \forall t \geqslant 0$$

因此,

$$\frac{\xi_i(t, x^o)}{\xi_j(t, x^o)} < \frac{x_i^o}{x_j^o}\exp(-\varepsilon t), \ \forall t \geqslant 0$$

由于 $\xi_j(t, x^o) < 1$, $\forall t$,则 $\xi_i(t, x^o) \to 0$。■

Björnerstedt(1993)提供了一个收益单调的选择动态例子,在这个例子中沿着内点解轨迹存在严格被占优的纯策略(不被任何纯策略占优的策略)。这些解轨迹永远振荡,而且严格被占优策略不是占群体相当大的比例(参见下面的例 4.4)。

类似定理 3.1,可以对上述命题进行加强从而得到如下结论:如果一个纯策略会被另一个纯策略严格占优策略的重复剔除掉,那么在收益单调的动态中它也会被剔除掉。这个结果是由 Samuelson 和 Zhang(1992)得出来的:[14]

命题 4.6　如果纯策略 i 被纯策略严格占优重复剔除法剔除掉,那么它占群体的比例在任何收益单调的动态式(4.14)中,从任何初始状态 $x^o \in$

int(Δ) 收敛到零。

现在转过来讨论纳什均衡行为，首先要注意，所有的收益单调选择动态具有相同的稳态集合。如果复制子动态是这样的动态，那么共同集合(common set)为

$$\Delta^o = \{x \in \Delta: u(e^i - x, x) = 0, \ \forall i \in C(x)\} \tag{4.22}$$

命题 4.7 Δ^o 在任何收益单调的选择动态式(4.14)下是稳态的集合。

证明 首先，假设 $x \in \Delta^o$。那么对所有的 $i \in C(x)$，有 $u(e^i, x) = u(x, x)$。根据单调性式(4.19)，存在某个 $\mu \in R$ 使得对所有 $i \in C(x)$，有 $g_i(x) = \mu$。那么 $g(x) \cdot x = \mu$，而且根据正交性，$\mu = 0$。因此，$x \in \Delta$ 在式(4.14)中是静态的。其次，假设 $y \in \Delta$ 在收益单调的动态式(4.14)中是稳态的，那么对所有的 $i \in C(y)$，有 $g_i(y) = 0$。根据式(4.19)，这意味着存在某个 $\lambda \in R$ 使得对所有 $i \in C(y)$，有 $u(e^i, y) = \lambda$。那么 $u(y, y) = \sum_i y_i u(e^i, y) = \lambda$，因此 $y \in \Delta^o$。■

因此，根据命题 3.3，子集 Δ^{NE} 中的所有群体状态在任何收益单调的动态中都是稳态的，而且内点稳态就是集合 $\Delta^{NE} \cap \text{int}(\Delta)$，依此类推。在 3.3 节中，我们证明，复制动态中的动态稳定性和内部收敛蕴涵着纳什均衡行为。将这些结果推广到收益单调的选择动态是很简单的(Nachbar, 1990)：[15]

命题 4.8 如果 $x \in \Delta$ 在某个收益单调的选择动态式(4.14)中是 Lyapunov 稳定的，那么 $x \in \Delta^{NE}$。

证明 仿照命题 3.4 的证明，假设 $x \in \Delta^o$ 且 $x \notin \Delta^{NE}$。那么支集 $C(x)$ 内的所有纯策略针对 x 都得到相同的次优收益。因此，存在某个 $i \notin C(x)$ 使得对所有 $j \in C(x)$，有 $u(e^i, x) > u(e^j, x)$。根据稳态性与收益单调性，对所有的 $j \in C(x)$，有 $g_i(x) > g_j(x) = 0$。因此，根据 g 的连续性，存在某个 $\delta > 0$ 和 x 的邻域 U 使得对所有 $y \in U \cap \Delta$，有 $g_i(y) \geqslant \delta$。但是这时，对任何 $x^o \in U \cap \Delta$ 和所有时间 $t > 0$ 有 $\xi_i(t, x^o) \geqslant x_i^o \exp(\delta t)$ 使得 $\xi(t, x^o) \in U \cap \Delta$。因此，$\xi(t, x^o)$ 一开始就从任何 $x^o \in U \cap \text{int}(\Delta)$ 指数增加，但是 $x_i = 0$，因此 x 不是 Lyapunov 稳定的。■

命题 4.9 如果存在某个 $x^o \in \text{int}(\Delta)$ 和收益单调的选择动态式(4.14)

使得 $\xi(t, x^o)_{t\to\infty} \to x$，那么 $x \in \Delta^{NE}$。

证明 仿照命题3.5的证明,假设在某个收益单调的选择动态式(4.14)中，$x^o \in \text{int}(\Delta)$，且 $\xi(t, x^o) \to x$。那么根据命题6.3，x 在这个动态中是稳态的。因此,对所有的 $j \in C(x)$，有 $g_j(x) = 0$；而且根据命题4.7,对所有的 $j \in C(x)$ 有 $u(e^j, x) = u(x, x)$。如果 $x \notin \Delta^{NE}$，那么存在某个策略 $i \notin C(x)$ 使得 $u(e^i, x) > u(x, x)$，从而对所有的 $j \in C(x)$，有 $g_i(x) > g_j(x) = 0$。根据 g 的连续性,存在 x 的某个邻域 U 使得对 $U \cap \Delta$ 中的所有群体状态 y 有 $g_i(y) > 0$。但是,这却与 $\xi(t, x^o)$收敛到 x 的假设矛盾。这个假设意味着存在某个时间 $T > 0$ 使得对所有的 $t \geqslant T$ 有 $\xi(t, x^o) \in U \cap \text{int}(\Delta)$。因为 $x_i = 0$，所以一定存在某个 $t \geqslant T$ 使得 $\mathrm{d}\xi_i(t, x^o)/\mathrm{d}t < 0$，这与 g_i 在 $U \cap \Delta$ 上为正的事实相矛盾。因此，$x \in \Delta^{NE}$。■

换言之,如果群体状态 $x \in \Delta$ 在任何收益单调的选择动态中是到任何内点解轨迹的极限状态,那么这足以保证 x 是对其自身的纳什均衡。(注意,在这个意义上,任何内点稳态都是平常可达的。)

4.3-3 正收益

收益单调性要求,增长率 $g_1(x), \cdots, g_k(x) \in R$(在 R 的通常排序中)总有相同的内部排序,这些排序表现为收益 $u(e^1, x), \cdots, u(e^k, x) \in R$。与此不同,有时候需要在增长率和收益之间建立联系。另一大类增长率函数关注的是超额收益 $u(e^i - x, x) \in R$ 的符号。它们的要求是,其收益超过(低于)平均收益的纯策略有正的(负的)增长率:⑯

定义 4.3 如果对所有的 $x \in \Delta$ 和 $i \in K$，有

$$\text{sgn}[g_i(x)] = \text{sgn}[u(e^i - x, x)] \tag{4.23}$$

那么正则的增长率函数 g 是收益为正的。

除了收益单调性以外,收益正性也是复制动态函数的另一个性质:在式(3.5)中,对所有的 $i \in K$，我们有 $g_i(x) = u(e^i, x) - u(x, x)$。而且,在 2×2 博弈中,收益单调的增长率函数就是收益为正的增长率函数,这是因为优于平均收益相当于优于其他纯策略。特别地,4.3-2小节中关于这类博弈的定性结论也适用于收益为正的选择动态。但是,对其他的博弈而言,这两

种类型是不同的：优于平均的但是并非最优的纯策略在收益单调性下可能有负的增长率，等等。

在 3.7 节中，我们建立了纯策略子集 $H \subset K$ 在复制动态式(3.5)下成为长期存在者的充分条件。不难证明，对任何收益为正的选择动态式(4.14)，这个条件实际上都是成立的。为了看清这一点，回忆如下事实：如果对任何面 $\Delta(H) \subset \Delta$ 中的状态 x 的弱最优反应的纯策略都属于 H，子集 $H \subset K$ 被定义为闭的。还要记住 $\alpha^o(H)$ 的定义。作为 3.7 节中该定义的一个推广，如果$\Delta(H)$在这个动态中是渐近稳定的，而且具有这个性质的非空子集 L 不是 H 的真子集，我们称集合 $H \subset K$ 在正则选择动态式(4.14)中是长期存在者集合。

命题 4.10 考察收益为正的增长率函数和相应的选择动态式(4.14)：

(a) 如果 $\Delta(H)$是 Lyapunov 稳定的，那么 $\alpha^o(H) \subset H$。

(b) 如果 H 在弱较优反应下是闭的，那么 $\Delta(H)$是渐近稳定的。

(c) 如果 $H \subset K$ 在弱较优反应下是闭的，而且使得 $\alpha^o(H) \subset L$ 的任何非空子集 L 都不是它的真子集，那么 H 是一个长期存在者集合。

证明 这些论断都可以和复制动态式(3.5)这一特例一样加以证明。(a)如果 H 中不包含 $\alpha^o(H)$，那么存在某个 $x = e^i \in \Delta(H)$ 和 $j \notin H$ 使得 $u(e^j - x, x) > 0$。由于收益正性，$g_j(x) > 0$，而且根据 g_j 的连续性，存在某个 $\delta > 0$ 和 x 的某个邻域U 使得对所有 $y \in U \cap \Delta$，有 $g_j(y) > \delta$。由于边 $\Delta(\{i, j\})$是不变的，式(4.14)在 $U \cap \Delta$ 中有始于任何接近 x 处并永远偏离 $\Delta(H)$的解轨迹，而且 $\Delta(H) \subset \Delta$ 不是 Lyapunov 稳定的。(b)假设 $H \subset K$ 在弱较优反应下是闭的，并且假设 U 如同引理 3.2。那么存在某个 $\bar{\varepsilon} > 0$ 使得对任何 $\varepsilon \in (0, \bar{\varepsilon})$，$\varepsilon$-片(slice)$B(\varepsilon) = \{x \in \Delta: x_j < \varepsilon \quad \forall j \notin H\}$ 包含了面 $\Delta(H)$，而且 U 包含了闭包 $\bar{B}(\varepsilon)$。在 $\bar{B}(\varepsilon)$ 上，紧集 $u(e^j - x, x)$ 是负的，而且根据收益为正，连续函数 g_j 也是正的。根据 Weierstrass 极大化定理，g_j 在这个集合上的极大值是负的。因此，存在某个 $\delta > 0$ 使得，对任何这样的 x 和 j，$\dot{x}_j = g_j(x)x_j < -\delta x_j$，这意味着对每个 $j \notin H$，$\xi_j(t, x^o)$，从任何 $\Delta \cap B(\varepsilon)$ 中的初始状态单调递减到零。因此，$\Delta(H) \subset \Delta$ 是渐近稳定的。从(a)和(d)可以直接得到(c)。■

4.3-4 弱收益正性

可以看出,4.3-2 小节从收益单调的选择动态得到的关于总体纳什均衡的推论对更广泛类型的选择动态在事实上也是成立的,包括收益为正的选择动态。从这些结果的证明中可以看出,只需如下条件就够了:只要存在着得到高于平均收益的纯策略 $i \in K$,某些这样的纯策略就会有正的增长率。如果所有得到收益高于平均值的纯策略有正的增长率,或者每当这样的纯策略得到的收益高于平均收益时,某个最优纯策略有正的增长率,就是这种情况。

更准确地,假设 g 是一个正则的增长率函数。在增长率和收益之间所要求的联系是,如果博弈中所有的策略得到的收益不是完全相同的,那么至少一个得到的收益高于平均收益的纯策略有正的增长率。正式地,对任何状态 $x \in \Delta$,用 $B(x)$表示得到的收益高于平均收益的纯策略子集(可能是空集),即

$$B(x) = \{i \in K : u(e^i, x) > u(x, x)\} \tag{4.24}$$

定义 4.4 正则增长率函数 g 是弱收益正性的,如果对所有的 $x \in \Delta$: $B(x) \neq \varnothing \Rightarrow$ 对某个 $i \in B(x)$, $g_i(x) > 0$。

显然收益正性蕴涵着弱收益正性:在收益正性下,每个纯策略 $i \in B(x)$ 都具有正的增长率。为了看出这还是对收益单调性的弱化,令 g 表示收益单调的增长率函数,并且假定 $B(x) \neq \varnothing$。如果 x 的支集中的所有纯策略得到相同的收益,那么根据单调性,它们的增长率也全部是相同的;而且根据正交性 $g(x) \cdot x = 0$,这个相同的增长率必然为零。因此,在这种情形下,根据单调性,$B(x)$中的每个纯策略都有正的增长率。相反,可以假设 x 的支集中的所有纯策略得到的收益不尽相同。那么根据单调性,得到最高收益的策略的增长率高于得到最低收益的策略的增长率;再根据正交性,得到最高收益率的纯策略的增长率必然为正。这些策略得到的收益显然高于平均收益,因此它们属于 $B(x)$。因此,所有收益单调的增长率函数是弱收益为正的。

我们现在就可以提出几个对纳什均衡行为的一般化的推论:

命题 4.11 假设 g 是弱收益正性的:

(a) 如果 $x \in \text{int}(\Delta)$ 在式(4.14)中是稳态的,那么 $x \in \Delta^{NE}$。

(b) 如果 $x \in \Delta$ 在式(4.14)中是 Lyapunov 稳定的,那么 $x \in \Delta^{NE}$。

(c) 如果 $x \in \Delta$ 是式(4.14)的某个内点解极限，那么 $x \in \Delta^{NE}$。

证明 (a)假设 $x \in \text{int}(\Delta)$ 在式(4.14)中是稳态的。那么根据弱收益正性，$B(x) = \varnothing$，而且 $x \in \Delta^{NE}$。(b)假设 $x \in \Delta$ 在式(4.14)中是稳态的，那么对所有的 $i \in C(x)$，有 $g_i(x) = 0$。如果 $x \notin \Delta^{NE}$，那么 $B(x) \neq \varnothing$，而且根据弱收益正性，存在某个 $j \in B(x)$ 使得 $g_j(x) > 0$。因此，$j \notin C(x)$，也就是说，$x_j = 0$。根据 g_j 的连续性，存在某个 $\delta > 0$ 和 x 的某个邻域 U 使得对所有的 $y \in U \cap \Delta$，有 $g_j(y) > \delta$；而且根据命题 4.8 的证明思路，x 不是 Lyapunov 稳定的。(c) 假设 $x^o \in \text{int}(\Delta)$，而且在某个弱收益正性的动态式(4.14)中，$\xi(t, x^o)_{t \to \infty} \to x$。那么根据命题 6.3，$x$ 是稳态的；而且对于所有的 $j \in C(x)$，有 $g_j(x) = 0$。如果 $x \notin \Delta^{NE}$，那么 $B(x) \neq \varnothing$，并且存在某个 $j \in B(x)$ 使得 $g_j(x) > 0$ 且 $x_j = 0$。根据命题 4.9 的证明思路，这将产生矛盾，所以 $x \in \Delta^{NE}$。■

4.4 通过模仿来复制

我们现在进入了另一个尚待研究的邻域，即对策略性互动的主体组成的群体中的行为的社会演化进行正式建模。这些主体可以是个人、厂商或者其他社会或者经济单位。我们这里只是简介短视性的模仿适应产生的一些连续时间纯策略选择动态。在这些模型中，我们假设群体中所有的主体可以永久地存在下去，而且无限互动。每个人在某段时间内都会坚持某个纯策略，而且不时地反思以下自己的策略，这会使得他们有时会改变策略。[17]

这些模型有两个基本的共性。第一个共性是，群体中的主体反思他们策略选择的时间率的规定。这个率可能取决于该主体纯策略的当前的表现和当前群体状态的其他特征。我们用 $r_i(x)$来表示运用纯策略 $i \in K$ 的人——i 策略者——的平均反思率(review rate)。第二个共性是规定进行反思的主体的选择概率。这里，进行反思的 i 策略者将转而采取纯策略 j 的概率可能取决于这些策略的当期表现和当前群体状态的其他方面的特征。这个概率记作 $p_i^j(x)$，其中 $p_i(x) = (p_i^1(x), \cdots, p_i^k(x))$ 是纯策略集合 K 上的概率分布，$p_i(x) \in \Delta$。[18]特别地，$p_i^i(x)$是进行反思的 i 策略者不改变策略的概率。

在有限的群体中，我们可以将一个主体的反思时间想象成一个泊松过程的到达时间(arrival times)，到达率为 $r_i(x)$，而且在每一个这样的时间，该主体都会按照集合 K 上的概率分布 $p_i(x)$选择一个纯策略。假设所有主体的泊松分布在统计上是相互独立的，i 策略者的子群体中反思时间的加总本身是一个泊松过程，其(群体规模标准化后的)到达率为 $x_i r_i(x)$。如果策略变换在不同的主体之间是统计上独立的随机变量，那么群体中从策略 i 转换到策略 j 的总体泊松过程的到达率为 $x_i r_i(x) p_i^j(x)$。⑲

我们现在设想存在连续统的主体，并且根据大数定律来将这些总体随机过程模型化为确定性的流(flow)。因此，从子群体 i 的流出是 $\sum_{j \neq i} x_i r_i(x) p_i^j(x)$，流入为 $\sum_{j \neq i} x_j r_j(x) p_j^i(x)$。重新整理各项，我们得到

$$\dot{x}_i = \sum_{j \in K} x_j r_j(x) p_j^i(x) - r_i(x) x_i \tag{4.25}$$

为了保证这个微分方程组在状态空间上得到一个定义好的动态，我们假定 $r_i: X \to R_+$ 而且 $p_i: X \to \Delta$ 是 Lipschitz 连续函数，开的定义域 X 包含 Δ。根据 Picard-Lindelöf 定理，式(4.25)通过任何初始状态 $x^o \in \Delta$ 有一个唯一解，而且这样的解轨迹是连续的，从不离开 Δ。⑳

4.4-1 不满意驱动的纯模仿

对纯模仿的模型来说，假设所有反思的主体采取“他遇到的第一个人”的策略。独立于他已经采用过的策略，反思的主体按照在所有主体上的概率分布随机地抽取一个主体，并采取这样抽取出来的主体的纯策略。正式地，对所有的群体状态 $x \in \Delta$ 和纯策略 $i, j \in K$:

$$p_i^j(x) = x_j \tag{4.26}$$

如果反思率独立于当前的策略 i，那么这样的模仿过程一点也不改变群体状态；所有的群体状态 $x \in \Delta$ 在式(4.25)中是稳态的。但是，如果平均策略不太成功的主体的反思率高于更成功的主体，那么就会出现收益单调的选择动态。更准确地，对某个在它的第一个自变量(收益)上严格递减的(Lipschitz 连续)函数 ρ，假设

$$r_i(x) = \rho[u(e^i, x), x] \tag{4.27}$$

注意，这个单调性假设并没有预先假设一个主体必然知道他当前纯策略的预期收益和群体状态。下面条件就足够了：群体中的某些主体或者所有主体关于他们当前的（预期）收益有某些有噪声的实证数据。

在假定式(4.26)和式(4.27)下，群体动态式(4.25)变成了

$$\dot{x}_i = \left(\sum_{h\in K} x_h \rho[u(e^h, x), x] - \rho[u(e^i, x), x]\right) x_i \tag{4.28}$$

这里，根据单调性，i 策略者占群体份额的增长率高于 j 策略者占群体份额的增长率，当且仅当前者的当前收益 $u(e^i, x)$ 高于后者的当前收益 $u(e^j, x)$。因此式(4.28)构成了一个收益单调的选择动态式(4.14)，而且 4.3-2 小节中的所有结果适用于通过模仿来进行的社会演化形式。

作为一个特例，令一个主体的反思率在他当前的收益上是线性递减的。那么对某个 α、$\beta \in R$，平均反思率在平均收益上是线性递减的：

$$\rho[u(e^i, x), x] = \alpha - \beta u(e^i, x) \tag{4.29}$$

使得对所有的 x 和 i，有 $\beta > 0$ 和 $\alpha/\beta \geqslant u(e^i, x)$。在这些假定下，所有的反思率是非负的，而且式(4.28)变成

$$\dot{x}_i = \beta[u(e^i, x) - u(x, x)]x_i \tag{4.30}$$

上式只是复制动态式(3.3)的（常数）时间变换！[21] 这里，所有关于复制动态的结果对通过纯模仿来复制的特例都是成立的。

下面的这个例子(Björnerstedt, 1993)说明，如果反思率在收益上是高度非线性的，那么严格被占优的纯策略（它不被任何纯策略严格占优）可能在长期内存在。

例 4.4 假设只有采用最差纯策略的主体反思他们的策略，并且所有的模仿是纯策略的。（同样，也可以设想一个银行根据观察到的关于绩效的差错，不时地将表现最差的企业剔除出市场；并设想不时有单纯的进入企业出现，它们模仿现有企业的行为。）正式地，假设 $\rho[u(e^i, x), x] = \psi[u(e^i, x) - w(x)]$，其中 $w(x) = \min_j u(e^j, x)$，而且 ψ 是(Lipschitz 连续)正的，且严格递减，$\psi(0) = 1$。在纯策略模仿式(4.26)下，这会导致收益单调的选择动态

$$\dot{x}_i = \left(\sum_{j\in K} x_j \psi[u(e^j, x) - w(x)] - \psi[u(e^i, x) - w(x)]\right) x_i$$

在 Dekel-Scotchmer 例子(4.1-2 小节)中,第四个纯策略被混合纳什均衡策略严格占优,但不被纯策略严格占优。但是,只有当其他三个策略差不多像纳什均衡中一样近似混合时,第四个纯策略的表现才是最差的;参见图 4.8(a)中的圆柱形区域。而且,在第四个策略消失的边界面上,除了始于纳什均衡点的所有如上动态的解轨迹都会向外朝着这个面的(相对)边界。这表现在图 4.8(b)中,该图刻画了当 ψ 是(非 Lipschitz 连续)单位阶梯函数而且对所有的 $z > 0$ 取值 $\psi(z) = 0$ 时的极限情形(对应于没有观察误差)。

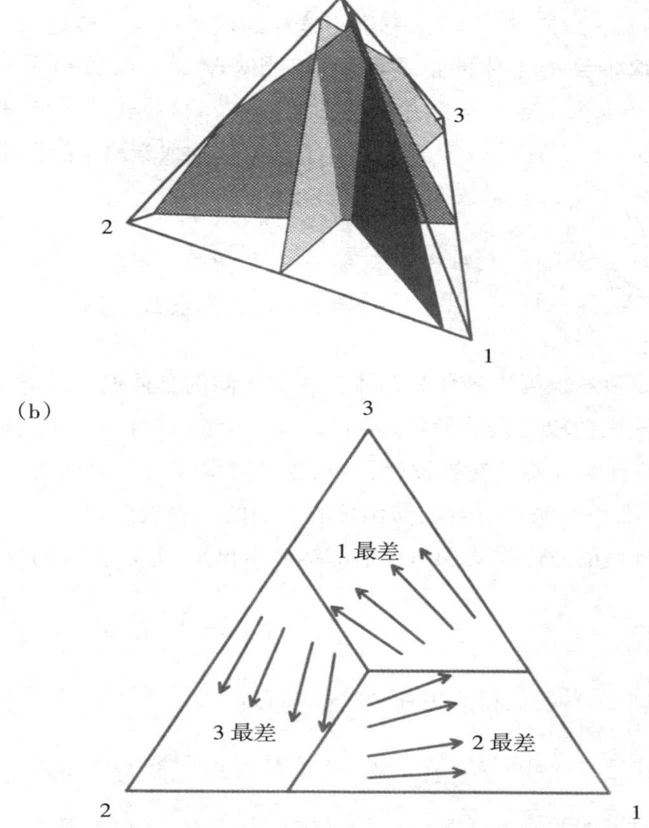

(a)Dekel-Scotchmer 博弈中的多面体中的区域,在这个区域中严格被占优的策略 4 在所有的纯策略中得到的收益是最低的。(b)例 4.4 中选择动态的极限向量场(不存在观察误差),在单纯形的边界面上,策略 4 不存在。

图 4.8

4.4-2 成功主体的模仿:模型 1

为了在有限的大群体中模型化有向的(directed)模仿过程,我们可以采取如下做法:假设每个反思的主体随机地从群体中抽取另一个群体,抽取的概率相同,而且在某些噪声下观察到它自己策略和抽到的主体的策略的平均收益。如果一个 i 策略者抽取到一个 j 策略者,那么他观察到策略 i 带来的收益 $u(e^i, x)+\varepsilon$ 和策略 j 带来的收益 $u(e^j, x)+\varepsilon'$,其中的 ε 和 ε' 是随机变量,它们的差即随机变量 $\varepsilon-\varepsilon'$ 有一个连续可微(从而是 Lipschitz 连续的)概率分布函数:$\phi: R \to [0, 1]$。[22]进行这样的成对收益比较之后,反思的主体会转而采取抽到的主体的策略,当且仅当观察到的收益差是正的,即 $u(e^j, x)+\varepsilon' > u(e^i, x)+\varepsilon$。如果他抽取策略 j,他将转而采取策略 j 的条件概率为 $\phi[u(e^j, x)-u(e^i, x)]$。由于该主体抽取策略 j 的概率为 x_j,条件选择概率分布 $p_i(x) \in \Delta$ 是由下式给出的

$$p_i^j(x)=\begin{cases} x_j\phi[u(e^j-e^i, x)], \text{如果 } j \neq i \\ 1-\sum\limits_{j\neq i} x_j\phi[u(e^j-e^i, x)], \text{其他情形} \end{cases} \tag{4.31}$$

随机变量 ε 和 ε' 也可以解释为群体中人们之间的具体偏好差异:那么对应于从群体中随机抽取的人的偏好,$u(e^i, x)+\varepsilon$ 和 $u(e^j, x)+\varepsilon'$ 就分别是纯策略 i 和 j 的真实收益。在这种解释中,选择概率式(4.31)来自人们之间偏好上的差异,而不是来自有着相同偏好的人们的观察误差。

为了选择概率的效应像式(4.31)中那样分离出来,假定所有的反思率恒等于 1:

$$r_i(x) \equiv 1 \tag{4.32}$$

将其替换进式(4.25),我们得到下面的选择动态:

$$\dot{x}_i=\Big[\sum_{j\in K} x_j(\phi[u(e^i-e^j, x)])-\phi[u(e^j-e^i, x)]\Big]x_i \tag{4.33}$$

如果 ϕ 在博弈中可能的收益差的(有界)范围内是严格递增的,那么式(4.33)是收益单调的,而且这类复制动态的所有结果也成立(参见 4.3-2 小节)。

考察靠近某个在式(4.33)中稳态的内点状态 x^* 的群体状态 x。由于这个动态是收益单调的,所以 $x^* \in \Delta^{NE}$(命题 4.7)。特别地,所有的纯策略针

对 x^* 得到相同的收益。因此，在靠近 x^* 的状态 x，式(4.33)中所有的纯策略收益差别很小。在靠近 x^* 的状态 x，式(4.33)中对(连续可微的)概率分布函数 ϕ 的线性化得到

$$\begin{aligned}\dot{x}_i &\approx \sum_{j\in K} x_j \phi'(0)[u(e^i - e^j, x) - u(e^j - e^i, x)]x_i \\ &= 2\phi'(0)u(e^i - x, x)x_i \qquad (4.34)\end{aligned}$$

因此，在内点稳态的邻域，模仿动态式(4.33)的向量场大致是复制动态式(3.5)的常数倍！

作为式(4.33)的一个特例，假设所有的误差项(或者具体的偏好差异)是均匀分布的，其支集包含了博弈中所有可能的收益差。那么 ϕ 在相关的区间内是一个仿射函数，即对某个 α、$\beta \in R$，$\beta > 0$，有 $\phi(z) = \alpha + \beta z$，而且式(4.33)变成复制动态中的一个时间方面的标准化：

$$\dot{x}_i = 2\beta[u(e^i, x) - u(x, x)]x_i \qquad (4.35)$$

4.4-3　成功主体的模仿：模型 2

作为纯模仿的推广，我们可以假定选择概率 $p_i^j(x)$ 与 j 的流行度 x_j 成比例，这里的比例因子(或者权重)可能与策略 j 的当期收益正相关。因此，这类似于，反思的主体将模仿从群体中随机抽取的另一个主体(较成功的人被抽取的可能性更大，这可能因为他们的炫耀性消费或者看得见的福利)。假设进行反思的 i 策略者赋予纯策略 j 的权重因子为 $\omega_i[u(e^j, x), x] > 0$，这里的 ω_i 是(Lipschitz 连续的)函数，它在第一个自变量(收益)上是非递减的。那么

$$p_i^j(x) = \frac{\omega_i[u(e^j, x), x]x_j}{\sum_{h\in K}\omega_i[u(e^h, x), x]x_h} \qquad (4.36)$$

如果前面的差异化反思率的情形(4.4-1 小节)，这类选择概率背后的信息假定不要求反思的主体一定知道博弈中所有纯策略的当期平均收益，也不要求他必须知道当期的群体状态。如下条件就已足够：某些主体有关于某些当前采用的纯策略收益的实证信息(可能有噪声)，而且一般而言，更有可能模仿有着更高当期平均收益的主体，而非平均收益较低的主体。

作为式(4.36)的特例,我们得到了纯模仿:如果权重函数 ω_i 对收益是完全没有弹性的,那么对所有的纯策略 j 和群体状态 x,有 $p_i^j(x)=x_j$。相反,如果式(4.36)中的权重函数对收益足够敏感,那么我们几乎可以使所有反思的主体在当前使用的纯策略中采取一个最好的。

将式(4.36)形式的选择概率与单位反思率的假设式(4.32)结合起来就得到了如下的选择动态(参见式(4.25)):

$$\dot{x}_i=\left(\sum_{j\in K}\frac{\omega_j[u(e^i,x),x]x_j}{\sum_{h\in K}\omega_j[u(e^h,x),x]x_h}-1\right)x_i \tag{4.37}$$

如果权重函数在收益上是严格递增的,那么有着更高收益 $u(e^i,x)$ 的纯策略 i 在式(4.37)中的增长率高于低收益的纯策略,因此这种模仿动态也是收益单调的。

作为一个特例,假设权重因子在目标收益上是线性的,即对某个 λ、$\mu\in R$ 有 $\omega_i(z,x)=\lambda+\mu z$ 使得 $\mu>0$,而且对所有的群体状态 x 和纯策略 i,有 $\lambda+\mu u(e^i,x)>0$。那么式(4.37)变成

$$\dot{x}_i=\frac{\mu}{\lambda+\mu u(x,x)}[u(e^i,x)-u(x,x)]x_i \tag{4.38}$$

上式是复制动态式(3.5)的时间变换(依赖于收益)!因此式(4.38)的解轨迹就是式(3.5)的解轨迹;而且除了关于时间平均的结果(3.3-4 小节)以外,第3章的所有结果适用于这个通过以收益为权重的模仿进行复制的模型。在权重与收益成比例的特殊情形中($\lambda=0$),我们得到了式(4.38)中的增长率 $g_i(x)=[u(e^i,x)-u(x,x)]/u(x,x)$(这里假定所有的收益都是正的)。在这个特例中,好像反思的主体从当期的效用流中随机地抽取一个单位的收益单位;纯策略 i 得到这样抽取的收益单位的概率就是 $x_iu(e^i,x)/u(x,x)$。

例 4.5 考察选择概率式(4.36),权重因子为 $\omega_i(z,x)=\exp(\sigma z)$,其中 $\sigma>0$。在单位反思率式(4.32)下,得到的收益单调的选择动态式(4.37)变成

$$\dot{x}_i=\left(\frac{\exp[\sigma u(e^i,x)]}{\sum_h x_h\exp[\sigma u(e^h,x)]}-1\right)x_i$$

边界情形 $\sigma = 0$ 对应着纯模仿,极限情形 $\sigma \to \infty$ 对应着在所有内点群体状态 x 上的在如下意义上的纯最优反应调适(pure best-reply adaptation):所有反思的主体转向当期的最优反应。图 4.9(a)和(b)表示了 3.1-5 小节中广义的石头—剪子—布博弈的计算机模拟,其中收益参数 $a = 1$,收益敏感性分别为 $\sigma = 1$ 和 $\sigma = 10$。

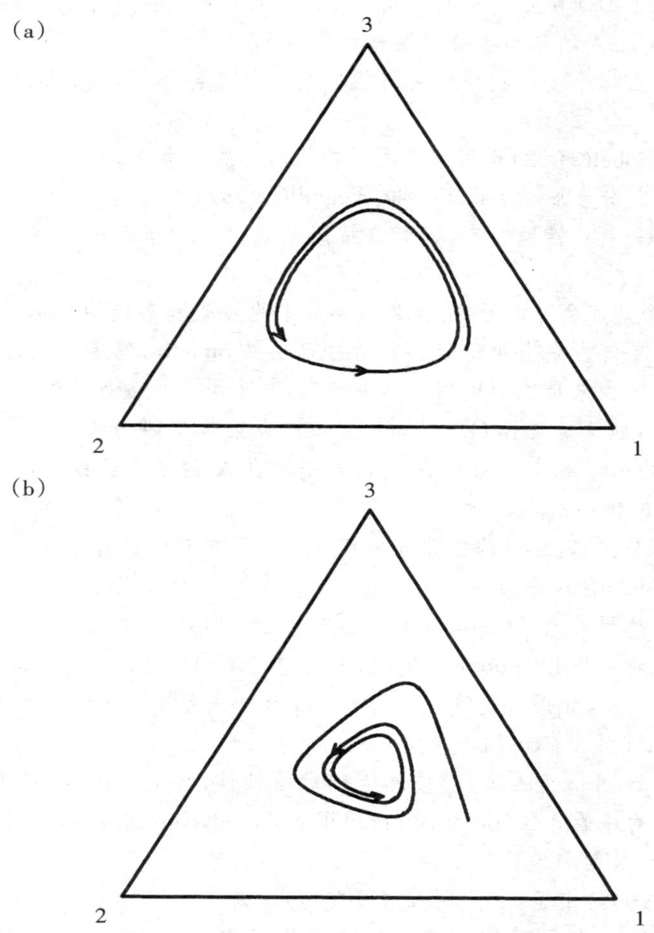

例 4.5 中模仿动态的解轨迹,适用于收益参数 $a = 1$ 的广义的石头—剪子—布博弈中的情形:(a)敏感性参数 $\sigma = 1$,(b)敏感性参数 $\sigma = 10$。

图 4.9

注　释

① 在这种离散时间模型中，我们假定对每个 $i \in K$ 和 $x \in \Delta$，$u(e^i, x) + \alpha$ 是正的。这里没有考虑有限群体匹配中得到的收益中的随机因素。但是，如果子群体是大的，那么大数定律也是成立的；这种情形下，当前的确定性的动态是对每个子群体中某段时间内预期人数的逼近。

② 这些时间间隔是否等于同时改变的群体份额 τ 并不重要；状态空间 Δ 中的解轨迹独立于时间阶段的长度。我们让时间阶段的长度等于相关的群体份额，是为了将个人的预期生命周期标准化为 1。

③ 有限群体中匹配产生的收益中的随机因素依然忽略不计，我们依靠的是大数定理。

④ Cabrales 和 Sobel(1992)运用了不同于叠代动态的离散化。

⑤ 本节的很大部分参照了 Banerjee 和 Weibull(1993)。

⑥ 人们可以不失一般性地假定，博弈方按照他们对手的信息来选择他们的基础博弈策略。

⑦ 特别地，从命题 4.2 可以得到，4.2-1 小节中的实验室实验的非纳什均衡结果在例 4.2 定义的完全廉价谈话博弈中不是 Lyapunov 稳定的。这个实验中得到的稳定性来自前面提到的如下事实：只出现了少数可能的决策规则。

⑧ 正式地，集合 Θ_i^{NE} 是集合 Θ^{NE} 到博弈方 i 混合策略空间的映射。在两人对称博弈中，$\Theta_1^{NE} = \Theta_2^{NE}$。集合 X 的凸包是来自 X 的所有凸组合，或者等价地，包含 X 的最小凸集。

⑨ 通过扩展状态空间，这里的部分分析可以扩展到有着记忆的选择动态；参见 Swinkels(1993)在这方面的说明。

⑩ 关于标准的复制动态，请参阅 3.1-1 小节中的式(3.6)。

⑪ 一个状态如果不是 Lyapunov 稳定的，那么它是**不稳定**的。

⑫ 余弦定律说的是，如果 ω 是欧几里得空间中两个向量 x 和 y 之间的角，那么 $x \cdot y = \|x\| \, \|y\| \cos(\omega)$。

⑬ 这个性质在 Nachbar(1990)中被称为**相对单调性**，在 Friedman(1991)中被称为前动态的**序兼容性**(order compatibility of predynamics)，在 Samuelson 和 Zhang(1992)被简单地称为单调性。

⑭ Nachbar(1990)给出了一个相关的(较弱的)结果。

⑮ Friedman(1991)在更一般的设定和稍强的假定——x 是渐近稳定的——下，证明了命题 4.8。

⑯ Nachbar(1990)称相应的动态式(4.14)为保号的(sign-preserving)。

⑰ 这一节的讨论参照了 Björnerstedt 和 Weibull(1993)。

⑱ 这里的所谓的反思也可以解释为一个主体的退出,马上被另一个主体替代。

⑲ **泊松过程**为连续时间的随机点过程,这些点通常被称为**到达时间**。这些点的概率分布是由函数 $\lambda: R \rightarrow R$ 给出的,该过程的到达率(或者密度)使得 $\lambda(t)dt$ 为无穷小时间间隔 $(t, t+dt)$ 内到达的概率。统计上互相独立的泊松过程的叠加也是一个泊松过程,而且它的到达率是各叠加的泊松过程的到达率的和。类似地,泊松过程在统计上独立的分解,诸如上面的策略转换,也会得到泊松过程。

⑳ 状态空间 Δ 在这个动态中是前向不变量(forward invariant)。

㉑ 这一点是由 Björnerstedt(1993)提出来的。

㉒ 注意,我们假定这个概率分布在函数上是独立于 i, j 和 x 的;事实上,从统计抽样的角度来看,这是一个过分大胆的简化。

5 多群体模型

迄今为止，我们研究过的互动都被模型化为单个群体中人们之间的对称性和成对随机匹配。但是，在生物学、经济学和其他社会科学中很多有意义的策略性互动却是不对称的；这些互动可能发生在来自不同群体的两个或者更多的人们之间。例如，来自不同生物类群的个体会发生互动，买者和买者也会在市场上发生互动。而且，即使代表互动的博弈本身是对称的，博弈的参与人也许来自不同的群体。因此，我们需要研究在任何的 n 人博弈中进行互动的多群体中的演化选择——这就是本章的主题。

本着与单群体设定下相同的精神，我们可以设想个体组成的大(技术上无限的)群体，每个这样的群体对应着博弈中的一个博弈方角色。一次又一次地从这些群体中随机抽取个体来进行博弈——从每个博弈方角色抽取一个个体。博弈可以是对称的，也可以是非对称的；唯一的限制是它是一个标准式的有限博弈。

为了将演化稳定性(第 2 章)的静态单群体标准扩展到多群体的情形，我们设想一个博弈方群体中的所有个体一开始就被规定好了采取其相应博弈方角色上可行的相同的纯策略或者混合策略。然后，我们可以设想在部分或者全部博弈方群体中的较小群体份额中出现了某个变异策略。但是,与单群体情形不同的是,多群体下的变异策略从来不会遇到自身,原因很简单:n 个博弈方的群体中的每个个体总是与来自其他 $n-1$ 个博弈方的群体中的个体相匹配。因此,非严格纳什均衡对其他最优策略的"入侵"是脆弱的。的确,可以证明,只有严格纳什均衡满足多群体演化稳定性(还可以参阅 2.7 节)。5.1 节将分析多群体演化稳定性的标准和针对均衡进入策略的稳健性,以及策略组合集的均衡演化稳定性。

本章的其他部分将讨论演化选择的动态模型。本着第 3 章和第 4 章的精神,我们这里设想每个人在每一时刻都被设定好了采取他所在群体的博弈方角色上可行的一个纯策略。因此,每个博弈方群体在每个时刻都可以分成几个子群体,子群体的数量与该博弈方角色上的纯策略数量相同。我们接下去要研究的演化选择动态考察的就是这些子群体份额的增长率。正式地,博弈方群体状态等同于该博弈方角色上的(纯或者混合)策略。这些博弈方群体状态一起构成了该博弈的一个(纯或者混合)策略组合。但是,在这个动态的设定中出现了一些单群体设定下没有出现的新问题。

首先,第 3 章中研究的连续时间复制动态有两个多群体扩展。5.2 节研究这两种形式的扩展。我们论述的重点是分析例子和与单群体动态中的两人对称博弈进行比较。5.3 节得出了一系列演化选择动态,从简单的个人模仿调适模型到复杂的模型,其中包括两个复制动态。5.4 节关注的重点从互动的个体转到复制因子——博弈中的纯策略。在这类复制因子为了成为宿主而竞争的简单的统计机械性模型中,每个博弈方群体中推导出了一类演化选择动态。

5.5 节定义了一些更广的演化选择动态类型。每种类型既包含了多群体的复制子动态,也包含了 5.3 节和 5.4 节推导出的其他选择动态。5.6 节考察了这些类型的选择动态对非合作解的标准的含义。事实证明,第 3 章和第 4 章中关于单群体的结果仍然成立。特别地,关于被占优策略存活的结果是关于单群体选择动态的结果的直接推广,而且动态稳定性和内点收敛仍蕴涵着纳什均衡行为。

因此,看来演化动态选择模型对纳什均衡范式提供了有力的支持。但是,为了得到有稳健性的预测,我们需要更强的动态稳定性。更准确地说,从个体行为偶然的变异(或错误)或者尝试另外行为的小规模实验引起的未模型化的演化漂变(drift)的观点来看,如下事实是合意的:动态中的较小扰动没有破坏动态稳定性。这样的经典结构性动态稳定性是渐近稳定性。① 遗憾的是,没有几个纳什均衡在多群体动态中是渐近稳定的。特别地,在复制子动态的两个多群体形式之一中,只有严格纳什均衡是渐近稳定的。因此,在这种基准动态中,我们基本上又回到了最初的情形,如同上面提到的演化稳定性标准的多群体扩展。而且,所有的纳什均衡在我们研究过的选择动态中是静态的(某些弱正的选择动态除外),因此属于纳什均衡集合的非单点集分量的纳什均衡不是渐近稳定的。而且,非单点集的纳什均衡分量是从扩展式得到的标准式博弈中所特有的。5.7 节的第一部分将讨论这些问题。

由于渐近稳定性的存在性问题涉及了个体的策略组合,所以自然要转到策略组合的集合。5.7 节提供了渐近稳定性在某些类集合——策略组合多面体的面方面的特征化。在这些集合的渐近稳定性方面,一大类演化选择动态是一致的。这类集合的渐近稳定性可以用于进行纯策略子集方面的稳健性动态预测,博弈中的每个博弈方角色上对应着一个子集。我们要考察的必要条件和充分条件都是操作性的,我们将举一些例子来说明它们的威力。

对多群体模型的更多结果感兴趣的读者可以参阅 Hofbauer 和 Sigmund (1988), Cressman(1992a), Samuelson 和 Zhang(1992)以及 Swinkels(1992a, 1993)。

5.1 演化稳定性标准

沿用第 1 章中 n 人博弈的符号,令 $I=\{1, \cdots, n\}$ 表示博弈方集合,S_i 表示博弈方 $i \in I$ 的纯策略集合,Δ_i 表示他的混合策略集合,Θ 表示混合策略组合的多面体,$u_i(x)$表示采用 $x \in \Theta$ 时博弈方 i 得到的收益。

5.1-1 演化稳定策略组合

在演化稳定性标准如何扩展到多群体互动方面,学术界看来没有达成共识。假设 n 人博弈中的每个博弈方角色表示为一个大的群体，并且每个互动发生在随机抽取的 n 维的人中，每人抽自一个博弈方角色。还假设每个群体 $i \in I$ 中的每个个体被规定好了采取一个相同的(纯的或者混合的)策略 x_i。看起来使得策略组合 $x \in \Theta$ 具有演化稳定性的最起码要求是：每个策略 x_i 是对 x 的最优反应，原因是，否则的话，某个博弈方群体 i 对某个在这些相同的匹配中得到的收益高于 x_i 得到的收益的变异策略 y_i 的入侵将是脆弱的。根据定义，如果策略组合 x 恰好是一个严格纳什均衡，那么任何博弈方群体将不存在另外的最优反应，因此这样的策略组合将是满足条件的。那么，接下来的一个问题是，是否存在演化稳定的非严格纳什均衡。例如，假设 $x \in \Theta$ 是一个纳什均衡，而且 y_i 是博弈方角色 i 上对 x 的另一个最优反应。有什么能够保护策略 x_i 抵制少数采取变异策略 y_i 的变异者的入侵？不论第 i 个博弈方群体的份额 ε_i 为多大，这些变异者得到的收益与采取策略 x_i 的在位者得到的收益一样多。由于这个原因，在多群体设定中，即使弱演化稳定标准也会拒绝所有非严格的纳什均衡。

下面的这个相对弱的演化稳定性标准与 Cressman 的一个定义(1992a；还可以参阅 Swinkels，1992a)是等价的：

定义 5.1 $x \in \Theta$ 是演化稳定的，如果对每一个策略组合 $y \neq x$，存在某个 $\bar{\varepsilon}_y \in (0, 1)$ 使得对所有的 $\varepsilon \in (0, \bar{\varepsilon}_y)$ 和 $w = \varepsilon y + (1-\varepsilon)x$，有

$$\text{对某个 } i \in I,\ u_i(x_i, w_{-i}) > u_i(y_i, w_{-i}) \tag{5.1}$$

换言之，策略组合 x 是演化稳定的，如果对每一个变异策略组合 $y \neq x$，存在入侵壁垒(invasion barrier) $\bar{\varepsilon}_y$ 使得如下情形成立：如果 y 占群体的比例(群体份额)较小，那么在进入后的群体组合中，至少有一个现有策略 x_i 的表现要优于它的变异策略 y_i。我们也可以要求所有的组成策略 x_i 具有这种“免疫性”，而不仅仅是某些策略有这种免疫性。Taylor(1979)提出了一种介于“所有”和“某些”之间的中标准，这个标准要求现有策略 x_i 在总体上比它们相应的变异策略 y_i 的表现要好(还可以参阅 Schuster et al.，1981b)。如果用下面的条件

$$\sum_{i \in I} u_i(x_i, w_{-i}) > \sum_{i \in I} u_i(y_i, w_{-i}) \tag{5.2}$$

来代替条件式(5.1),我们就得到了 Taylor 的定义。显然式(5.2)蕴涵着式(5.1)。

但是,前面已经说过,即使是多群体设定中的弱的演化稳定性标准也拒绝除了严格纳什均衡以外的其他均衡。正式地(参见 Selten, 1992; van Damme, 1987; Swinkels, 1992a):

命题 5.1 $x \in \Theta$ 是演化稳定的,当且仅当 x 是一个严格纳什均衡。

证明[②] 首先,假定 $x \in \Theta$ 是演化稳定的,并且固定博弈方角色 $i \in I$。令 $y_i \in \widetilde{\beta}_i(x)$,而且对所有的 $j \neq i$,有 $y_j = x_j$。令 $w = \varepsilon y + (1-\varepsilon)x$,其中 $\varepsilon \in (0, \bar{\varepsilon}_y)$。那么,$u_i(x_i, w_{-i}) = u_i(y_i, w_{-i})$ 且对所有的 $j \neq i$,有 $u_j(x_j, w_{-j}) = u_j(y_j, w_{-j})$;而且根据演化稳定性,$y = x$。因此,$\widetilde{\beta}_i(x) = \{x_i\}$,而且由于 $i \in I$ 是任意的,所以 $\widetilde{\beta}(x) = \{x\}$。其次,假定 $x \in \Theta$ 是一个严格纳什均衡,而且令 $y \neq x$。那么,对某个博弈方角色 $i \in I$,$y_i \neq x_i$,而且 $u_i(x_i, x_{-i}) = u_i(x) > u_i(y_i, x_{-i})$。根据 u_i 的连续性,存在某个 $\bar{\varepsilon}_y \in (0, 1)$ 使得对任何 $\varepsilon \in (0, \bar{\varepsilon}_y)$ 和 $w = \varepsilon y + (1-\varepsilon)x$,有 $u_i(x_i - w_{-i}) > u_i(y_i, w_{-i})$,这就证明了 x 是演化稳定的。■

由于任何严格纳什均衡都满足 Taylor 的稳定性标准,所以我们是否按照上面的方式或者 Taylor(1979)建议的方式来定义演化稳定性是无关紧要的,因为这两种方式都等价于严格纳什均衡。但是,很多有意义的博弈缺少严格纳什均衡,在这种情形下,上面的演化稳定性标准是没有多大帮助的。

2.7 节给出了两人博弈中角色决定的演化稳定性的一个定义,在这种博弈中人们可以识别他们的博弈方角色。这种设定下的行为策略在形式上等同于该博弈的策略组合。按照 Selten 的一个结果(上面的命题 2.18),当且仅当相应的(基础博弈)的策略组合是一个严格纳什均衡,这样的行为策略是演化稳定的。因此,在两人博弈中,这个演化稳定性的双群体定义在博弈的策略组合方面,等同于 2.7 节中的角色决定的单群体定义。令 $\Theta^{ESS} \subset \Theta$ 表示演化稳定策略组合的集合(可能为空集)(或者等价地,严格纳什均衡集合)。

5.1-2 针对均衡进入策略具有稳健性的策略组合

演化稳定性对变异策略组合没有施加任何限制。特别地,在给定的设定中，这些限制本身可能是不稳定的，或者由于其他原因是不合理的。例如，Swinkels(1992a)认为，在应用于经济学的某些应用中，只针对在进入后群体中是最优的变异策略要求稳定性可能是合理的。2.3-2 小节(关于点的)和 2.4-2 小节(关于集合的)研究了单群体两人对称博弈的这样的较弱的稳定性标准。这些标准可以很容易地扩展到任何(有限)n 人博弈的 n 个群体情形中(关于解释，可以参阅提到的章节)。

如果现有策略组合为 $x \in \Theta$，变异策略组合为 $y \in \Theta$，而且变异策略占群体的比例为 ε，那么进入后策略组合为 $w = \varepsilon y + (1-\varepsilon)x \in \Theta$。如果 y 是对 w 的最优反应，y 被称为均衡进入策略组合。

定义 5.2 如果存在某个 $\bar{\varepsilon} \in (0, 1)$ 使得下面的条件式(5.3)对所有的策略组合 $y \neq x$ 和 $\varepsilon \in (0, \bar{\varepsilon})$ 都成立，则 $x \in \Theta$ 针对均衡进入策略是稳健的(REE)：

$$y \notin \widetilde{\beta}[\varepsilon y + (1-\varepsilon)x] \tag{5.3}$$

可以得出，每一个 ESS 策略组合针对均衡进入策略在这个意义上都是稳健的；而且根据收益函数的连续性，可以证明每个 REE 组合都是一个纳什均衡。将 REE 策略组合的集合(可能为空集)记作 Θ^{REE}，那么 $\Theta^{ESS} \subset^{REE} \subset \Theta^{NE}$ (参见命题 2.8)。

5.1-3 策略组合的均衡演化稳定集合

现在我们将 REE 标准变成适用于集合的(Swinkels, 1992a)：

定义 5.3 集合 $X \subset \Theta$ 是均衡演化稳定(EES)集合，如果它在下面的性质上是极小的：X 是 Θ^{NE} 的一个非空闭子集，对这个子集而言，存在着某个 $\bar{\varepsilon} \in (0, 1)$ 使得，如果 $x \in X$、$y \in \Theta$、$\varepsilon \in (0, \bar{\varepsilon})$，且 $y \in \widetilde{\beta}[(1-\varepsilon)x + \varepsilon y]$，那么 $(1-\varepsilon)x + \varepsilon y \in X$。

换言之，EES 集合 X 是极小的纳什均衡的闭集，对这个闭集而言均衡进入者的小规模入侵都不能使群体偏离 X。在单点集 $X = \{x\}$ 的特殊情形下，当且仅当 x 是一个 REE 组合，X 是一个 EES 集合。

在第 1 章中我们指出过，(有限 n 人)博弈的纳什均衡集合 $\Theta^{NE} \subset \Theta$ 是 Θ^{NE} 分量的分离集、连通集和闭集的有限并。Swinkels(1992a)证明了只有这些分量才有可能称为 EES 集合：

命题 5.2 每个 EES 集合 $X \subset \Theta^{NE}$ 是 Θ^{NE} 的一个分量。

(可以按照证明命题 2.12 的思路证明这个命题。)

由于典型扩展式博弈(参见 1.3-2 小节)中的每个纳什均衡分量上的收益是相同的,所以 EES 集合中的所有策略组合通常会导致相同的收益结果。在这方面,从个人策略角度的预测到这类策略组合的集合角度的预测没有失去多少准确性。

得自 Swinkels(1992a)的如下结果在"理性"变异策略方面的演化稳定性(正式化为 REE 策略组合和 EES 集合)和非合作博弈真完美均衡的概念(针对"理性"的扰动具有稳健性的精炼)之间建立了联系。

命题 5.3 假设 $X \subset \Theta$ 是一个 EES 集合。如果 X 是一个单点集或者 $G=(I, \Theta, u)$ 是典型的两人扩展式博弈的标准形式,那么 X 包含了一个作为真子集的纳什均衡。

下一个例子说明了 EES 标准是如何在非合作精炼的经典博弈中选择"直觉性"的纳什均衡分量的,这个博弈就是 David Kreps 提出来的啤酒—乳蛋饼博弈(Kohlberg and Mertens, 1986; Cho and Kreps, 1987;还可以参阅 van Damme, 1987)。虽然这个博弈是关于经济分析的,但是它也具有生物学的意义。

例 5.1 啤酒—乳蛋饼博弈是建立在与例 1.6 中的进入障碍博弈有联系的一个博弈之上的。在这个博弈中,博弈方 1(垄断者或者所有者)观察到自然赋予给他的两种随机行动中的一种;要么是 S(强),概率为 0.9;要么是 W(弱),概率为 0.1。在得知了自己的类型后,博弈方 1 向博弈方 2 发出了两个信号中的一个:要么是 s("我是强的"),要么是 w("我是弱的")。发真实的信号是没有成本,发假信号则给他带来了 10 个收益单位的损失。接到信号后,博弈方 2(进入者或者入侵者)决定是"迎战"或者"退却"。如果他迎战,那么他可能会赢,也可能会输并损失 10 个收益单位;赢与输取决于博弈方 1 是弱的,还是强的。对博弈方 1 而言,如果两人发生战斗,他会损失 20 个单位的收益(不论他是什么类型)。

这样,每个博弈方角色都有四个纯策略。对博弈方 1 而言,这四个纯策略为:"总是采取 s","S 时采取 s, W 时采取 w","W 时采取 s, S 时采取 w"和"总是采取 w"。对博弈方 2 而言,这四个纯策略为:"当 s 时退却,当 w 时

迎战”,“总是退却”,“总是战斗”和“当 s 时战斗,当 w 时退却”。收益矩阵如下:

$$A=\begin{pmatrix}-1 & -1 & -21 & -21\\ -2 & 0 & -20 & -18\\ -28 & -10 & -30 & -12\\ -29 & -9 & -29 & -9\end{pmatrix},\ B=\begin{pmatrix}0 & 0 & -8 & -8\\ 1 & 0 & -8 & -9\\ -9 & 0 & -8 & 1\\ -8 & 0 & -8 & 0\end{pmatrix}$$

纳什均衡集合 Θ^{NE} 包括两个分量。在第一个分量中,博弈方 1 总是说他是强的,而博弈方 2 听到后会退却;否则,博弈方 2 迎战的概率至少是$\frac{1}{2}$。将博弈方 1 的混合策略表示为 $x\in\Delta_1$,将博弈方 2 的混合策略表示为 $y\in\Delta_2$,这个分量为

$$C=\left\{(x,\ y)\in\Theta{:}\,x_1=1,\ y_1+y_2=1,\ y_1\geqslant\frac{1}{2}\right\}$$

在第二个分量中,博弈方 1 总是说自己是弱的,而且博弈方 2 听到后会退却;否则他迎战的概率至少为$\frac{1}{2}$。正式地,这个分量为

$$C'=\left\{(x,\ y)\in\Theta{:}\,x_4=1,\ y_2+y_4=1,\ y_4\geqslant\frac{1}{2}\right\}$$

这个分量中的均衡看上去是不合理的,因为博弈方 2 关于博弈方 1 是强的先验概率为 0.9,而如果博弈方 1 偏离却说自己是强的,博弈方 2 关于博弈方 1 是强的后验概率则降为 0.5 之下。③ 但无论如何,博弈中的所有纳什均衡都是完美的,甚至是真完美性的。

按照上面的命题 5.2, C 和 C' 是唯一有可能被称为 EES 集合的分量。但是,第二个分量 C' 实际上是不行的,这是因为在均衡中,强的信号没有发送,因此对这个信号的任何反应都是最优的。从而,博弈方 2 就可以“无成本地移到”他的第二个纯策略“总是退却”。但是,一旦 $y_2>\frac{1}{2}$,博弈方 1 偏离原有策略转而采取他成本较低的说真话策略 2 就是最优的。可以证明,这样会使得 C' 不能称为一个 EES 集合。相反,纳什均衡分量 C 的确构成了一个 EES 集合。这里在均衡中,弱的信号没有发送,因此对该信号的任何反应

都是最优的。但是,如果朝着第二个博弈方的第二个纯策略的漂变(drift)是无成本的,而且最后 $y_2 > \frac{1}{2}$,那么博弈方1就应该偏离到他的第二个纯策略,博弈方2就应该移回到他的均衡策略。因此,没有哪个均衡进入策略能够将群体状态移出纳什均衡分量 C。

关于 EES 标准在对称性和非对称性双人沟通博弈(communication game)中的应用,可以参阅 Blume、Kim 和 Sobel(1993),在这样的博弈中,两个博弈方或者其中的一个博弈方可以在博弈开始前发送一个信号,发送信号没有成本或者成本很低。他们发现,很多这样的沟通博弈缺少 EES 集合,因此他们建议,应该通过去掉该集合是 Θ^{NE} 子集的条件来弱化均衡演化稳定性标准。去掉这个条件就可以保证所有的博弈中都存在 EES 集合(根据 Zorn 引理)。Swinkels(1992b)讨论了关于一大类集合(包括所有的凸的子集 $X \subset \Theta$)的修正 EES 标准,这说明该集合包含了在 Kohlberg 和 Mertens(1986)意义上是策略稳定的纳什均衡子集。

5.2 标准的 *n* 群体复制动态与调整后的 *n* 群体复制动态

5.2-1 定义与基础知识

正如在单群体的复制动态中一样,在对应的多群体复制动态中,我们设想人们在他们的一生中总是运用某个固定的纯策略。因此,每个博弈方角色 i 对应的群体可以被进一步分成 m_i 个子群体,其中博弈方角色 i 的每个纯策略 $h \in S_i$ 对应着一个子群体。在多群体动态中,群体状态是混合策略组合的多面体 Θ 中的一个点 $x = (x_1, x_2, \cdots, x_n)$,其中每个分量 x_i 都是相应的混合策略单纯形 Δ_i 中的一个点,该点代表了博弈方群体 i 中的人们在该博弈方角色的所有纯策略上的分布。因此,向量 x_i 可以被视为 t 时的博弈方群体 $i \in I$ 的状态,其中 $x_{ih} \in [0, 1]$ 是群体 i 中当期被规定好了采取纯策略 $h \in S_i$ 的人的比例。

我们设想每个博弈方群体都是无限的,而且人们被随机匹配来进行博弈。但是,与单群体设定下不同的是,从每个博弈方群体只抽取一个人。在每次匹配中,恰好有 n 个人来博弈,每个人都对应着他群体的博弈方角色。

与单群体设定下不同的是,有两种形式的连续时间复制动态。研究单群体复制动态的先驱之一 Peter Taylor(参见 Taylor, 1979)提出来最常用的一种形式,它的形式与式(3.5)相同:

$$\dot{x}_{ih} = [u_i(e_i^h, x_{-i}) - u_i(x)]x_{ih} \tag{5.4}$$

换言之,对每个群体状态 $x \in \Theta$、博弈方角色 $i \in I$ 和该博弈方角色的纯策略 $h \in S_i$ 来说,相应的群体份额的增长率 $\dot{x}_{ih}/x_{ih}$ 等于它在博弈方群体的平均收益之上的超额收益 $u_i(e_i^h, x_{-i}) - u_i(x)$。

一般而言,式(5.4)右边的向量场是二次方的。④因此,式(5.4)中的向量场在包含状态空间 Θ 的整个欧几里得空间 R^m 上是一个 Lipschitz 连续的函数。根据 Picard-Lindelöf 定理,相应的微分方程组(5.4)通过任何初始状态 $x^o \in \Theta$ 有唯一的解 $\xi(\cdot, x^o): R \to \Theta$。容易验证,多面体 Θ 以及它的内部和边界在这个动态中是不变的。从此之后,式(5.4)定义的动态将被称为*标准的 n 总体复制动态*。

在某些文献中,式(5.4)的右边常常除以 $u_i(x)$,也就是除以博弈方群体的平均收益。这种形式的多群体复制动态是由 Maynard Smith(1982)开创的(还可以参阅 Hofbauer and Sigmund, 1988):

$$\dot{x}_{ih} = \frac{1}{u_i(x)}[u_i(e_i^h, x_{-i}) - u_i(x)]x_{ih} \tag{5.5}$$

换言之,对每个群体状态 $x \in \Theta$、博弈方角色 $i \in I$ 和纯策略 $h \in S_i$ 来说,相应的群体份额的增长率 $\dot{x}_{ih}/x_{ih}$ 等于它超过博弈方群体平均收益的相对超额收益 $u_i(e_i^h, x_{-i})/u_i(x) - 1$。在这个动态中,如果平均收益较低,那么给定的绝对收益之差有着更强的动态效应。

与式(5.4)不同的是,这里假定所有的收益是正的,即对所有的 $i \in I$ 和 $x \in \Theta$,有 $u_i(x) > 0$。在这个假定下,由于与式(5.4)几乎同样的原因,式(5.5)在 Θ 上唯一地定义了一个具有良好性质的动态,我们称之为*(收益)调整后的 n 总体复制动态*。

对某一给定的建模目的来说,哪一种形式的复制动态是适合的呢?这种选择对结论有影响吗?的确,在生物学中文献中"哪种形式更合适,尚无定论”(Maynard Smith，1982，第201页)。[⑤]在本章中，我们并不拥护哪一种形式，而是考察包括标准的复制动态和调整后的复制动态在内的相当广泛类型的选择动态的一般性质。而且，在一些通过模仿进行的社会演化的简单模型中，这两种动态式(5.4)和式(5.5)都可以作为特例推出来。但是，我们首先要考察这两种形式之间的相似和差异之处。

从式(5.4)和式(5.5)可以立即得到，如果所有的博弈方有相同的收益函数，即对所有的 i、$j \in I$ 和 $x \in \Theta$，有 $u_i(x) = u_j(x)$，那么这两种动态会得出在 Θ 中的相同的解轨迹，从而得到相同的稳定性质。在这些特殊的博弈中，这两种动态的唯一区别是群体状态沿着这些相同的轨迹运动的速度。

但是，对其他博弈而言，标准化的复制动态与调整后的复制动态在 Θ 中会得到不同的解轨迹，因此给定的状态和状态的集合在这两种动态中可能会有不同的稳定性质。但是，稳态集在这两种动态中是相同的。当且仅当对每一个博弈方位置 i 采用的每个纯策略 $h \in S_i$ 得到相同的收益，总体状态 $x \in \Theta$ 在这两种动态中都是稳态的。因此，它们共同的稳态集合是

$$\Theta^o = \{x \in \Theta: u_i(e_i^h, x_{-i}) = u_i(x), \ \forall i \in I, h \in C(x_i)\} \tag{5.6}$$

因此，在两种动态中，所有的内点稳态是纳什均衡，而且所有的纳什均衡是稳态的：

$$\Theta^o \cap \mathrm{int}(\Theta) \subset \Theta^{NE} \subset \Theta^o \tag{5.7}$$

与单总体设定下不同的是，这些多群体的复制动态在任何的收益正仿射变换下不是不变的。如果在某个博弈方角色 i 的所有收益上加上某个常数 α_i，那么标准的复制动态(5.4)不受影响，但一般而言，调整过的复制动态(5.5)的解轨迹在这样的收益变换下会发生改变。如果某个博弈方角色 i 的所有收益乘以一个常数 β_i，那么调整过的动态(5.5)将不受影响，而标准形式(5.4)的解轨迹将会改变。但是，如果在标准形式的动态中，所有博弈方角色的收益乘以一个相同的正的常数，那么这种效应等价于所有的博弈方 i 和纯策略 h 的时间刻度改变相同的因子 β。因此，标准的复制动态的所有解轨迹保持不变。

如同在对应的单群体情形(3.5)，1.3-3小节定义的收益函数的局部的变动(local shift)对标准的 n 人复制动态(5.4)没有任何影响。但是，一般而

言,这样的变动会影响调整后 n 人复制动态(5.5)的解。虽然式(5.5)右边的表达式的分子没有改变,但是分母(平均收益)却收到收益转换的影响而发生了改变(参阅 1.3-3 小节)。

5.2-2 双人博弈

按照 1.1-2 小节的符号,令 A 表示博弈方 1 的收益矩阵,B 表示博弈方 2 的收益矩阵。这样,当博弈方 1 采取纯策略 $h \in S_1$,博弈方 2 采取纯策略 $k \in S_2$ 时,$a_{hk} \in R$ 是博弈方 1 的收益,$b_{hk} \in R$ 是博弈方 2 的收益。这里 $u_1(x, y) = x \cdot Ay$, $u_2(x, y) = y \cdot B^T x$,分别表示博弈方 1 采用混合策略 $x = (x_h)_{h\in S_1} \in \Delta_1$ 和博弈方 2 采用混合策略 $y=(y_k)_{k\in S_2} \in \Delta_2$ 时的预期收益。

在这种符号表示下,标准的双群体复制动态(5.4)可以写成

$$\dot{x}_h = [e^h \cdot Ay - x \cdot Ay]x_h = \left[\sum_{k\in S_2} a_{hk} y_k - \sum_{j\in S_1}\sum_{k\in S_2} x_j a_{jk} y_k\right]x_h \qquad (5.8)$$

$$\dot{y}_k = [e^k \cdot B^T x - y \cdot B^T x]y_k = \left[\sum_{h\in S_1} b_{hk} x_h - \sum_{j\in S_2}\sum_{h\in S_1} y_j b_{hj} x_h\right]y_k \qquad (5.9)$$

由于这种形式的复制动态在收益函数的局部变换下是不变的,因此,我们可以不失一般性地假设,在每个博弈方角色都只有两个纯策略的特殊情形下,收益矩阵中对角线之外的地方的收益为零:⑥

$$A = \begin{pmatrix} a_1 & 0 \\ 0 & a_2 \end{pmatrix},\ B = \begin{pmatrix} b_1 & 0 \\ 0 & b_2 \end{pmatrix} \qquad (5.10)$$

在这种特殊情形下,标准的复制动态式(5.8)和式(5.9)变成

$$\dot{x}_1 = (a_1 y_1 - a_2 y_2)x_1 x_2 \qquad (5.11)$$

$$\dot{y}_1 = (b_1 x_1 - b_2 x_2)y_1 y_2 \qquad (5.12)$$

其中,$x_2 = 1 - x_1$, $y_2 = 1 - y_1$。

我们接下去要证明,在这种特殊情形中,不论博弈中的收益为多少,内点群体状态 $(x, y) \in \Theta = \Delta_1 \times \Delta_2$ 在式(5.4)中不是渐近稳定的。我们利用的是一种后面会在任意的(有限)n 人博弈中运用的有力的一般性技巧。这种技巧是由 Amann 和 Hofbauer(1985)以及 Hofbauer 和 Sigmund(1988)发展的,它建立在 Liouville 公式之上(参见 6.6 节)。

由于向量场除以一个正的函数(向量场的所有分量都除以相同的函数)不改变解轨迹,而只是改变沿着这些轨迹运动的速度,所以我们可以将式(5.11)和式(5.12)的右边除以积 $x_1x_2y_1y_2$,而不改变 Θ 内部的解轨迹。这样得到的微分方程组为

$$\dot{x}_1 = \frac{a_1y_1 - a_2y_2}{y_1y_2},\ \dot{x}_2 = -\dot{x}_1 \tag{5.13}$$

$$\dot{y}_1 = \frac{b_1x_1 - b_2x_2}{x_1x_2},\ \dot{y}_2 = -\dot{y}_1 \tag{5.14}$$

显然,这个微分方程组在所有的 $(x, y) \in \text{int}(\Theta)$ 上有连续可微的向量场,从而 Liouville 公式在状态空间 Θ 内部就是适用的。由于四个变量的微分方程中每个方程的右边都没有包含这个变量本身,所以式(5.13)—式(5.14)中的向量场是无散的(divergence free)。[7] 因此式(5.13)—式(5.14)表示了一个保体积的(volume-preserving)的流(flow),这说明内点群体状态 (x, y) 都不是渐近稳定的。正式地,可以从命题 6.6 中得到这个结论。由于解轨迹与标准复制动态中的相同,我们已经证明了如下论断:在这个动态中,内点群体状态不是渐近稳定的。下面的例子说明了如下可能性:内点稳定的群体状态——从而也就是一个纳什均衡在标准复制动态中却可能是 Lyapunov 稳定的。

例 5.2 一个典型的非对称性 2×2 博弈是例 1.5 中的猜硬币博弈。我们已经看到,这个博弈有一个唯一的纳什均衡,而且在这个纳什均衡中,两个博弈方采取他们的两个纯策略的概率都分别为 $\frac{1}{2}$。将标准的复制动态式(5.11)和式(5.12)只用 x_1 和 y_1 表示,我们得到

$$\dot{x}_1 = 2(2y_1 - 1)(1 - x_1)x_1$$
$$\dot{y}_1 = 2(1 - 2x_1)(1 - y_1)y_1$$

这个简化的动态状态空间是一个平方单位 $[0, 1]^2$,这个平方单位可以进一步分成四个大小相同的方形。图 5.1 描绘了某些典型的解轨迹。这个图形说明,标准复制动态的所有解轨迹是闭曲线,而且这个博弈中的唯一的纳什均衡是由单位平方的中点表示的,这个均衡是 Lyapunov 稳定的,但不是渐近稳定的。

下面这个例子对前面例子中的解轨迹与调整后的复制动态(5.5)的解轨迹进行了比较。但是,在我们这里研究的猜硬币博弈中,并非所有的收益都

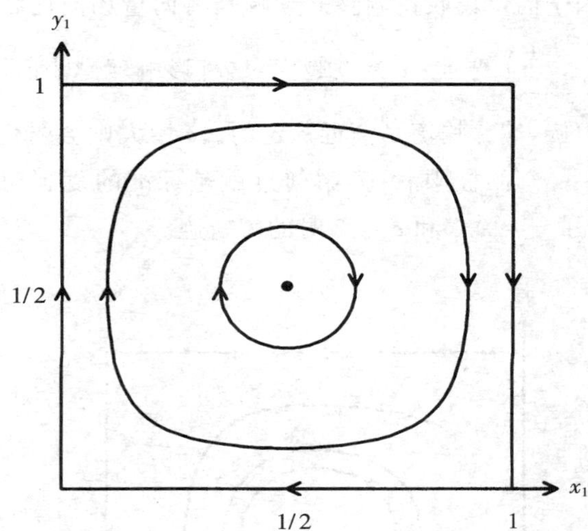

例 1.5 和例 5.2 的猜硬币博弈中标准的双总体复制动态的解轨迹。

图 5.1

是正的,因此式(5.5)是没有定义好的。这个博弈中的每个收益加上一个正的常数对标准复制动态的解轨迹没有影响;而且如果这个常数超过了 1,那么调整后的复制动态就定义好了。

例 5.3 例 1.5 中的猜硬币博弈中的每个收益加上 $1+c$ 得到了如下的收益矩阵

$$A=\begin{pmatrix}2+c & c\\ c & 2+c\end{pmatrix},\ B=\begin{pmatrix}c & 2+c\\ 2+c & c\end{pmatrix}$$

对任何 $c>0$,所有的收益都是正的,因此(收益)调整后的复制动态(5.5)就是定义好的。标准复制动态的解轨迹与例 5.1 中的完全相同,而且式(5.11)—式(5.12)的右边分别除以相应的平均收益 $x\cdot Ay$ 和 $y\cdot B^{T}x$ 就得到了如下收益调整后的复制动态:

$$\dot{x}_1=\frac{2(2y_1-1)(1-x_1)}{c+2[x_1y_1+(1-x_1)(1-y_1)]}x_1$$

$$\dot{y}_1=\frac{2(1-2x_1)(1-y_1)}{c+2[x_1(1-y_1)+(1-x_1)y_1]}y_1$$

标准复制因子向量场收益调整的影响是将向量场向内朝着纳什均衡点 $(x_1, y_1) = \left(\frac{1}{2}, \frac{1}{2}\right)$ 弯曲；$c > 0$ 越大，这种影响就越小。因此，所有的内点解曲线都向内旋，纳什均衡是渐近稳定的。c 增大则会弱化向均衡点变动的引力。（在 $c \to \infty$ 的极限状态，解轨迹就是标准的复制动态的解轨迹。）图 5.2分别描绘了 $c = 0.1$ 和 $c = 3$ 时的解轨迹。

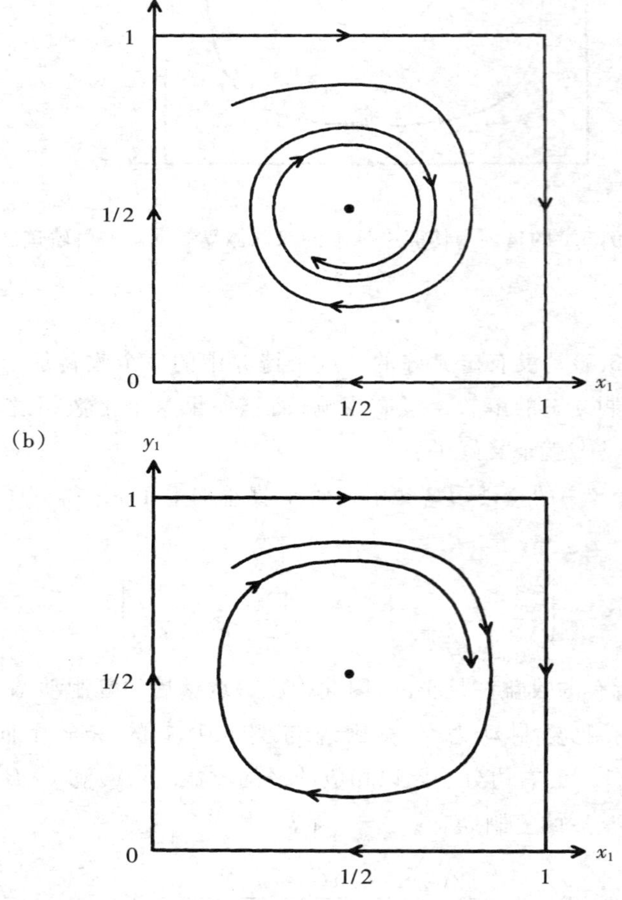

例 5.3 中数字变化后的猜硬币博弈中（收益）调整后的双群体复制动态的解轨迹：(a)收益参数 $c = 0.1$，(b)收益参数 $c = 3$。

图 5.2

接下去的一个例子又是一个非对称性的 2×2 博弈。该博弈有两个纳什均衡分量。一个分量是一个连续统，另一个分量是一个单点集，这两个分量都处在混合策略空间 Θ 的边界上。在标准的复制动态(5.4)中，连续统分量中除了一个点之外，其他的点都是 Lyapunov 稳定的，而这个分量不是一个 Lyapunov 稳定集。而且，某些内点解轨迹会收敛到这个分量中的 Lyapunov 稳定点，而其他的内点解轨迹会收敛到单点集分量，这个单点集分量包含了一个严格纳什均衡。

例 5.4 重新考察例 1.6 中的进入阻挠博弈。我们已经看到，纳什均衡集合包括两个分量：一个分量是(子博弈完美)的单点集，在这个单点集中，进入者(入侵者)进入，垄断者(所有者)退让；另外一个分量是连续统的(子博弈不完美纳什)纳什均衡，在这些均衡中，进入者(入侵者)不进入，垄断者(所有者)威胁着要背水一战。将标准的复制动态式(5.11)—式(5.12)应用到这个博弈中，我们隐含地假设潜在进入者(入侵者)群体较大，垄断者(所有者)群体也较大。从每个群体中随机匹配成对的人来博弈。对个体没有施加理性要求。相反，他们被规定好了采取他们博弈方角色的两个纯策略中的一个。博弈的收益代表了预期的后代的数量，而标准的复制动态则描述了四种纯策略每一种的群体份额怎样随着时间而演化的。用 x_1 来表示采取固定策略 E(进入)的潜在进入者的群体份额(在第 1 章中表示为 x_{11})，用 y_1 表示采取固定策略 Y(让步)的群体份额(前面表示为 x_{21})，那么标准的复制动态变成

$$\dot{x}_1 = (2y_1 - 1)(1 - x_1)x_1$$
$$\dot{y}_1 = 2x_1(1 - y_1)y_1$$

从这些等式中可以马上得出，y_1 沿着所有的内点解轨迹单调递增；当 y_1 低于(高于)$\frac{1}{2}$时，x_1 递减(递增)。特别地，可以得出，唯一的子博弈完美策略对 $(x_1, y_1) = (1, 1)$ 是一个严格纳什均衡，而且是渐近稳定的；参见图 5.3。还要注意的是，在 $x_1 = 0$ 的边上，向量场沿着纳什均衡分量向外旋转：$\dot{y}_1 / \dot{x}_1 = (2y-1)/[(1-y_1)2y_1] < 0$。因此，始于这个分量附近并/或接近边 $y_1 = 0$ 的内点解轨迹会收敛到该分量中的纳什均衡；参见图 5.3。因此，对这些初始状态而言，弱被占优纯策略(战)的演化选择压力是弱的。

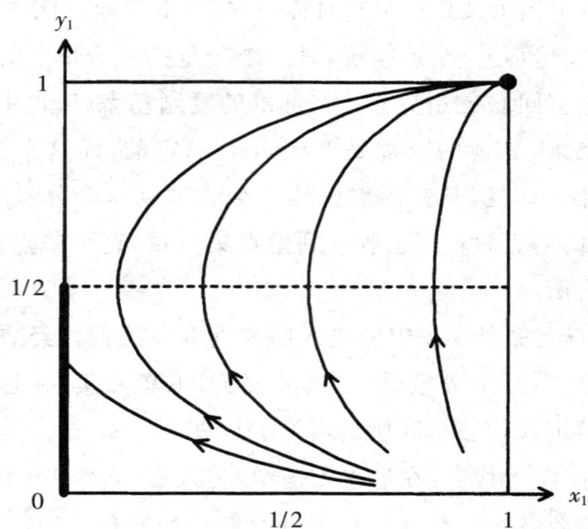

例 1.6 和例 5.4 的进入阻挠博弈中标准的双群体复制动态的解轨迹。

图 5.3

为了直接与单群体的复制动态进行比较，我们这里只关注标准的双总体复制动态式(5.8)—式(5.9)应用到对称博弈中的特殊情形。在本章的符号表示中，用 $K=\{1, 2, \cdots, k\}$ 表示共同的纯策略集，用 Δ 表示相应的混合策略单纯形。因此，这里的混合策略组合(x, y)的多面体为 $\Theta=\Delta^2$。根据收益函数的对称性(即 $u_2(x, y)=u_1(y, x)$ 对所有的 $x\in\Delta$ 和 $y\in\Delta$ 成立)，只需运用收益函数 u_1，该函数在第 3 章中表示为 u。

在现在的双群体情形下，群体状态是一个点 $(x, y)\in\Theta$，其中，$x\in\Delta$ 是博弈方总体 1 中的纯策略分布，$y\in\Delta$ 是博弈方群体 2 中的纯策略分布。总体 1 中相应的平均收益为 $u(x, y)$，总体 2 的平均收益为 $u(y, x)$。因此，标准的复制动态式(5.4)可以写为

$$\dot{x}_h=u(e^h-x, y)x_h \tag{5.15}$$

$$\dot{y}_h=u(e^h-y, x)y_h \tag{5.16}$$

对任何初始状态 $(x^o, y^o)\in\Theta$，用 ξ 来表示群体 1 对应的微分方程的解，用 η 表示群体 2 对应的微分方程的解；也就是说，$\xi(t, x^o, y^o)\in\Delta$ 是任何时间 $t\in R$ 的群体 1 的状态，$\eta(t, x^o, y^o)\in\Delta$ 是任何时间 $t\in R$ 的群体 2

的状态。特别要注意的是，如果两个群体的分布一开始是相同的，那么，根据对称性，它们将永远相同：

$$x^o = y^o \Rightarrow \xi(t, x^o, y^o) = \eta(t, x^o, y^o), \ \forall t \in R$$

为了更正式地看到这一点，我们只需注意到，式(5.15)—式(5.16)可以推出 $\dot{x}_h = \dot{y}_h = u(e^h - x, x)x_h$。换言之，状态空间 Θ 的对角线 $D = \{(x, y) \in \Theta: x = y\}$ 在标准的复制动态中是不变的。而且，在 D 上标准的复制动态等同于第3章研究过的单总体动态。从中立即可以得出，对调整后的复制动态式(5.5)而言也是如此。在两人对称博弈中调整后的复制动态可以写成[8]

$$\dot{x}_h = \frac{u(e^h - x, y)x_h}{u(x, y)} \tag{5.17}$$

$$\dot{y}_h = \frac{u(e^h - y, x)y_h}{u(y, x)} \tag{5.18}$$

总结如下：

命题 5.4 对任何两人对称博弈而言，$D \subset \Theta$ 在标准的复制动态与调整后的复制动态中都是不变的。而且 D 中这两个动态的解轨迹与单群体复制因子式(3.5)的解轨迹是相同的。

因此，如果对某个两人对称博弈，被视为单群体复制动态中的总体状态的混合策略 $x \in \Delta$ 是不稳定的，那么相应的对称双群体状态 (x, x) 在双群体标准的复制动态和调整后的复制动态中都一定是不稳定的。相反，单群体复制动态中的(Lyapunov 或者渐近)稳定不能推出双群体标准的复制动态或者调整后的复制动态中相应的稳定性。例如，混合策略 $x \in \Delta$ 在单群体的复制动态中可能是渐近稳定的，而相应的策略组合 $(x, x) \in \Theta$ 在标准的复制动态或者调整后的复制动态中是一个鞍点。因此，当从单群体过渡到多总体时，可能会失去对称纳什均衡的稳定性。另一方面，我们在例 5.4 中已经看到，当我们从单群体过渡到多群体时，非对称纳什均衡，即群体状态 $(x, y) \notin D$，有可能成为稳定状态。下面也将看到这一点。

让我们考察 1.5-3 小节中对称性 2×2 博弈的分类，并且分别比较单群体复制动态式(3.5)与标准的双群体复制动态式(5.4)。在该小节中，我们对 3.1-4 小节中已经分析过的单群体的复制动态的收益进行了标准化，因此，对角线之外的元素都为零。由于标准的双群体复制动态在收益的局部变动下是不变的，所以不失一般性，我们在此也可以让博弈方 1 的收益矩阵采取以下形式

$$A = \begin{pmatrix} a_1 & 0 \\ 0 & a_2 \end{pmatrix}$$

式(5.15)和式(5.16)就变成了

$$\dot{x}_1 = (a_1 y_1 - a_2 y_2) x_1 x_2 \tag{5.19}$$

$$\dot{y}_1 = (a_1 x_1 - a_2 x_2) y_1 y_2 \tag{5.20}$$

回忆前面 $\dot{x}_2 = -\dot{x}_1$，$\dot{y}_2 = -\dot{y}_1$；参见式(5.11)和式(5.12)。

第一类博弈和第四类博弈(囚徒困境博弈) 如果 $a_1 a_2 < 0$，那么增长率在状态空间的内部不改变符号。因此，从任何内部初始位置开始，两个群体状态都会收敛到占优策略(即第一类博弈的策略 2 和第四类博弈的策略 1)。在这两类博弈中，单群体动态和双群体动态之间不存在定性的区别。该向量场应用到例 3.1 的囚徒困境博弈中，请参阅图 5.4(a)(例 6.12 中给出了双群体的微分方程)。如果原先收益矩阵 A 中的所有收益都是正的，那么这些定性的结论直接运用于这些收益时，对于调整后的复制动态式(5.5)也是成立的。

第二类博弈(协调博弈) 如果 a_1 和 a_2 都是正的，那么这个博弈有两个严格纳什均衡(这两个纳什均衡都是对称的)和一个对称性的混合纳什均衡。在单群体的复制动态中，第二个纳什均衡是不稳定的；事实上，它是这两个严格均衡的吸收域(区间)之间的分界点。现在动态中的情形具有相同的性质。为了看清这一点，令 $\lambda = a_2/(a_1 + a_2)$。对状态 (x, y) 而言，当 $y_1 < \lambda$ 时，x_1 递减；当 $y_1 > \lambda$ 时，x_1 递增；y_1 的运动则相反。混合策略纳什均衡是一个鞍点。除了通过这个点的一条曲线之外，所有的解轨迹都会收敛到其中一个严格均衡；关于例 1.10 中协调博弈中标准的双群体复制动态，请参阅图 5.4(b)的描绘。如果原先收益矩阵 A 中的所有收益都是正的，那么对每个群体而言，平均收益的分割(division)都不会影响单位平方的每个四等分区域内向量场的方向(orientation)。因此，相同的定性结论直接运用于这些收益时，对调整后的复制动态式(5.5)也是成立的。

第三类博弈(鹰—鸽博弈) 如果 a_1 和 a_2 都是负的,那么这个博弈有两个严格纳什均衡(这两个纳什均衡都是非对称的)和一个对称性的混合纳什均衡。这类博弈就与前面研究过的单群体复制动态有定性的差别。虽然我们前面看到,混合纳什均衡策略构成了一个渐近稳定的群体状态,甚至吸引了状态空间(这时的状态空间对应于对角线 D)的整个(相对)内部,而相应的混合策略纳什均衡则在双群体标准的复制动态和调整后的复制动态中构

(a)

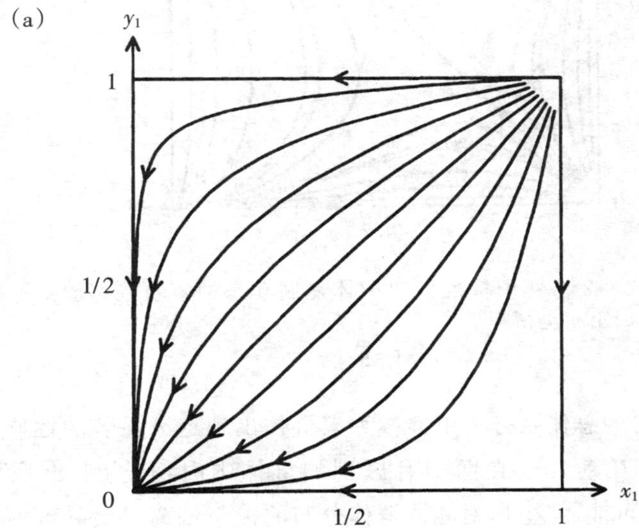

(b)

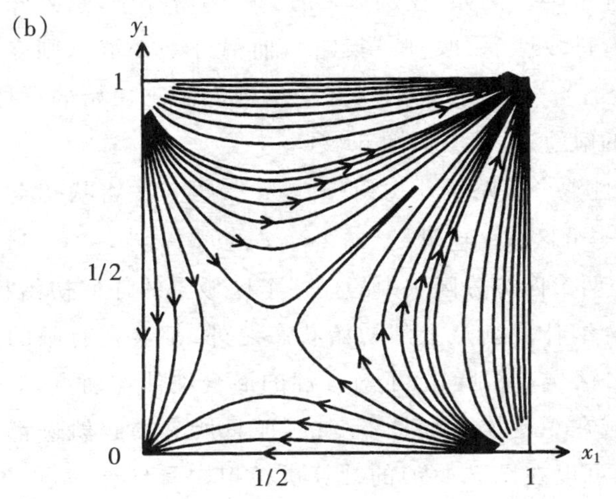

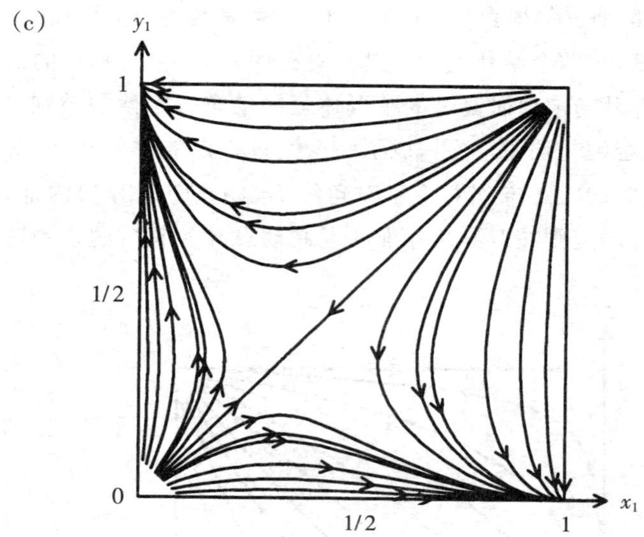

典型对称性 2×2 博弈中标准的双群体复制动态的解轨迹：(a)第一类博弈，(b)第二类博弈，(c)第三类博弈。

图 5.4

成了一个不稳定的总体状态。单群体和多群体出现这么显著的性质上的差别的原因是，当互动发生在两个有区别的群体中时，行为上出现了极化(polarization)的可能。这里，对相同群体分布的极小偏离也会导致博弈方群体专门采用不同的纯策略。例如，在例 2.3 的鹰—鸽博弈中，这意味着一个群体会变得越来越有进攻性(采取"鹰"策略)，而另外一个群体则变得越来越屈服(采取"鸽"策略)。哪一种长期状态会出现取决于初始的群体状态；关于该例子中典型的解轨迹，请参阅图 5.4(c)。

更正式地，对称性混合策略纳什均衡(x^*, x^*)再一次将状态空间 $\Theta=[0, 1]^2$ 拆成四个四等分区域。这里 $x_1^*=\lambda=a_2/(a_1+a_2)\in(0, 1)$。容易验证，对角线 D 上的两个四等分区域中的任一个区域中的任何初始状态，除了在这个对称性混合纳什均衡点上的初始状态之外，都会在有限的时间内离开它所在的四等分区域。相反，除了对称性的混合纳什均衡点，对角线之外的每个四等分区域在正变换下都是不变的，而且所有的解轨迹都会收敛到相应的角落，我们可以在图 5.4(c)的计算机模拟中看到这一点。如果原

先收益矩阵 A 中的所有收益都是正的，那么对每个群体而言，平均收益的分割都不会影响单位正方形的每个四等分区域内的向量场的方向。因此，相同的定性结论对调整后的复制动态式(5.5)也是成立的。

在这些图形中可以看到一些一般性的特点。首先，与我们前面的一般性的观察一致的是，在两种形式的双群体复制动态中，每个纳什均衡的确构成了稳态的群体状态，而且这些动态中的每个内点稳态都构成了纳什均衡。而且，这些图形中，每个动态稳定的状态都是一个纳什均衡，任何收敛的内点解轨迹的极限状态也是纳什均衡。后面我们将证明，演化动态对总量纳什均衡博弈的含义，对所有的(有限)博弈和一大类选择动态都是成立的。

一个新特点是，当从单群体动态转到多群体动态时，我们可能注意到，混合纳什均衡不会非常好。尽管这些均衡是完美纳什均衡——的确是严格完美的，从而在策略上也是稳定的(视为单点集)，但是我们已经看到它们在标准复制动态和调整后的复制动态中是不稳定的。可以证明，理性的范式与演化的范式在混合纳什均衡方面的显著区别对标准的 n 群体复制动态中的所有博弈都是成立的，但是对调整后的 n 群体复制动态中的博弈是不成立的(回忆例 5.2 和例 5.3)。

5.3 通过模仿来复制

在这一节中，我们将 4.4 节中的模仿模型从进行两人对称博弈的单群体推广到进行(对称性或者非对称性)n 人博弈的 n 群体中去。[9] 如同 5.2 节讨论过的标准的 n 群体复制动态和调整后的 n 群体复制动态中，这里的群体状态在形式上等同于混合策略组合 $x \in \Theta$，而且每个分量 $x_i \in \Delta_i$ 都表示博弈方角色 i 的纯策略的分布；也就是说，x_{ih} 是群体 i 中随机抽取的主体(个人、企业、组织)将运用纯策略 $h \in S_i$ 的概率。而且，这里的复制因子也是每个博弈方角色的纯策略。与生物繁衍来复制不同的是，我们在这里采取 4.4 节的方法，并设想规模不变的博弈方群体，其中每个主体可以无限活下去，并反思他的纯策略。下面的论述是 4.4 节介绍过的模仿模型的直接推广(快速地复习一下会有好处)。

5.3-1 传递过程

用 $r_{ih}(x)$ 表示当群体处在状态 $x \in \Theta$ 时,博弈方角色 $i \in I$ 的 h 策略者反思他的策略选择的平均频率。用 $p_{ih}^{k}(x)$ 表示这样进行反思的主体选择纯策略 $k \in S_i$ 的概率,将集合 S_i 上得到的概率分布记为 $p_{ih}(x) = (p_{ih}^{1}(x), \cdots, p_{ih}^{m_i}(x)) \in \Delta_i$。

设想在有限群体中,博弈方群体 i 中的一个 h 策略者的反思时间构成了一个泊松过程的到达时间,到达率为 $r_{ih}(x)$;在每一个到达时间上,主体按照概率分布 $p_{ih}(x)$ 选择一个纯策略。如果所有主体的泊松过程在统计上是独立的,那么博弈方群体 i 中的 h 策略者的总体反思时间是一个泊松过程;当总体处于状态 x 中时,到达率为 $x_{ih}r_{ih}(x)$。[10] 如果策略选择是统计上独立的随机变量,那么从纯策略 $h \in S_i$ 转到纯策略 $k \in S_i$ 的人们的泊松过程的总到达率是 $x_{ih}r_{ih}(x)p_{ih}^{k}(x)$。

根据大数定律,可以用确定性的流来逼近这些总体随机过程,每个这样的流等于相应的泊松过程的到达率。[11] 这种确定性的逼近会导致如下的常微分方程组(可以与 4.4 节中的式(4.25)进行比较):

$$\dot{x}_{ih} = \sum_{l \in S_i} r_{il}(x) p_{il}^{h}(x) x_{il} - r_{ih}(x) x_{ih} \tag{5.21}$$

为了保证通过 Θ 中的每个初始群体状态 x^o 的解的存在性和唯一性,我们从此之后假定反思函数 $r_{ih}: X \to R_+$ 和选择概率函数 $p_{ih}: X \to \Delta_i$ 在包含 Θ 的开邻域 $X \subset R^m$ 上是 Lipschitz 连续的。根据 Picard-Lindelöf 定理,通过每一个初始群体状态 $x^o \in \Theta$ 存在一个唯一的连续解,这个解从来不离开状态空间 Θ(即 Θ 在正变换下保持不变;参见第 6 章)。

5.3-2 不满意驱动的纯模仿

在纯模仿模型中,我们假定所有进行反思的人采取了他们在群体中遇到的第一个人的策略。正式地,对所有的群体状态 $x \in \Theta$ 及博弈方角色 $i \in I$ 和纯策略 h、$k \in S_i$:

$$p_{ih}^{k}(x) = x_{ik} \tag{5.22}$$

假设策略平均而言不成功的人反思其策略的频率高于策略更成功的

人。更准确地，对某个在它的第一个自变量（收益）上严格递减的（Lipschitz连续的）函数，令

$$r_{ih}(x) = \rho_i[u_i(e_i^h, x_{-i}), x] \tag{5.23}$$

正如在单群体情形下，这种单调性假定并不要求人们一定知道它们当前纯策略的预期收益，也不要求他们知道当前的群体状态 x。还应该注意的是，在现在的多群体情形中，一个博弈方群体中的人们无需知道其他博弈方角色的收益。

在假定式(5.22)和式(5.23)下，群体动态式(5.21)变成

$$\dot{x}_{ih} = \left(\sum_{l \in S_i} x_{il}\rho_i[u_i(e_i^l, x_{-i}), x] - \rho_i[u_i(e_i^h, x_{-i}), x]\right) x_{ih} \tag{5.24}$$

因此，h 策略者子群体的增长率 $\dot{x}_{ih}/x_{ih}$ 是由两项组成的，求和项代表博弈方群体的平均反思率——因此对该博弈方角色的所有纯策略 h 是相同的，另一个为负的项代表 h 策略者的反思率。根据 ρ 的单调性，当且仅当策略 h 得到的收益高于策略 k 得到的收益，博弈方角色 i 的纯策略 h 的增长率比纯策略 k 的增长率高。

考虑式(5.24)的特例，我们令反思率是收益的线性递减函数。取平均值，对某些（Lipschitz 连续的）函数 α_i 和 β_i，我们有

$$\rho_i[u_i(e_i^h, x_{-i}), x] = \alpha_i(x) - \beta_i(x)u_i(e_i^h, x_{-i}) \tag{5.25}$$

使得对所有的状态 $x \in \Theta$ 和纯策略 $h \in S_i$，有 $\beta_i(x) > 0$，$\alpha_i(x)/\beta_i(x) \geqslant u_i(e_i^h, x_{-i})$。那么所有的反思率都是非负的，式(5.24)变成

$$\dot{x}_{ih} = \beta_i(x)[u_i(e_i^h, x_{-i}) - u_i(x)]x_{ih} \tag{5.26}$$

尤其是，如果所有的函数 β_i 是相等的常数，即 $\beta_i(x) \equiv b > 0$，那么式(5.26)就只是对标准的 n 群体复制动态式(5.4)中的时间标度进行了（常数）调整。另外，如果假设所有的收益为正，并且令 $\beta_i(x) \equiv c/u_i(x)$（对某个 $c > 0$），那么我们就得到了调整后的 n 群体复制动态式(5.5)。在第一种特殊情形中，反思率是绝对收益 $u_i(e_i^h, x_{-i})$ 的线性递减函数；而在第二种特殊情形中，反思率是相对收益 $u_i(e_i^h, x_{-i})/u_i(x)$ 的线性递减函数。

5.3-3 成功主体的模仿：模型 1

假设每个反思的主体从它的博弈方群体中随机地抽取另一个主体，而且

抽取所有主体的概率是相同的，而且他还观察到他的平均收益与抽到的主体的平均收益之差，这个观察有某些噪声。更准确地说，如果在博弈方群体 i 中，h 策略者抽取了 k 策略者，那么他观察到的他自己策略 h 的收益为 $u_i(e_i^h, x_{-i})+\varepsilon$，另外一个主体的策略 k 的收益为 $u_i(e_i^k, x_{-i})+\varepsilon'$，其中的 ε 和 ε' 是随机变量，这两个随机变量之差 $\varepsilon-\varepsilon'$ 有一个连续可微的概率分布函数 $\phi_i: R\rightarrow[0, 1]$。[12] 对逐对的收益比较之后，反思的主体会转到被抽取的主体的策略，当且仅当观察到的收益之差为正，即 $u_i(e_i^k, x_{-i})+\varepsilon'>u_i(e_i^h, x_{-i})+\varepsilon$。因此，该主体在抽取了策略 k 的条件下转到策略 k 的条件概率为 $\phi_i[u_i(e_i^k, x_{-i})-u_i(e_i^h, x_{-i})]$。由于该主体将抽取策略 k 的概率为 x_{ik}，所以得到的条件选择概率分布 $p_{ih}(x)\in\Delta_i$ 由下式给出

$$p_{ih}^k(x)=\begin{cases} x_{ik}\phi_i[u_i(e_i^k-e_i^h, x_{-i})], \text{如果 } k\neq h \\ 1-\sum_{l\neq h}x_{il}\phi_i[u(e_i^l-e_i^h, x_{-i})], \text{其他情形} \end{cases} \tag{5.27}$$

如果在单群体状态中，随机变量 ε 和 ε' 也可以被解释为群体中人们之间因人而异的偏好上的差别：那么根据从博弈方群体 i 中随机抽取的人的偏好，$u_i(e_i^h, x_{-i})+\varepsilon$ 和 $u_i(e_i^k, x_{-i})+\varepsilon'$ 分别是纯策略 h 和 k 的真实的平均收益。

如果所有的反思率恒等于 1，即

$$r_{ih}(x)\equiv 1 \tag{5.28}$$

这会得到如下动态：

$$\dot{x}_{ih}=\left[\sum_{l\in S_i}x_{il}(\phi_i[u_i(e_i^h-e_i^l, x_{-i})]-\phi_i[u_i(e_i^l-e_i^h, x_{-i})])\right]x_{ih} \tag{5.29}$$

如果分布函数 ϕ_i 是严格递增的，那么纯策略 h 的子总体的增长率 $\dot{x}_{ih}/x_{ih}$ 高于该博弈方角色另一个纯策略的子总体的增长率，当且仅当策略 h 得到的收益高于策略 k 得到的收益。如同单总体情形(4.4 节)，内点稳态内的泰勒展开会得到标准的复制动态的时间重新标度(time rescaling)，不过这种时间的重新标度可能是因人而异的。

考察式(5.29)的一个特例，假设所有的误差项(或者因人而异的偏好差)是均匀分布的，它的支集包含了该博弈中所有可能的收益差。那么 ϕ_i 是相关区间上的仿射函数，即对某个 α_i、$\beta_i\in R$，$\phi_i(z)=\alpha_i+\beta_i z$，其中 $\beta_i>0$，

而且式(5.29)变成

$$\dot{x}_{ih} = 2\beta_i[u_i(e_i^h,\ x_{-i}) - u_i(x)]x_{ih} \tag{5.30}$$

特别地,如果所有的博弈方总体有相同的误差分布,即对所有的 i、$j \in I$,有 $\beta_i = \beta_j$,那么式(5.30)是标准的 n 总体复制动态式(5.4),只不过时间标度进行了常数调整。

5.3-4　成功主体的模仿:模型2

与纯模仿不同的是,我们可以假定选择概率 $p_{ih}^k(x)$ 与该博弈方群体中策略 k 的流行度 x_{ik} 成比例。策略 k 的当前收益越高,该比例就越大。用 $\omega_{ih}[u_i(e_i^k,\ x_{-i}),\ x] > 0$ 来表示博弈方群体 i 中反思的 h 策略者赋予纯策略 k 的权重,其中 ω_{ih} 是一个(Lipschitz 连续的)函数,它在其第一个自变量(收益)上是严格递增的。那么

$$p_{ih}^k(x) = \frac{\omega_{ih}[u_i(e_i^k,\ x_{-i}),\ x]x_{ik}}{\sum_{l \in S_i}\omega_{ih}[u_i(e_i^l,\ x_{-i}),\ x]x_{il}} \tag{5.31}$$

如同在单群体情形中,这样的选择概率背后的信息假定是,反思的主体未必知道博弈方角色所有纯策略的当期预期收益,他也无需知道当期的群体状态。而且在多群体情形中,也不要求人们知道其他博弈方角色的收益。

将选择概率式(5.31)与单位反思率结合起来,我们得到了如下的动态:

$$\dot{x}_{ih} = \left(\sum_{k \in S_i}\frac{\omega_{ik}[u_i(e_i^h,\ x_{-i}),\ x]x_{ik}}{\sum_{l \in S_i}\omega_{ik}[u_i(e_i^l,\ x_{-i}),\ x]x_{il}} - 1\right)x_{ih} \tag{5.32}$$

这里的增长率又是按照收益来排序的:一个纯策略的增长率高于(位于同一博弈方角色的)另一个纯策略的增长率,如果前者的收益高于后者的收益的话。

在仿射权重函数的特例中,即对某个 λ_i、$\mu_i \in R$ 有 $\omega_{ih}(z,\ x) = \lambda_i + \mu_i z$,使得对所有的群体状态 x,博弈方角色 i 和纯策略 h,有 $\mu_i > 0$,$\lambda_i + \mu_i u_i(e_i^h,\ x_{-i}) > 0$,

$$\dot{x}_{ih} = \frac{\mu_i}{\lambda_i + \mu_i u_i(x)} [u_i(e_i^h, x_{-i}) - u_i(x)] x_{ih} \tag{5.33}$$

特别地，如果所有的收益是正的，那么当权重与收益成比例($\lambda_i = 0$)时，也就是当反思的主体按照各纯策略占群体收益这个“馅饼”的比例来转换策略时，就会得到调整后的 n 群体复制动态式(5.5)。

5.4 通过感染来复制

不同于采取群体中的个体的观点，我们现在突出复制因子。现在，博弈方角色中的个体只是复制因子们争取的“寄主”。[13] 假设同一博弈方群体中的个体不时随机地按照到达率为 $b_i(x)$ 的泊松过程遭遇彼此。如果人们彼此遭遇的概率是相等的，那么 h 策略者和 k 策略者彼此遭遇的概率为 $b_i(x)x_{ih}x_{ik}$(对任何 h、$k \in S_i$)。策略具有传染性，因此 h 策略者变成 k 策略者的概率为 $q_{ih}^k(x)$，对 k 策略者则反过来。假设统计上是独立的，我们观察到，当 (h, k) 对遭遇时，它们变成 (h, h) 对的概率为 $(1 - q_{ih}^k(x))q_{ik}^h(x)$，变为 (k, k) 对的概率为 $q_{ih}^k(x)(1 - q_{ik}^h(x))$，在其他情形下则成为 (h, k) 对或者 (k, h) 对。在第一种情形中，h 策略者的数量增加了一个，k 策略者的数量则增加了一个；第二种情形则相反。在最后两种情形中，群体份额将不发生变化。

用预期来表示，这种遭遇和策略的转换得到博弈方群体 i 中的如下动态：

$$\begin{aligned} \dot{x}_{ih} &= b_i(x) \sum_{k \in S_i} x_{ik} [(1 - q_{ih}^k(x)) q_{ik}^h(x) - (1 - q_{ik}^h(x)) q_{ih}^k(x)] x_{ih} \\ &= b_i(x) \Big(\sum_{k \in S_i} x_{ik} [q_{ik}^h(x) - q_{ih}^k(x)] \Big) x_{ih} \end{aligned} \tag{5.34}$$

与通常一样，假定有关的函数是 Lipschitz 连续的，那么这个微分方程组通过每个 Θ 中的初始状态都有唯一的解。此外，Θ 的内部和边界都是不变的集合。

如果收益表示的是某个纯策略的生殖能力，在这个流行病学(或者统计力学)模型被视为传染性的复制因子，那么我们可以假定每个感染概率

$q_{ih}^{k}(x)$是“反击”(外来)策略 k 的平均收益 $u_i(e_i^k, x_{-i})$的增函数,是“保卫”(现有)策略 h 的平均收益 $u_i(e_i^h, x_{-i})$的减函数。[14] 对某个在它的第一个自变量上递增而在其第二个自变量上递减的(Lipschitz 连续的)函数 θ_i 来说,令

$$q_{ih}^{k}(x) = \theta_i[u_i(e_i^k, x_{-i}), u_i(e_i^h, x_{-i})] \tag{5.35}$$

那么式(5.34)就可以写成

$$\dot{x}_{ih} = b_i(x)\Big[\sum_{l \in S_i} x_{il}(\theta_i[u_i(e_i^h, x_{-i}), u_i(e_i^l, x_{-i})] - \theta_i[u_i(e_i^l, x_{-i}), u_i(e_i^h, x_{-i})])\Big]x_{ih} \tag{5.36}$$

像很多模仿动态一样,这种流行病学动态按照收益的大小来为纯策略的增长率排序。而且,它与前面研究过的模仿动态式(5.29)在形式上有相似之处。的确,当遭遇率恒等于一而且感染的概率是收益差的函数时,这个动态是式(5.36)的特例。[15]

5.5 选择动态的分类

我们这里考察几类 n 人博弈的 n 群体选择动态,每一类都包括标准的复制动态式(5.4)和调整后的复制动态式(5.5)。一旦本节界定好了这些分类,下一节就可以得出这些类型动态与非合作博弈论有关的结果。下面将要给出的定义是 4.3 节给出的单群体分类的一个简单的推广。

我们要考察的最广泛的类型为*正则*的选择动态。在这个具有一般性的大类中,我们研究四个子类。其中一个子类是*收益单调*的选择动态,在这种动态中,收益较高的纯策略的增长率高于收益较低的纯策略的增长率。在前面的章节中我们已经看到,很多通过模仿来复制的模型(5.3 节)和通过感染来复制的模型(5.4 节)就属于这一类型。正则的选择动态的另一个子类是*收益为正*的选择动态。在这个子类中,一个纯策略的增长率为正当且仅当它得到的收益高于平均收益。这两个子类的正则群体状态都包括*收益线性*的选择动态,标准的复制动态式(5.4)和调整后的复制动态就属于收益线

性的选择动态。正则的选择动态的最大子类为*弱收益正性的*(weakly payoff positive)选择动态。在这种选择动态中,唯一的要求是,如果某个纯策略得到的收益高于博弈方群体的平均收益,那么某个这样的策略就有一个正的增长率。这一类包含了上面提到的其他各类正则选择动态。

5.5-1 正则性

多群体正则性的概念是对相应的单群体概念的直接推广。回忆一下,第 i 个博弈方的混合策略单纯形 Δ_i 是 R^{m_i} 的紧子集,而且相应地混合策略组合的多面体 $\Theta=\times\Delta_i$ 是 R^m 的一个紧子集,其中 $m=m_1+\cdots+m_n$。如同单群体设定,我们用增长率来规定群体状态的微分方程组。在多群体设定中,这也是一种描述如何在现有的行为(纯策略)之间进行选择的好方法。如同在第 3 章和第 4 章中研究过的单群体模型中,我们通过考察动态稳定性来间接地研究变异。

在多总体情形中,增长率函数 g 对每个群体状态 x、博弈方群体 i 和博弈方 i 的纯策略 h,赋予了相应的群体份额 x_{ih} 的增长率 $g_{ih}(x)$。令 $g(x)=(g_1(x), \cdots, g_k(x))$,其中的每个分量 $g_i(x)$ 都是博弈方群体 i 的向量值增长率函数,并且

$$\dot{x}_{ih}=g_{ih}(x)x_{ih}, \ \forall i\in I, h\in S_i, x\in\Theta \tag{5.37}$$

定义 5.4 正则增长率函数是一个 Lipschitz 连续的函数 $g: X\to R^m$,它的定义域为包含 Θ 的开域 $X\subset R^m$,使得对所有的群体状态 $x\in\Theta$ 和博弈方群体 $i\in I$ 有 $g_i(x)\cdot x_i=0$。

从几何上来看,条件 $g_i(x)\cdot x_i=0$ 要求,博弈方群体 i 的增长率向量 $g_i(x)$ 与相应的博弈方群体向量 x_i 总是正交的。这就保证了,对每个博弈方群体 i,它的群体份额 x_{ih} 之和恒等于 1,如果将这个条件写成坐标形式就很容易看出这一点:

$$\sum_{h\in S_i}\dot{x}_{ih}=\sum_{h\in S_i}g_{ih}(x)x_{ih}=0, \ \forall i\in I, x\in\Theta \tag{5.38}$$

标准的 n 群体复制动态式(5.4)是特例 $g_{ih}(x)=u_i(e_i^h, x_{-i})-u_i(x)$;而且当所有的收益为正时,调整后的 n 群体复制动态式(5.5)是特例 $g_{ih}(x)=$

$u_i(e_i^h, x_{-i})/u_i(x)-1$。显然，这两种特例都满足正交性条件。

令 G 表示正则增长率函数的集合。正则增长率函数通过相应的微分方程组(5.37)得到的动态被称为 Θ 上的正则选择动态。[16] 从这个意义上说，上一节研究过的所有的模仿动态都是正则的。

正如在单群体(4.3-1 小节)中，任何正则的 n 群体增长率函数都会在相应的状态空间上得到一个定义好的动态；这个动态在这里是混合策略组合的多面体 Θ。更准确地说，如果 $g \in G$，那么：(1)方程组(5.37)通过任何初始状态 $x^o \in \Theta$ 有唯一解 $\xi(\cdot, x^o): R \to \Theta$，(2)每个集合 Θ、$\text{int}(\Theta)$ 和 $bd(\Theta)$ 都是不变的，(3)得到的解映射 $\xi: R \times \Theta \to \Theta$ 是连续的。

很自然地，运用微分的链式法则可以得出，两个(正的)群体份额之间的比例的增长率在任何博弈方群体中都等于两个增长率之差。正式地，对任何博弈方角色 $i \in I$，纯策略 h、$k \in S_i$ 和群体状态 $x \in \text{int}(\Theta)$，有

$$\frac{\mathrm{d}}{\mathrm{d}t}\left[\frac{\xi_{ih}(t, x)}{\xi_{ik}(t, x)}\right]_{t=0} = [g_{ih}(x) - g_{ik}(x)]\frac{x_{ih}}{x_{ik}} \tag{5.39}$$

渐近稳定性标准在稳健的长期预测中起到了关键作用。如果群体开始时接近一个渐近稳定的状态，那么群体将逐渐收敛到这个状态。即使该群体状态同时受到不定期的小冲击，譬如占群体小比例的变异，该群体仍将待在这个渐近稳定状态的附近。下面的结果将对正则的单一群体选择动态中的渐近稳定性的一般充分条件(命题 4.3)进行推广：

命题 5.5　假设 $g \in G$。如果对 x 的某个邻域内的所有策略组合 $y \neq x$，下面的式(5.40)成立：

$$\sum_{i \in I} x_i \cdot g_i(y) > 0 \tag{5.40}$$

策略组合 $x \in \Theta$ 在相应的动态式(5.37)中是渐近稳定的。

证明　假设 $x \in \Theta$。对每个博弈方 $i \in I$，令子集 $Q_{x_i} \subset \Delta_i$ 和相应的相对熵函数 $H_{x_i}: \Delta_i \to R$ 按照 3.5-1 小节进行定义。令

$$Q_x = \times_{i \in I} Q_{x_i} = \{y \in \Theta: C(x) \subset C(y)\}$$

并将函数 $K_x: Q_x \to R$ 定义为相应的相对熵函数之和

$$K_x(y) = \sum_{i \in I} H_{x_i}(y_i)$$

根据引理 3.1，$K_x(y) \geqslant 0$，当且仅当 $y = x$ 时等号成立。而且，将引理 3.1 的第二部分证明中的逻辑运用到任何正则选择动态式(5.37)，就会得到

$$\dot{K}_x(y) = -\sum_{i \in I} x_i \cdot g_i(y), \ \forall y \in Q_x$$

从正交性式(5.38)的角度来看，式(5.40)等价于更具几何性的条件 $\sum_i (x_i - y_i) \cdot g_i(y) > 0$；也就是说，在每个邻近的群体状态 y，每个增长率向量 $g_i(y)$ 在总体平均的意义上与从 y_i 到 x_i 的直线成锐角(参见 4.3-1 小节中的讨论)。

5.5-2 收益单调性

与单群体情形(4.3-3 小节)相类似，任何总是按照收益的大小来为每个博弈方角色的纯策略排序的增长率函数 g 被称为收益单调的函数。[17]

定义 5.5 如果对所有的群体状态 $x \in \Theta$、博弈方角色 $i \in I$ 和纯策略 h、$k \in S_i$ 有

$$u_i(e_i^h, x_{-i}) > u_i(e_i^k, x_{-i}) \Leftrightarrow g_{ih}(x) > g_{ik}(x) \tag{5.41}$$

那么 $g \in G$ 是收益单调的。

换言之，如果纯策略 $h \in S_i$ 相对于另一个纯策略 $k \in S_i$ 是对当期群体状态 $x \in \Theta$ 的更好(相同、更差)反应，那么第一个群体份额 x_{ih} 的增长率将比第二个群体份额 x_{ik} 的增长率更高(相等、更低)。

我们将这类收益单调的增长率函数表示为 $G^m \subset G$。这样的增长率函数通过式(5.37)得到的动态将被称为收益单调的。模仿动态式(5.24)、式(5.29)、式(5.32)以及传染动态式(5.36)都是收益单调的选择动态的例子。

5.5-3 收益正性

群体动态在博弈的收益方面的另一个兼容性是得到的收益高于(低于)博弈方群体平均收益的策略增加(减少)。用 sgn(z)来表示 $z \in R$ 的符号，我们有如下定义：

定义 5.6 如果对所有的群体状态 $x \in \Theta$、博弈方角色 $i \in I$ 和纯策略 $h \in S_i$，下式成立：

$$\text{sgn}[g_{ih}(x)] = \text{sgn}[u_i(e_i^h, x_{-i}) - u_i(x)] \tag{5.42}$$

那么，$g \in G$ 是收益正性的。

收益正性的增长率函数将被表示为 $G^p \subset G$，这样的增长率函数 g 得到的动态将被称为收益正性的动态。[18]从这个意义上来看，显然标准的复制动态式(5.4)和调整后的复制动态式(5.5)都是收益正性的。

注意收益正性允许如下情形：如果两个纯策略得到的收益都高于或者低于平均收益，一个纯策略得到的收益高于另一个纯策略，但增长率却低于第二个纯策略。因此，一般而言，两类函数 G^p 和 G^m 是不同的。每个博弈方角色只有两个纯策略的博弈是例外。在这类博弈中，某个纯策略得到的收益高于(低于)博弈方群体的平均收益，当且仅当它得到的收益高于(低于)该博弈方角色的其他纯策略得到的收益。因此，在这类博弈中，$G^p = G^m$。

5.5-4 收益线性

既有收益单调性又有收益正性的一类选择动态是其增长率与相应的收益线性相关的选择动态。更准确地说：

定义 5.7 如果对每个博弈方角色 $i \in I$，存在 Lipschitz 连续的函数 $a_i: X \to R_{++}$ 和 $c_i: X \to R$ 使得对所有群体状态 $x \in \Theta$ 和纯策略 $h \in S_i$，有

$$g_{ih}(x) = a_i(x) u_i(e_i^h, x_{-i}) + c_i(x) \tag{5.43}$$

那么 $g \in G$ 就是收益线性的。

正交性要求每个增长率 $g_{ih}(x)$ 与相应的超额收益 $c_i(x) = -a_i(x) u_i(x)$ 成比例，因此 $g_{ih}(x) = a_i(x)(u_i(e_i^h, x_i) - u_i(x))$。比例因子 $a_i(x)$ 为正意味着单调性式(5.41)和正性式(5.42)都得到了满足。因此，我们将收益线性的增长率函数表示为 $G^l \subset G$，它的确是其他两类的一个子类：[19]

$$G^l \subset G^m \cap G^p \tag{5.44}$$

标准的复制动态式(5.4)是所有的比例因子 $a_i(x)$ 都恒等于 1 时的特例。一般地，如果各博弈方群体的比例函数相同，但不一定恒等于 1，也就是说如果对所有的 i、$j \in I$，有 $a_i = a_j$，那么在 Θ 中得到的解轨迹仍等于标准的复制动态式(5.4)的解轨迹。唯一的区别是，群体状态沿着解轨迹运动的速度不同(所有的时间导数乘以一个相同的正数)。如果不同的博弈方群体有不同的比例函数 a_i，那么得到的解轨迹不一定与标准的复制动态式(5.4)的解轨迹相同。的确，在调整后的复制动态式(5.5)中会出现因博弈方而异

的时间重新标度;这种情况下,如果所有的收益是正的,那么 $a_i(x) \equiv 1/u_i(x)$。模仿动态式(5.26)、式(5.30)和式(5.33)是收益线性的选择动态的例子。

例 5.5 重新考察例 5.2 和例 5.3 的猜硬币博弈。仍然沿用这些例子中的符号表示,任何收益动态都可以写成

$$\dot{x}_1 = a(x,\ y)(2y_1 - 1)(1 - x_1)x_1$$
$$\dot{y}_1 = b(x,\ y)(1 - 2x_1)(1 - y_1)y_1$$

其中的 a 和 b 是正的函数,其定义域为包含单位平方的开域。在标准的复制

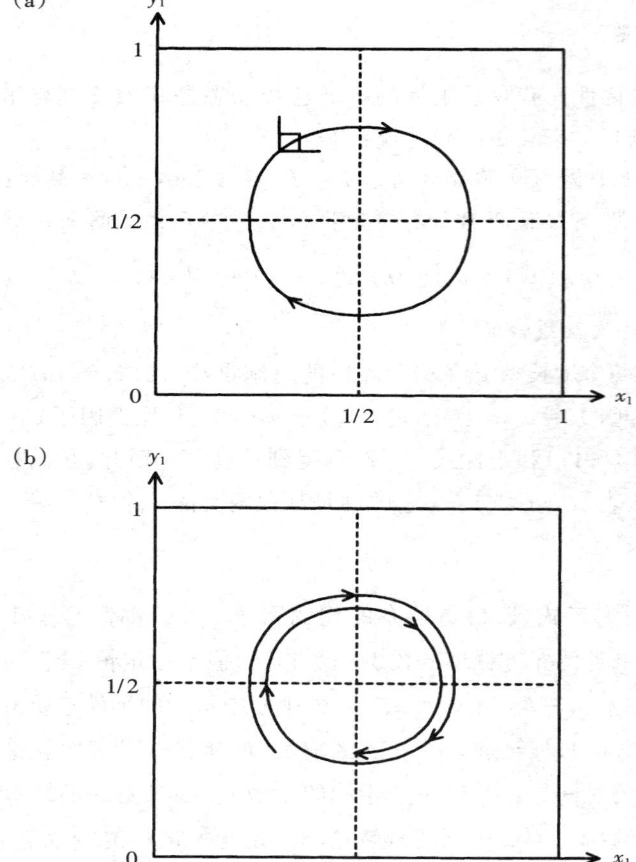

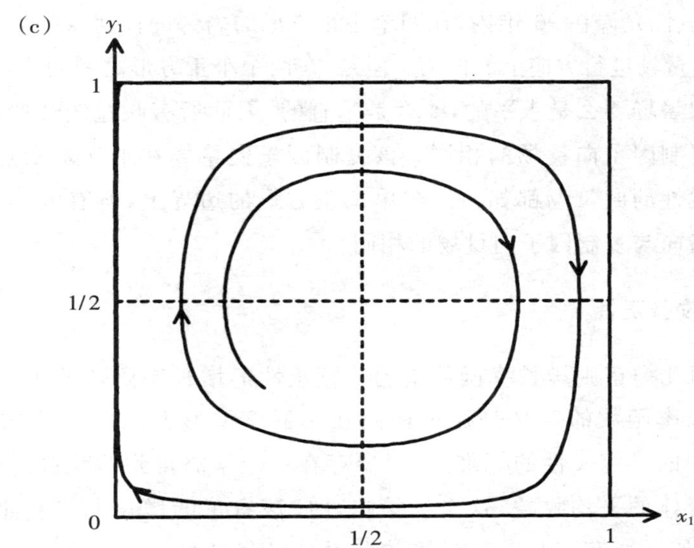

例 1.5、例 5.3 和例 5.5 的猜硬币博弈中收益线性的双群体复制动态：(a)向量场的 90°锥，(b)当 $a(x, y)=[u_1(x, y)+c]^{-1}$ 且 $b(x, y)=[u_2(x, y)+c]^{-1}$ 时的解曲线；(c)当 $a(x, y)=u_1(x, y)+c$ 且 $b(x, y)=u_2(x, y)+c$ 时的解曲线。

图 5.5

动态中，$a(x, y)\equiv b(x, y)\equiv 1$；而在调整后的复制动态中，$a(x, y)\equiv [u_1(x, y)+c]^{-1}$，$b(x, y)\equiv [u_2(x, y)+c]^{-1}$，其中，$c$ 是例 5.3 中给出的收益参数。

不妨考察任何收益线性的动态下，单位正方形进行四等分后，西北角的小正方形内部的任何状态 (x, y)。复制因子轨迹通过某点的切线是标准复制因子向量场的方向。通过改变乘子函数 a 和 b 在该点的值 $a(x, y)>0$ 和 $b(x, y)>0$，我们就得到了指向东北方向的任何向量场；参见图 5.5(a)中标示出来的 90°锥。因此，收益线性的动态可以将复制因子轨迹向内弯曲 $(a(x, y)>b(x, y))$，也可以使复制因子轨迹向外弯曲 $(a(x, y)<b(x, y))$。在四个小正方形内部都可以进行相同的做法，因此，从直觉上看很清楚的是，该博弈唯一的纳什均衡（单位正方形的中点）在某个收益线性的动态中是渐近稳定的，而在其他动态中则是不稳定的；参见图 5.5(b)和(c)的描述。

因此,收益线性允许在90°锥内、在四个小正方形的内部的任何点(x, y)上对复制因子向量场进行方向上的偏离。但是,在两个小正方形之间的边界点上,复制因子向量场要么是水平的,要么是垂直的,因此所有收益线性的向量场的指向与复制因子向量场的相同。该复制因子向量场在纳什均衡点消失,所有收益线性的向量场都如此。在单位正方形的边界上,所有收益线性的向量场的指向与复制因子向量场的相同。

5.5-5 弱收益正性

前面的几类正则增长率函数是弱收益正性的增长率函数的子类,收益正性的增长率函数的定义是通过如同在单群体情形下(4.3-4 小节)的直接扩展得到的。定义性的标准是,只要存在一个策略得到的收益高于该策略博弈方群体的平均收益,这个纯策略就应该有正的增长率。例如,在收益正性下,如果所有其收益超过平均收益的纯策略的都有正的增长率;或者只要这样的策略得到收益高于博弈方群体的平均收益,那么某个最优的反应就有正的增长率,都是这种情况。根据单群体情形下运用过的相同的分析,可以验证每个收益单调的增长率函数在多群体下也是弱收益正性的。

更准确地说,假设$g: X \to R^m$是某个正则的增长率函数,其定义域是包含Θ的开域X。对任何群体状态x和博弈方角色i,用$B_i(x)$表示博弈方角色的收益高于平均收益的纯策略的子集(可能为空集):

$$B_i(x) = \{h \in S_i : u_i(e_i^h, x_{-i}) > u_i(x)\} \tag{5.45}$$

定义 5.8 如果对所有的$x \in \Theta$和$i \in I$和某个$h \in B_i(x)$,有$B_i(x) \neq \varnothing \Rightarrow g_{ih}(x) > 0$,那么正则增长率函数$g$是弱收益正性的。

将弱收益正性的增长率函数集合表示为G^w,我们有

$$G^m \cup G^P \subset G^W \tag{5.46}$$

可以看出,对于总体纳什均衡方面的考虑,这种弱收益正性就足够了。但是,要沿着非收敛的解轨迹剔除严格被占优策略,那么这种性质是不够的。

5.6 演化动态对非合作解概念的推论

5.6-1 被占优策略

正如在单群体情形中，不难证明，被另一个纯策略占优的纯策略在长期内会沿着收益单调的选择动态的任何内点解轨迹消失（见命题 4.5）。这里多群体形式的结果是 Samuelson 和 Zhang(1992)得到的：

命题 5.6 假设 $g \in G^m$。被某个纯策略严格占优的纯策略在相应动态式(5.37)的所有内点解轨迹上会消失。

证明 假设对所有的 $x \in \Theta$ 有 $u_i(e_i^k, x_{-i}) < u_i(e_i^h, x_{-i})$，那么根据式(5.41)，对所有的 $x \in \Theta$，有 $g_{ik}(x) - g_{ih}(x) < 0$。根据 g 的连续性和 Θ 的紧性，存在某个 $\varepsilon > 0$ 使得对所有的 $x \in \Theta$，有 $g_{ik}(x) - g_{ih}(x) < -\varepsilon$。假设 $x^o \in \text{int}(\Theta)$。根据式(5.39)，有

$$\frac{\mathrm{d}}{\mathrm{d}t}\left[\frac{\xi_{ik}(t, x^o)}{\xi_{ih}(t, x^o)}\right] < -\varepsilon \cdot \frac{\xi_{ik}(t, x^o)}{\xi_{ih}(t, x^o)}, \ \forall t \geq 0$$

因此，由于命题 4.5 的证明中同样的原因，$\xi_{ik}(t, x^o) \to 0$。■

例 4.4 说明，在某个收益单调的单群体选择动态中，一个没有被任何纯策略严格占优的被占优策略在长期内也可能会沿着非收敛的内点解轨迹存在下来。这个例子还说明，这样的策略在收益单调的多群体动态中也可能会存活下来，因为我们可以将同样的动态分别适用到两个群体中去，每个群体对应着两人对称博弈中的一个博弈方角色。在这样对称性的框架中，Θ 的对角线 D 是不变的，而且双群体动态与单群体动态一样，在 D 上得到相同的解轨迹。

但是，在收益线性的动态中，不仅那些被纯策略严格占优的策略，而且所有的严格占优策略消失。这个结果是由 Samuelson 和 Zhang(1992)得到的，可以沿着命题 3.1 的思路来证明单群体的情形：

命题 5.7 假设 $g \in G^l$。严格被占优策略沿着相应动态式(5.37)的任何内点解轨迹会消失。

证明 假设 $k \in S_i$ 被 $y_i \in \Delta_i$ 严格占优，并且令

$$\varepsilon = \min_{x \in \Theta} u_i(y_i - e_i^k, x_{-i})$$

根据 u_i 的连续性和 Θ 的紧性，$\varepsilon > 0$。如同证明命题 3.1，根据

$$v_{ik}(x) = \ln(x_{ik}) - \sum_{h \in S_i} y_{ih} \ln(x_{ih})$$

来定义 $v_{ik}: \text{int}(\Theta) \to R$。

假设 $g \in G^l$，并且用 a_i 表示博弈方 $i \in I$ 的相应的时间重新标度函数。由于 $\Theta \subset X$ 是紧的，且 a_i 是连续的，所以对某个 $\alpha_i > 0$ 有 $a_i(x) \geqslant \alpha_i$。显然，$v_{ik}$ 是可微的，它的时间导数沿着任何内点解轨迹 $\xi: R \times \text{int}(\Theta) \to \text{int}(\Theta)$ 在任何点 $x = \xi(t, x^o) \in \text{int}(\Theta)$ 处为

$$\begin{aligned}\dot{v}_{ik}(x) &= \left[\frac{\mathrm{d}v_{ik}(\xi(t, x^o))}{\mathrm{d}t}\right]_{\xi(t, x^o)=x} = \sum_{h \in S_i} \frac{\partial v_{ik}(x)}{\partial x_{ih}} \dot{x}_{ih} \\ &= \frac{\dot{x}_{ik}}{x_{ik}} - \sum_{h \in S_i} \frac{y_{ih} \dot{x}_{ih}}{x_{ih}} \\ &= \alpha_i(x) u_i(e_i^k - y_i, x_{-i}) \leqslant -\varepsilon \alpha_i < 0\end{aligned}$$

因此，当 $t \to \infty$ 时，$v_{ik}[\xi(t, x^o)]$ 向着负无穷严格递减。根据 v_{ik} 的定义，这意味着 $\xi_{ik}(t, x^o) \to 0$。■

事实上，Samuelson 和 Zhang(1992)更进了一步，他们还证明了上述结论可以扩展到被严格重复占优的所有纯策略(还可以参阅 Hofbauer 和 Weibull (1995)的扩展)：

定理 5.1 假设 $g \in G^l$。如果一个纯策略被严格重复剔除占优，那么它占群体的比例就会沿着式(5.37)的任何内点初始解轨迹收敛到零。

(关于正式的证明，可以参阅 Samuelson 和 Zhang(1992)；对于富有直觉性的分析，可以参阅前面定理 3.1 的讨论。)

对于两人对称博弈中的单群体复制动态来说，可以证明，如果纯策略 i 是被弱占优的，并且该策略在长期内没有消失，那么针对其策略 i 优于占优策略的所有纯策略会消失。如果选择动态是收益线性的，那么这个结果经过适当的调整，可以扩展到当前的情形。但是，在这种情形下，在这个结果下每个博弈方角色有一个纯策略。为了符号表示的方便，我们可以只对双人

博弈来证明这个结果(从这个证明中很容易扩展到有着更多博弈方的博弈)。结果如下:如果两博弈方角色之一 i 的某个纯策略 k 被某个策略 $y_i \in \Delta_i$ 弱占优,并且策略 k 随着时间的推移不会从它所在的博弈方群体消失,那么在另一个博弈方角色 j 的所有纯策略会从这个博弈方角色 j 消失;针对这些纯策略,y_i 要优于 k(参见 3.2-2 小节)。下面的命题有点滥用符号:

命题 5.8 假设 $n=2$,并且 $g \in G^l$。如果 $k \in S_i$ 被 $y_i \in \Delta_i$ 弱占优,而且 $u_i(y_i, e_j^h) > u_i(e_i^k, e_j^h)$,其中 $j \neq i$ 且 $h \in S_j$,那么

$$x^o \in \text{int}(\Theta) \Rightarrow \xi_{ik}(t, x^o) \rightarrow 0 \text{ 或者 } \xi_{jh}(t, x^o) \rightarrow 0$$

证明 按照命题 5.7 的证明中的方式来定义 $v_{ik}: \text{int}(\Theta) \rightarrow R$。那么

$$\dot{v}_{ik}(x) = a_i(x) u_i(e_i^k - y_i, x_j)$$

对所有的 $x \in \text{int}(\Theta)$ 都成立。由于 y_i 弱占优 e_i^k,而且 x 是内点的,所以 $v_{ik}(\xi(t, x^o))$会沿着通过内点初始状态 x^o 的任何解 $\xi(t, x^o)$单调递减。

现在假设 $j \neq i$,并且 $h \in S_j$ 使得 $u_i(y_i - e_i^k, e_j^h) = \varepsilon > 0$。由于 y_i 弱占优 e_i^k,所以

$$u_i(y_i - e_i^k, x_j) = \sum_l u_i(y_i - e_i^k, e_j^l) x_{jl} \geqslant u_i(y_i - e_i^k, e_j^h) x_{jh} = \varepsilon x_{jh}$$

对所有的 $x \in \Delta$ 都成立。由于 $\Theta \subset X$ 是紧的,而且 a_i 是连续的,所以对某个 $a_i > 0$,有 $a_i(x) \geqslant \alpha_i$。因此,在所有时间 $t \geqslant 0$,

$$\frac{\mathrm{d}}{\mathrm{d}t} v_{ik}(\xi(t, x^o)) \leqslant -\varepsilon \alpha_i \xi_{jh}(t, x^o) \leqslant 0$$

其余部分的证明与命题 3.2 证明相同。■

下面的例子说明了如下可能性:被弱占优的纯策略沿着标准的复制动态式(5.4)的收益线性的选择动态的内点解轨迹会存活下去。

例 5.6 重新考察例 1.6 和例 5.4 的进入阻挠博弈。博弈方角色 2 的第二个纯策略(战)是(被任何混合策略)弱占优的,而且针对第一个博弈方的第一个纯策略(进入)采取时效果较差。因此,根据命题 5.8,沿着任何收益线性的选择动态的解轨迹,有 $\xi_1[t, (x^o, y^o)] \eta_2[t, (x^o, y^o)] \rightarrow 0$。我们

在例 5.4 中分析过标准的复制动态式(5.4)的解轨迹;请参见图 5.3。的确,我们看到,按照本节的符号表示,沿着任何内点解轨迹,要么 $\xi_1[t, (x^o, y^o)] \to 1$, $\eta_2[t, (x^o, y^o)] \to 0$(当解收敛到子博弈完美均衡时),要么 $\xi_1[t, (x^o, y^o)] \to 0$, $\eta_2[t, (x^o, y^o)]$ 收敛到一个大于 $\frac{1}{2}$ 的值(当解收敛到其他纳什均衡分量中的某个点时)。在后面的情形中,弱被占优的第二个策略(战)在长期内不会消失。

5.6-2 纳什均衡

可以看出,收益单调的选择动态和收益正性的选择动态对总体纳什均衡行为有着相似的推论。的确,对任何弱收益正性的选择动态来说,大部分推论都是成立的。

首先,我们要注意到,所有收益单调的动态和收益正性的动态都有相同的稳态集。由于标准的复制动态式(5.4)是收益单调的,所以这个集合一定是式(5.6)定义的集合 Θ^o:

命题 5.9 如果 $g \in G^m \cup G^p$,那么式(5.37)中相应的稳态集为

$$\Theta^o = \{x \in \Theta: u_i(e_i^h, x_{-i}) = u_i(x), \ \forall i \in I, h \in C(x_i)\}$$

证明 首先,假设 $x \in \Theta^o$。那么,如果 $g \in G^p$,显然 x 是稳态的;这是因为式(5.42)要求 $g_{ih}(x) = 0$ 对所有的 $i \in I$、$h \in C(x_i)$ 都成立。类似地,对任何 $g \in G^m$,式(5.41)意味着,对每个博弈方群体 i,存在某个 $\mu_i \in R$ 使得对所有的 $h \in C(x_i)$,有 $g_{ih}(x) = \mu_i$。但是,这时 $g_i(x) \cdot x_i = \mu_i$,因此根据式(5.38),$\mu_i = 0$。故而,x 在式(5.37)中是稳态的。

其次,假设 $x \in \Theta$ 在某个正则的选择动态式(5.37)中是稳态的。那么 $g_{ih}(x) = 0$ 对所有的 $i \in I$ 和 $h \in C(x_i)$ 都成立。对 $g \in G^p$ 而言,这意味着对所有的 $i \in I$、$h \in C(x_i)$,有 $u_i(e_i^h, x_{-i}) = u_i(x)$,因此 $x \in \Theta^o$。类似地,对 $g \in G^m$ 而言,这意味着对每个博弈方群体 i 存在某个 $\alpha_i \in R$ 使得 $u_i(e_i^h, x_{-i}) = \alpha_i$ 对所有的 $h \in C(x_i)$ 都成立。但是,这时 $u_i(x) = \sum_h x_{ih} u_i(e_i^h, x_{-i}) = \alpha_i$,因此 $x \in \Theta^o$。■

从这个结果马上可以得到如下推论:在任何收益单调或者收益正性的选

择动态式(5.37)中,所有内点稳态都是纳什均衡,而且所有纳什均衡都是稳态的。其中,第一个推论即内点稳态可以推出纳什均衡,对任何弱收益正性的选择动态都是成立的(参见下面的论述)。但是,在这样的动态中,并非所有的纳什均衡都是稳态的。原因在于,与另外的两个标准相反,弱收益正性对每个人得到相同收益的博弈方群体中的增长率没有施加任何条件。这样的群体中的个体可以从一个策略转到另一个策略,这样的转移会使得群体偏离纳什均衡。下面的简单例子说明只要有一个这样的博弈方群体就够了。

例 5.7 考察有着收益矩阵

$$A=\begin{pmatrix}1 & 0\\0 & 1\end{pmatrix},\ B=\begin{pmatrix}0 & 0\\0 & 0\end{pmatrix}$$

的对称性 2×2 博弈。在这个博弈中,好像博弈方 1 想模仿博弈方 2 的任何行为,博弈方 2 则是无差异的。这个(非典型)博弈中的纳什均衡集合包括一个连通的(但非凸的)分量;参见图 5.6(a)。由于博弈方 2 对各种行为是无差异的,所以弱收益正性对该博弈方群体的增长率函数 g_2 除了正则性外,没有施加任何限制。不妨用 g_2 来表示朝着纯策略 1 的一般性漂变,并且假设博弈方 1 的增长率函数如同标准复制动态中定义的那样。用 5.2-2 小节的符号来表示,就是

$$\dot{x}_1=(2y_1-1)(1-x_1)x_1$$
$$\dot{y}_1=(1-y_1)y_1$$

这个动态中的稳态是四个顶点,但是唯一的动态稳定状态是两个群体都采取他们的第一个纯策略,也就是说,两个博弈方都总是模仿无差异的博弈方 2 的做法;参见图 5.6(b)。

不是纳什均衡的稳态如何呢?在第 3 章和第 4 章详细研究过的两人对称博弈的单群体复制动态中,我们已经证明了,这类对称性稳态不是 Lyapunov稳定的。在最一般的形式下,我们证明了对弱收益正性的单群体选择动态,这个结论是成立的(4.3-4 小节)。可以证明,在现在的多群体情形中,弱收益正性的条件下,这个结论也是成立的。但是,要注意的是,单群体方法只研究了双人对称博弈中的对称纳什均衡,而我们考察的则是任意

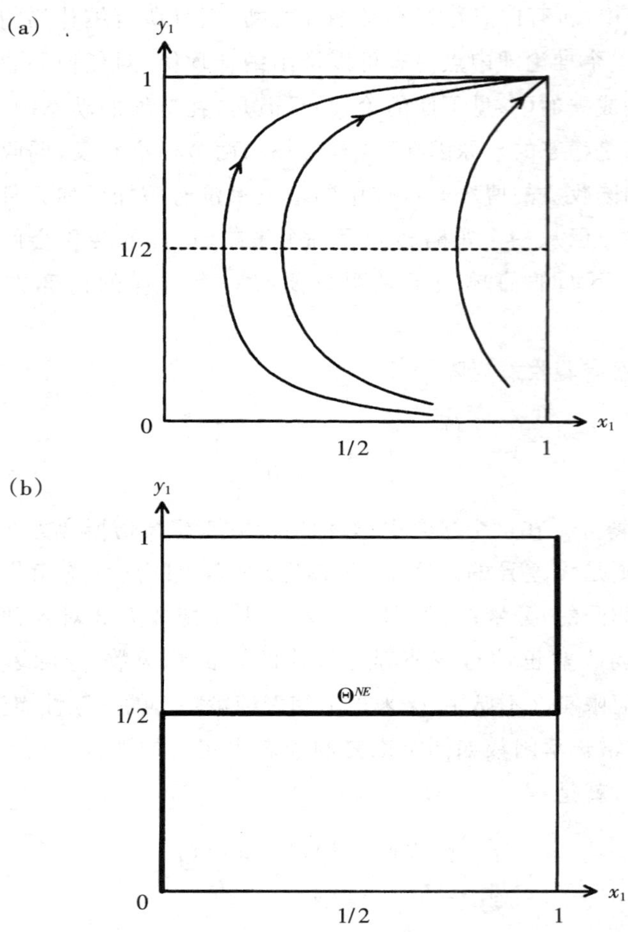

(a)例 5.7 中动态的解曲线。(b)例 5.7 中博弈的纳什均衡集合 Θ^{NE}。

图 5.6

(有限)n 人博弈中的任意纳什均衡。而且,双人对称博弈中的对称纳什均衡在单群体复制动态式(3.5)中可能是动态稳定的,但是在相应的双群体动态式(5.4)中却可能不是动态稳定的。的确,在 5.2 节我们看到,鹰—鸽博弈中的对称纳什均衡在单群体复制动态中是渐近稳定的,但是在标准的双群体复制动态中构成了一个不稳定的(鞍点)状态。但是,我们前面已经看到,该博弈的两个非对称的严格纳什均衡在标准的双群体复制动态中是渐近稳定的，参见图5.4(c)。多群体收益单调的选择动态中，Lyapunov稳定性推不出纳什均衡的结果是由Nachbar(1990)提出来的。

在第3章和第4章，我们还证明了，即使稳态在双人对称博弈中的某些单群体动态中不是Lyapunov稳定的，它仍有可能是对称性的纳什均衡；也就是说，有某个内点解轨迹收敛到这个状态。我们在3.3-3小节得到了单群体标准的复制动态式(3.5)的这个结果，而且在4.3-4小节中它最一般的情形下，证明了这个结果对弱收益正性的单群体选择动态也是成立的。Nachbar(1990)证明了，这个结果对收益单调的多群体选择动态也是成立的。在本章中，我们证明了这个结果对所有弱收益正性的选择动态都是成立的。从单群体动态过渡到多群体动态还允许非对称性群体状态和纳什均衡的存在。

我们将这些推论总结在一个定理中。虽然这些推论的证明只不过是对双人对称博弈中单群体动态相应证明的直接推广，我们还是给出了详尽的证明。从命题5.4的角度来看，这个结果将前面讨论过的那些结果从动态演化选择一般化到总体纳什均衡行为。

定理5.2 假设 $g \in G^w$，考察相关的动态式(5.37)：

(a) 如果 $x \in \mathrm{int}(\Theta)$ 是稳态的，那么 $x \in \Theta^{NE}$。

(b) 如果 $x \in \Theta$ 是Lyapunov稳定的，那么 $x \in \Theta^{NE}$。

(c) 如果 $x \in \Theta$ 是某个内点解的极限，那么 $x \in \Theta^{NE}$。

证明 (a)假设 $x \in \mathrm{int}(\Theta)$ 在式(5.37)中是稳态的，那么对所有的 $i \in I$ 和 $h \in S_i$ 有 $g_{ih}(x) = 0$，因此根据弱收益正性，$B_i(x) = \varnothing$ 对所有的 $i \in I$ 都成立。故此，$x \in \Theta^{NE}$。(b)假设 $x \in \Theta$ 在式(5.37)中是稳态的，那么对所有的 $i \in I$ 和 $h \in C(x_i)$，有 $g_{ih}(x) = 0$。如果 $x \notin \Theta^{NE}$，那么对某个 $i \in I$，有 $B_i(x) \neq \varnothing$。因此，根据弱收益正性，对某个 $h \in B_i(x)$，有 $g_{ih}(x) > 0$。根据稳态性，$h \notin C(x_i)$，也就是说，$x_{ih} = 0$。根据 $g_{ih}(x)$ 的连续性，存在一个 $\delta > 0$ 和 x 的邻域 U 使得对所有的 $y \in U \cap \Theta$，有 $g_{ih}(y) \geqslant \delta$。但这时，对任何 $x^o \in U \cap \Theta$ 和所有时间 $t > 0$ 有 $\xi_{ih}(t, x^o) \geqslant x_{ih}^o \exp(\delta t)$ 使得 $\xi(t, x^o) \in U \cap \Theta$。因此，开始的时候，$\xi_{ih}(t, x^o)$ 对任何 $x^o \in U \cap \mathrm{int}(\Theta)$ 都是指数递增的。但是 $x_{ih} = 0$，因此 x 不是Lyapunov稳定的。(c)假设在某

个弱收益正性的动态式(5.37)中，$x^o \in \text{int}(\Theta)$ 且 $\xi(t, x^o)_{t\to\infty} \to x$，那么根据命题6.3，$x$ 是稳态的，而且对所有的 $i \in I$ 和 $h \in C(x_i)$ 有 $g_{ih}(x) = 0$。如果 $x \notin \Theta^{NE}$，那么对某个 $i \in I$ 有 $B_i(x) \neq \varnothing$；因此，根据弱收益正性，对某个 $h \in B_i(x)$，有 $g_{ih}(x) > 0$，$x_{ih} = 0$。根据 g_{ih} 的连续性，存在一个 $\delta > 0$ 和 x 的邻域 U 使得对所有的 $y \in U \cap \Theta$，有 $g_{ih}(y) \geqslant \delta$。但是，这与 $\xi(t, x^o)$ 收敛到 x 的假设是矛盾的。这个假设意味着，存在时间 $T > 0$ 使得 $\xi(t, x^o) \in U \cap \text{int}(\Theta)$ 对所有的 $t \geqslant T$ 都成立。由于 $x_{ih} = 0$，所以一定存在某个 $t \geqslant T$ 使得 $\text{d}\xi_{ih}(t, x^o)/\text{d}t < 0$，这与 g_{ih} 在 $U \cap \Theta$ 上为正相矛盾。因此，$x \in \Theta^{NE}$。■

下面例子中的扩展式博弈有两个纳什均衡向量。一个纳什均衡向量是连续统的纳什均衡，但是在标准复制动态下，所有这些纳什均衡除了一个以外都是Lyapunov稳定的。因此，作为一个集合，这个分量甚至不是Lyapunov稳定的。但是，这个分量却吸引了内点解轨迹的相当大的集合。另一个纳什均衡分量是一个单点集，只包含一个严格纳什均衡。这个纳什均衡是渐近稳定的。在扩展式下，这个博弈有三个子博弈完美的均衡，其中两个均衡属于连续统分量，另一个均衡是上面提到的严格纳什均衡。只有后面的这个严格纳什均衡才与“前向归纳法”相容。

例5.8 考察图5.7(a)中的扩展式博弈。在这个博弈中，博弈方1可以选择外部的策略，这个策略给每个博弈方带来2的收益；他也可以进行性别战(battle of sexes)类型的同时行动 2×2 博弈。性别战子博弈有三个纳什均衡：两个对称性的严格均衡和一个混合策略均衡。由于这些子博弈纳什均衡中只有一个均衡给博弈方1带来的收益高于外部策略给他带来的收益，所以这个博弈有三个子博弈完美的纳什均衡。在其中的两个纳什均衡中，博弈方1采取外部的策略，在第三个均衡中，他进入了性别战的子博弈并得到了收益3。但是，正如van Damme(1989)指出过的那样，前向归纳法可以排除前两个子博弈完美的均衡。直觉性的分析为，如果博弈方2看到博弈方1偏离均衡行动采取外部策略时，他就会认为博弈方1是“理性的”，那么这些均衡就会遭到破坏。从而，我们可以想见，博弈方1不会使用他的严格被占优策略 db，因此，博弈方2会偏离均衡行动。

这个博弈的纯策略集合是 $S_1 = \{dt, db, at, ab\}$，$S_2 = \{l, r\}$，相应的

收益矩阵为

$$A = \begin{pmatrix} 3 & 0 \\ 0 & 1 \\ 2 & 2 \\ 2 & 2 \end{pmatrix}, B = \begin{pmatrix} 1 & 0 \\ 0 & 3 \\ 2 & 2 \\ 2 & 2 \end{pmatrix}$$

集合 Θ^{NE} 有两个分量：$C = \left\{(x, y) \in \Theta: x_3 + x_4 = 1 \text{ 且 } y_1 \leqslant \frac{2}{3}\right\}$ 和 $D = \{(e_1^1, e_2^1)\}$。单点集分量 D 包含该博弈唯一的严格均衡；这个均衡对应着扩展式中唯一的前向归纳子博弈完美均衡。由于博弈方 1 的最后两个纯策略在行为上是不可区分的，我们将它们占群体的比例（概率）之和 $x_3 + x_4$ 画在同一个坐标上。图 5.7(b)给出了（简约形式的）混合策略组合的多面体和纳什均衡分量。博弈方 1 的第二个纯策略 $x' = e_1^2 = db$ 被他的第三个（也是第四个）纯策略 $x' = e_1^3 = at$ 严格占优。所以，根据命题 5.6，第二个纯策略沿着任何收益单调的动态的所有内点解轨迹消失了。从几何上来说，这意味着内点解轨迹收敛到多面体 Θ 的边界面 B，在这个边界上，$x_2 = 0$。（在图 5.7(b)中，这就是正方形和离读者最远的倾斜的边界面。）沿着多面体棱的箭头给出了任何收益单调的动态的向量场的相应方向。尤其要注意的是从位于 $x_1 = 1$ 和 $y_1 = 0$ 顶点的边界面沿着棱向原点的移动。在靠近这个棱的地方，严格被占优策略 e_1^2 开始的时候沿着内点解轨迹增加，最后在纳什均衡向量 C 上下降到零。原因是，开始时群体 2 中的人们几乎没有用到他们的第一个纯策略，而且总体 2 中的几乎所有人开始时就进入了性别战子博弈，所以在开始的时候淘汰他们被严格占优的第二个纯策略是很弱的。始于这个棱附近的内点解轨迹会收敛到纳什均衡分量 C 中的某个点。边界面 B（该处 $x_2 = 0$）上标准的复制动态是由下式给出的：

$$\dot{x}_1 = (3y_1 - 2)(1 - x_1)x_1$$
$$\dot{y}_1 = x_1(1 - y_1)y_1$$

从定性的方面来说，这与例 5.4 中的进入阻挠博弈是相同的。特别地，分量 C 中除了一点之外都是 Lyapunov 稳定的，C 不是 Lyapunov 稳定的；可以想见，严格纳什均衡分量 D 是渐近稳定的。在这个弱的意义上，演化选择出前

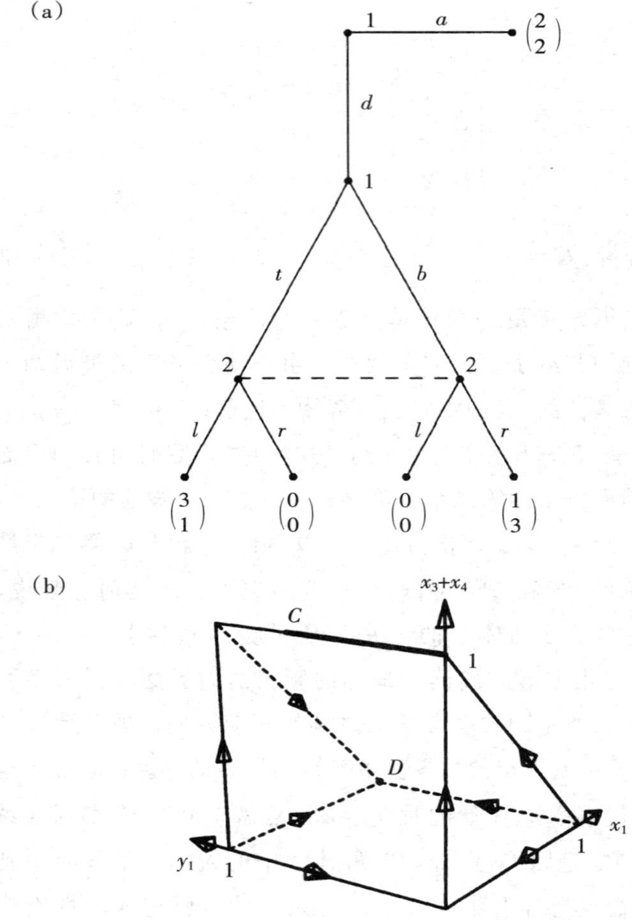

(a)例 5.8 外部选择博弈的扩展式。(b)这个博弈的(简约形式的)多面体 Θ,纳什均衡分量为 C 和 D。

图 5.7

向归纳的均衡(见 Nöldeke and Samuelson, 1993)。

5.6-3 纳什均衡的策略稳定集合

纳什均衡的闭集 $X \subset \Theta$ 在 Kohlberg 和 Mertens(1986)的意义上是策略稳定的,如果它对策略上的任何小扰动序列是稳健的,并且不包含具有这种性质的真子集(参阅 1.4-5 小节)。由于这样的集合包含了完美纳什均衡,而且单群体复制动态中的渐近稳定性意味着(对称性的)完美均衡(3.4 节),人们可能会问,是否 n 群体的选择动态的集合渐近稳定性和策略性稳定性之间有什么关系?

虽然某些博弈没有渐近稳定的群体状态,但在任何给定的某个正则的动态中至少有一个渐近稳态的(闭的)的状态集合,这个集合就是整个多面体 Θ 本身。而且,有时候可以找到 Θ 的一个渐近稳定的子集;在这种情况下,演化动态范式的确有某些预测力。如果初始群体属于或者接近这样的一个子集,那么在所有的未来时间,群体状态将会留在这样的子集中或者接近它——即使群体状态出现诸如个体行为的变异、实验或者错误之类的(未模型化的)偶然的小冲击,也是如此。

假设策略组合的多面体 Θ 的某个(非空的和闭的)真子集 X 在某个收益单调的选择动态或者收益正性的选择动态是渐近稳定的。在 X 是一个单点集的特殊情形中,我们前面早已看到,(至少有)一个策略组合是一个纳什均衡(定理 5.2)。从 Swinkels(1993)证明的一个结果可以得到如下推论:如果 X 是凸的,那么它一定包含了某个策略稳定的子集。在单点集 $X=\{x\}$ 的特例下,可以得到如下结论:$x \in \Theta$ 一定是严格完美的;还可以参见 1.4-3 小节。

命题 5.10 假设 $g \in G^m \cup G^P$ 并且 $X \subset \Theta$ 是非空的、闭的和凸的。如果 X 在式(5.37)中是渐近稳定的,那么 X 包含了一个策略稳定的子集 $Y \subset \Theta^{NE}$。

证明 我们这里只是复述 Swinkels(1993)的结果,并验证这个结果适用于目前的情形。我们要讨论的这个结果(他的定理 2)是关于正则的选择动态式(5.37)的,使得

$$\sum_{h \in S_i} u_i(e_i^h, x_{-i}) g_{ih}(x) x_{ih} \geqslant 0, \ \forall x \in \Theta, i \in I$$

不难证明,所有的收益正性的选择动态满足这个条件。根据正交性式(5.38),我们可以将我们想得到的不等式的左边改写成 $\sum_h [u_i(e_i^h, x_{-i}) - u_i(x)] g_{ih}(x) x_{ih}$,根据收益正性的定义式(5.42),它是非负的。类似地,对任何 $x \in \Theta$ 和 $i \in I$,收益单调的增长率函数 g_i 按照相应收益 $\{u_i(e_i^h,$

x_{-i}):$h \in S_i$} 的顺序来为增长率 {$g_{ih}(x)$:$h \in S_i$} 排序。对任何 $x \in \Theta$ 和 $i \in I$,用 $S_i^+ \subset S_i$ 来表示增长率非负的纯策略的子集,用 α_i 来表示这些收益中最低的收益。用 S_i^- 来表示 S_i 中其他纯策略的集合,我们有

$$\begin{aligned}\sum_{h \in S_i} u_i(e_i^h, x_{-i}) g_{ih}(x) x_{ih} &\geqslant \sum_{h \in S_i^+} \alpha_i g_{ih}(x) x_{ih} + \sum_{h \in S_i^-} \alpha_i g_{ih}(x) x_{ih} \\ &= \alpha_i [g_i(x) \cdot x_i] = 0\end{aligned}$$

Swinkels 证明了,如果非空的闭集 $X \subset \Theta$ 在满足上述条件的选择动态中是渐近稳定的,那么 X 就会有一个包含 X 的邻域 U 的吸收域,使得 U 的闭包与 Θ 是同态的,那么 X 就包含了一个在 Kohlberg 和 Mertens(1986)的意义上策略稳定的集合 $Y \subset \Theta^{NE}$。(根据他的定理 1,在我们当前情形下,集合 Y 在 Kohlberg 和 Mertens(1986)的意义上可以被看作是超稳定的。)如果 X 是凸的,那么吸收域上的拓扑条件显然是满足的。■

如下情况可能看上去有点令人吃惊:虽然演化选择动态中的渐近稳定性没有施加任何理性要求,但是却与策略稳定性这样的严格的非合作精炼联系。从直觉上,这种联系是可能的,因为这两种标准都以同样的方式取决于博弈的数据;它们对较小的策略上的扰动都是稳健的,而且(在博弈方力争较高的收益这个意义上)与收益正相关。但是,要注意上面结果的叙述中对集合 X 的凸性要求。从前面对例 5.2 中的猜硬币博弈的分析中,这个要求的意义是显然的;对某些收益线性的动态来说,多面体 Θ 的边界是渐近稳定的,而且不包含任何纳什均衡。

5.7 演化动态稳定性的稳健标准

在很多应用中,只要求一些关于选择动态的宽泛的性质。因此,我们希望预测在策略组合或者策略组合的集合上,在相当广泛的选择动态中是动态稳定的。在演化博弈论目前的研究阶段,这种关于动态的具体的稳健性要求看上去是强加的。只要想一下模仿的过程的较小改变可以怎样改变动态的,譬如从标准的复制动态到调整后的复制动态,和其他收益线性或者收

益单调的选择动态。显然,这样的稳健性对我们用到的稳定性标准施加了某些限制。特别地,我们在第 3 章中已经指出过, Lyapunov 稳定性不是令人满意的。这种稳定性在结构上不是稳健的,因为生成动态的向量场的任何小的扰动都会破坏它。[20] 相反,在诸如较小总体份额的偶然性变异、实验或者错误等小扰动下,可以保持渐近稳定性。[21] 后面将会证明,预测的稳健性还会在策略组合或者策略组合的集合上施加某些限制。特别地,我们还将证明,这样严格的稳健性标准使得所有的混合策略组合(即至少有一个博弈方随机选择的策略组合)和混合策略多面体的任何面的(相对)内部的策略组合的集合都不满足。[22]

5.7-1 演化稳定性

在第 3 章中,我们证明了,对称性双人博弈中策略的演化稳定性蕴涵着相应的单群体复制动态式(3.5)的渐近稳定性(命题 3.10)。这个结果对本章动态的含义,即从任何(有限)n 人博弈中策略组合的演化稳定性到相应的标准的 n 群体复制动态式(5.4)和调整后的 n 群体复制动态式(5.5)还是成立的。事实上,这个结论对相当广泛的选择动态都是成立的。由于某个策略组合的演化稳定性等价于该策略是一个严格纳什均衡(命题 5.1),所以这并不令人吃惊。使人们吃惊的倒是,与单群体情形不同,上述结果的逆命题对包括标准复制动态在内的一大类选择动态也是成立的:渐近稳定性等价于严格纳什均衡。我们首先证明下述命题:

命题 5.11 每一个严格纳什均衡 $x \in \Theta$ 在所有弱收益正性的选择动态式(5.37)中都是渐近稳定的。

证明 假设 $x \in \Theta$ 是一个严格纳什均衡,那么 x 是 Θ 的一个顶点,对每个 $i \in I$,有 $x_i = e_i^{h_i}$;而且对所有的 $i \in I$ 和 $k \neq h_i$,有 $u_i(e_i^k, x_{-i}) < u_i(x)$。根据 u 的连续性(和纯策略集的有限性),这些严格不等式对所有邻近的策略组合也是成立的。正式地,x 被包含在开集 U 中使得

$$u_i(e_i^k, y_{-i}) < u_i(y), \ \forall i \in I, k \neq h_i, y \in U \cap \Theta$$

不失一般性,U 可以不包含 Θ 的其他顶点。因此,对所有的 $i \in I$ 和 $y \in U \cap \Theta$,有 $h_i \in C(y_i)$,从而

$$u_i(e_i^{h_i},\ y_{-i}) > u_i(y),\ \forall i \in I,\ y \neq x,\ y \in U \cap \Theta$$

故此，对任何弱收益正性的增长率函数 g 和所有的 $y \neq x,\ y \in U \cap \Theta$，有 $g_{ih_i}(y) > 0$。从而命题 5.5 自然成立。在这种情形下，命题 5.5 中（任何正则的选择动态中的）渐近稳定性的充分条件式(5.40)显然满足：

$$\sum_{i \in I} x_i \cdot g_i(y) = \sum_{i \in I} g_{ih_i}(y) > 0,\ \forall y \neq x,\ y \in U \cap \Theta \quad \blacksquare \qquad (5.47)$$

下面这个对上述结果的部分逆命题是不难证明的：如果纯策略组合 $x \in \Theta$ 不是一个严格纳什均衡，那么 x 在任何收益单调或者收益正性的选择动态式(5.37)中都不是渐近稳定的（参阅 Samuelson and Zhang, 1992）。从定理 5.2 中我们知道，渐近稳定的策略组合 x 是一个纳什均衡。假设 $x \in \Theta^{NE}$ 是一个纯的但非严格的纳什均衡，那么存在某个博弈方 i，他有另外一个最好的反应 $h \in S_i$。将顶点 x 与顶点 $y = (e_i^h,\ x_{-i})$ 连起来的多面体 Θ 的棱在任何正则的选择动态下是不变的。沿着这个棱，博弈方 i 的收益是不变的，因此在收益单调或者收益正性的选择动态中，没有什么变动发生。（但是，在只是弱收益正性的选择动态中会发生某些变动；参见例 5.7。）

逐点渐近稳定性的另一个负面的结果是，属于纳什均衡集合 Θ^{NE} 非单点分量的纳什均衡在任何收益单调的或者收益正性的选择动态中都不是渐近稳定的。出现这个结果的一个明显的原因是，所有的纳什均衡在这样的动态中是稳态的，存在于 Θ^{NE} 的非单点集分量中的这类邻近的点不会被吸向纳什均衡。（逐点）渐近稳定性的很容易在扩展式的博弈中丧失。如果这类博弈中的纳什均衡没有达到博弈中的所有信息集，那么某个博弈方就可以在某个未达到的信息集改变他的（局部）策略，而不改变他的收益；而且如果该博弈在终点的结点上没有重复的收益这个意义上是典型的，那么局部策略可以有足够小的偏离，而不影响其他博弈方的最优反应。因此，在这类博弈中，纳什均衡属于 Θ^{NE} 的非单点集分量，而且不是渐近稳定的。

我们已经证明了：

命题 5.12 假设 $g \subset G^m \cup G^P$。如果 $x \in \Theta^{NE}$ 是一个纯的但非严格均衡，或者 x 属于 Θ^{NE} 的非单点集分量，那么 x 在式(5.37)中不是渐近稳定的。

回忆两人对称博弈中的单群体复制动态(3.5)中的渐近稳定性蕴涵着完美性(perfection)。在两人对称博弈的单群体复制动态对应的两种多群体情

形之一的标准的 n 群体复制动态式(5.4)中,渐近稳定性的含义更强:如果策略组合 $x \in \Theta$ 在这个动态中是渐近稳定的,那么 $x \in \Theta^{NE}$ 是严格的(Hofbauer and Sigmund, 1988; Ritzberger and Vogelsberger, 1990)。从命题 5.11 的角度来看,我们得到了下面令人吃惊的等价性:

命题 5.13 当且仅当 x 是一个严格纳什均衡,策略组合 $x \in \Theta$ 在标准的复制子动态式(5.4)中是渐近稳定的。

证明 从命题 5.11 中可以证明命题中的"当"部分;从命题 5.12 和下面的命题 5.14 可以证明"仅当"部分。■

鉴于标准的复制动态可以作为很多其他选择动态的一阶近似(可以参阅 4.4-2 小节的讨论),上述结果与命题 5.12 一起说明了少数群体状态 $x \in \Theta$ 在 n 群体选择动态中是渐近稳定的。

5.7-2 相对内部集合

例 5.3 说明某些收益线性的选择动态中的确存在渐近稳定的内点纳什均衡。但是,Hofbauer 和 Sigmund(1988)证明了,在作为基准情形的标准复制子动态(5.4)中,这样的均衡不是渐近稳定的。这个结果的证明运用到了标准复制动态的一个深刻的一般性质,即在多面体 Θ 的内部,标准复制动态诱致了相同的解轨迹,这个解轨迹是一个不发散的向量场。根据 Liouville 公式,开集上不发散的动态是保体积的(volume preserving),所以它没有渐近稳定的紧集(命题 6.6)。特别地,内点群体状态在标准的复制动态中都不是渐近稳定的。由于这个结论还可以适用于 Θ 每个面(每个面在这个动态中都是不变的)的相对内部,所以只有纯策略组合才是渐近稳定的。因此,如果 $x \in \Theta$ 在标准复制动态中是渐近稳定的,那么根据命题 5.12, x 必定是一个严格纳什均衡。

容易验证,这个结果可以扩展到标准复制动态中的对任何博弈方而言为常数的时间重新标度;因此,对相当广泛的一类演化动态的一阶近似来说:[23]

命题 5.14 如果闭集 $x \in \Theta$ 属于 Θ 某个面的相对内部,那么 X 在式(5.48)中不是渐近稳定的,对任何标量 $\alpha_i > 0$:

$$\dot{x}_{ih} = \alpha_i u_i(e_i^h - x_i, x_{-i}) x_{ih} \tag{5.48}$$

将 5.2-2 小节用于 2×2 博弈的技术加以扩展，就可以证明这个结果；具体细节请参见本章末的附录(5.8-2 小节)。因此，如果要使预测在包括标准复制动态的常数的时间重新标度在内的一类选择动态上是稳健的，那么我们就可以不考虑所有的相对内部(闭)集合。

5.7-3 较优反应下为闭的纯策略子集

一类非相对内部(闭的和凸的)集合是 Θ 的面(参见 1.1-1 小节)。对博弈方 i 的纯策略的任何非空子集 $H_i \subset S_i$ 来说，用 $\Delta_i(H_i) \subset \Delta_i$ 表示 H_i 张成的单纯形 Δ_i 的面：

$$\Delta_i(H_i) = \{x_i \in \Delta_i : C(x_i) \subset H_i\} \tag{5.49}$$

注意，如果 $H_i = S_i$，那么 $\Delta_i(H_i) = \Delta_i$；如果 H_i 是单点集$\{h\}$，那么 $\Delta_i(H_i) = \{e_i^h\}$。

类似地，对任何这类纯策略的子集 $H_i \subset S_i$，每个子集对应着一个博弈方位置 $i \in I$，令 $H = \times_{i\in I} H_i \subset S$，并令 $\Theta(H)$表示 H 张成的多面体 Θ 的面：

$$\Theta(H) = \times_{i\in I}\Delta_i(H_i) \tag{5.50}$$

特别地，如果 $H = S$，那么 $\Theta(H) = \Theta$，它就是 Θ 的最大面。Θ 的诸多面中的另一个极端是纯策略组合，其中的每个纯策略组合都可以被看作一个单点集，它是 Θ 的最小面。

可以看出，在作为面的集合 $X \subset \Theta$ 的渐近稳定性方面，所有的收益正性的选择动态是一致的；面 $X \subset \Theta$ 要么在所有的这类动态中是渐近稳定的，要么不是渐近稳定的。因此，只要收益是正的，具体的动态是无关紧要的。因此，从面的角度来看，演化动态预测是高度稳健的。更准确地说，只要受扰动的向量场导致了收益正性的选择动态，这种预测对该动态的向量场的任意大的扰动都是稳健的。相反，导致非收益正性的(正则的)选择动态的扰动必然是小的；如果这个面在原先的动态中是渐近稳定的，那么对所有足够小的扰动，它都保持渐近稳定。相对于单群体情形来说，一个面的渐近稳定性可以用弱较优策略来刻画(Ritzberger and Weibull, 1995)。

本着 3.7 节和 4.3-3 小节的精神，我们称策略 $h \in S_i$ 为对策略组合 $x \in$

Θ 的弱较优反应，如果针对 x，h 得到的收益不低于 x_i 得到的收益。用博弈方群体的术语来说，弱较优反应是那些得到的收益不低于平均收益的纯策略。正式地：

定义 5.9 纯策略组合的子集 $H=\times_{i\in I}H_i\subset S$ 在弱较优反应下是闭的，如果对所有的博弈方角色 $i\in I$，$\alpha_i(H)\subset H_i$，其中

$$\alpha_i(H)=\{\text{对某个 } x\in\Theta(H),\ h\in S_i: u_i(e_i^h,\ x_{-i})\geqslant u_i(x)\} \tag{5.51}$$

最大的子集 $H=S$ 显然满足这个条件；因为根据定义，在集合 S 外没有纯策略组合。而且，单点集 $H=\{s\}$ 在弱较优反应下是闭的，当且仅当每个纯策略 s_i 都是对 $s\in S$ 的唯一的最优反应，即策略组合 s 是一个严格纳什均衡。从这个意义上说，弱较优下的闭是严格纳什均衡在集合上的推广。

而且，集合 $H=\times H_i$ 在弱较优反应下为闭的一个必要条件是它在最优反应下是闭的。后面的性质是说，对所有的策略组合 $x\in\Theta(H)$ 和博弈方位置 $i\in I$，$B_i(x)\subset H_i$（参见 Basu 和 Weibull(1991) 对这类集合的分析）。

下面的结果（Ritzberger and Weibull，1995）将前面的如下结论一般化：在任何收益正性的选择动态中，某个纯策略组合的渐近稳定性等价于它是一个严格纳什均衡（命题 5.11 和命题 5.12）：[24]

定理 5.3 假设 $g\in G^p$。面 $\Theta(H)\subset\Theta$ 在相应的选择动态式(5.37)中是渐近稳定的，当且仅当 $H=\times_{i\in I}H_i\subset S$ 在弱较优反应下是闭的。

为了证明这个结果，如同在单群体情形下（3.7 节和 4.3-3 节），我们首先要证明，如果子集 $H=\times_{i\in I}H_i$ 在弱较优反应下是闭的，那么 H 还包含了对它展开的面附近的所有群体状态的弱较优反应：

引理 5.1 如果 $H=\times_{i\in I}H_i\subset S$ 在弱较优反应下是闭的，那么对某个开集 U，$\Theta(H)\subset U$ 使得

$$[y\in U\cap\Theta,\ u_i(e_i^h,\ y_{-i})\geqslant u_i(y)]\Rightarrow[h\in H_i] \tag{5.52}$$

证明 假设 $H=\times_{i\in I}H_i\subset S$ 在弱较优反应下是闭的。如果对某个 $i\in I$，有 $h\notin H_i$，那么，对所有的 $x\in\Theta(H)$，$u_i(e_i^h,\ x_{-i})<u_i(x)$。根据 u_i 的连续性和 $\Theta(H)\subset U_{ih}$ 的紧性，存在开集合 U_{ih} 使得对所有的 $y\in U_{ih}\cap\Theta$，有 $\Theta(H)\subset U_{ih}$ 且 $u_i(e_i^h,\ y_{-i})<u_i(y)$。令 $U_i=\bigcap_{h\notin H_i}U_{ih}$。对所有的博弈

方位置 $i \in I$ 做同样的运作，并且取包含 $\Theta(H)$ 的开集的有限交 $U = \bigcap_{i\in I} U_i$，我们得到了包含 $\Theta(H)$ 并且满足条件式(5.52)的开集 U。(情形 $H = S$ 是平常的。)■

下面证明中的第一部分基本上与单群体情形(命题 4.10(b))下是相同的。第二部分证明了弱较优反应下的闭对渐近稳定性是必要的，这部分是多总体情形特有的。的确，在例 3.15 中，我们已经证明了，在单群体的复制动态中，这个结论是不成立的。

定理 5.3 的证明 假设 $g \in G^p$。首先，假设 $H = \times_{i\in I} H_i \subset S$ 在弱较优反应下是闭的。U 的定义如同引理中。那么存在某个 $\bar{\varepsilon} > 0$ 使得对任何 $\varepsilon \in (0, \bar{\varepsilon})$ 和每个博弈方角色 $i \in I$，ε 片

$$B_i(\varepsilon) = \{x_i \in \Delta_i : x_{ih} < \varepsilon,\ \forall h \notin H_i\}$$

包含了相应的面 $\Delta_i(H_i)$，而且 U 还包含了 $B(\varepsilon) = \times_{i\in I} B_i(\varepsilon)$。根据收益的正性，对所有的策略组合 $x \in U \cap \Theta$、博弈方角色 $i \in I$ 和纯策略 $h \notin H_i$，有 $g_{ih}(x) < 0$。由于增长率函数 g_i 是连续的，所以我们可以假定对任何 $x \in B(\varepsilon) \cap \Theta$、$i \in I$、$h \notin H_i$ 与某个 $\delta > 0$，有 $g_{ih}(x) < -\delta$。因此，对任何这样的 x、i 和 h，$\dot{x}_{ih} = g_{ih}(x) x_{ih} < -\delta x_{ih}$；而且这还意味着 $\xi_{ih}(t, x^o)$ 从 $B(\varepsilon) \cap \Theta$ 的任何初始状态 x^o 单调递减到零。因此，$\Theta(H)$ 是渐近稳定的。

其次，假设 $H = \times_{i\in I} H_i \subset S$ 在弱较优反应下不是闭的。那么存在某个纯策略组合 $s \in H$，博弈方角色 $i \in I$ 和纯策略 $k \notin H_i$ 使得 $u_i(e_i^k, s_{-i}) \geq u_i(s)$。假如这种情形不成立，那么我们对任何 $s \in H$、$i \in I$ 和 $h \notin H_i$ 就会有 $u_i(e_i^h, s_{-i}) - u_i(s) < 0$。从而，对任何 $x \in \Theta(H)$、$i \in I$ 和 $h \notin H_i$，我们有 $u_i(e_i^h, x_{-i}) - u_i(x) < 0$，这意味着 H 在弱较优反应下是闭的。现在考察两个纯策略组合 $s \in H$ 和 $s^* = (e_i^k, s_{-i}) \notin H$ 张成的 Θ 的一维面 E。作为一个面，E 在任何正则的选择动态式(5.37)中是不变的。而且，由于 $u_i(s^*) \geq u_i(s)$ 并且 u_i 是 x_i 的线性函数，因此，对所有的 $x \in E$，我们有 $u_i(e_i^k, x_{-i}) \geq u_i(x)$，从而根据收益正性，我们有 $\dot{x}_{ik} = g_{ik}(x) x_{ik} \geq 0$。故此，没有 $x^o \in E \cap \sim \Theta(H)$ 使得我们有 $\xi_i(t, x^o) \to \Delta_i(H_i)$。由于面 E 和面 $\Theta(H)$ 交于 Θ 的顶点 s，这意味着 $\Theta(H)$ 不是渐近稳定的。■

引理 5.1 对演化标准和非合作标准之间的联系也有重要含义：如果纯策

略组合的子集 $H=\times H_i$ 在弱较优反应下是闭的，那么混合策略组合的多面体的相应的面 $\Theta(H)$ 包含了纳什均衡的基本分量(essential component)(参见1.4-5小节)。从定理5.3的角度来看，这意味着从面 $\Theta(H)$ 的稳健的演化动态稳定性可以得到，这个面包含了对博弈的收益扰动具有稳健性的纳什均衡的连通闭集。这个结果又得自Ritzberger和Weibull(1995)的一个更加一般的结果：

命题 5.15　如果纯策略组合 $H=\times_{i\in I}H_i\subset S$ 在弱较优反应下是闭的，那么 $\Theta(H)$ 包含了集合 Θ^{NE} 的一个基本分量。

双人对称博弈中的单群体动态下的长期存活者集合的概念(3.7节和4.3-3小节)可以很容易地扩展到 n 人博弈的 n 群体设定中。下面的陈述给出了正则选择动态式(5.37)的定义：

定义 5.10　如果 $\Theta(H)$ 是渐近稳定的，而且不包含使得 $\Theta(K)$ 渐近稳定的(非空)真子集 $K=\times_{i\in I}K_i$，则纯策略组合 $H=\times_{i\in I}H_i\subset S$ 是一个长期存活者集合。

由于在该博弈中，纯策略组合的数量是有限的，所有至少能够保证一个长期存活者集合的存在性。根据命题5.3，在任何给定的博弈中，所有收益正性的选择动态有相同的长期存活者集合的组合，而且每个这样的集合对于在弱较优反应下为闭的性质是极小的。而且，如果一个集合在这个意义上是极小的，那么它在弱较优反应下是固定的(Ritzberger and Weibull, 1995)。正式地：

定义 5.11　如果 $\alpha_i(H)=H_i$ 对所有的博弈方角色 $i\in I$ 都成立，(非空)纯策略组合集合 $H=\times_{i\in I}H_i\subset S$ 在弱较优反应下是固定的。

(非空)集合 $H=\times_{i\in I}H_i\subset S$ 在弱较优反应下是极小的固定集合，如果它没包含在弱较优反应下为固定的(非空)真子集 $K=\times_{i\in I}K_i$。用这种说法，定理5.3有如下含义：

推论 5.3.1　如果集合 $H=\times_{i\in I}H_i\subset S$ 在弱较优反应下是极小的固定集合，那么 H 在所有收益为正的选择动态中是一个长期存活者集合。反过来，如果 $H=\times_{i\in I}H_i\subset S$ 在某个收益为正的选择动态中是一个长期存活者集合，那么 H 在弱较优反应下是一个极小的固定集合。■

证明　只需证明如果集合 $H=\times_{i\in I}H_i\subset S$ 在弱较优反应下为闭这个特

征下是极小的，那么它在弱较优反应下是固定的。假设 $H=\times_{i\in I}H_i\subset S$ 在弱较优反应下为闭的，但不是固定的；那么存在某个博弈方角色 $i\in I$ 和纯策略 $h\in H_i$ 使得对所有的 $x\in\Theta(H)$，有 $u_i(e_i^h,\ x_{-i})<u_i(x)$。但是，这时 $K=\times_{j\in I}K_j$，其中 $K_i=\{k\in H_i:k\neq h\}$，而且对所有 $j\neq i$，有 $K_j=H_j$ 在弱较优反应下是闭的，因此 H 在这方面不是极小的。■

下面的两个例子说明怎样用这些标准在例 5.8 的外部选择博弈和例 5.1 的啤酒—乳蛋饼博弈中找到长期存活者集合。

例 5.9 重新考察例 5.8 的外部选择博弈。从收益矩阵可以看出，这个博弈(只)有两个在弱较优反应下为闭的集合，即 $H=S$ 和 $K=\{1\}\times\{1\}$。只有 K 在弱较优反应下是闭的，所以它是唯一的长期存活者集合。基于该博弈数据的这个发现，与例 5.8 中基于标准的复制动态的发现是一致的。(注意，用例 5.8 的符号来表示，集合 K 对应于纳什均衡分量 D，该分量包含了该博弈唯一的严格纳什均衡。)

例 5.10 重新考察例 5.1 的啤酒—乳蛋饼博弈。通过该博弈的收益矩阵可以看出，这个博弈(只)有两个在弱较优反应下为闭的集合，即 $H=S$ 和 $K=\{1,\ 2\}\times\{1,\ 2\}$。在这些集合中，只有 K 在弱较优反应下是闭的，因此在任何收益正性的选择动态中，它都是唯一的长期存活者集合。在这个集合中，博弈方 1 要么总是发出较强的信号，要么总是传出真实的信号；博弈方 2 要么只在看到博弈方 1 较强的信号时退却，要么在什么情况下总是退却。相应的面 $\Theta(K)$ 包含了直觉上明显的纳什均衡分量 C。

注意 $\Theta(K)$ 是二维的，而且包含了一维的面 $\Theta(L)$，这里的 $L=\{1\}\times\{1,\ 2\}$，$C\subset\Theta(L)$。但是，L 在弱较优反应下不是闭的。事实上，没有什么能够阻止总体 2 中向着“总是退却”的移动，而且一旦总体 2 中超过半数的人采用这个纯策略，那么对博弈方 1 而言，他的纯策略 2 相对于均衡的纯策略 1 是一个更好的策略。但是，一旦群体 1 开始移向它的纯策略 2，那么第二个博弈方的纯策略 1 变成了比它的纯策略 1 更好的反应，依此类推。因此，看来存在如下可能性：演化移动发生在整个面 $\Theta(K)$ 的内部。[25] 关于计算机对这个面内曲线的模拟，请参阅图 5.8。

在例 3.15 中，我们证明了，在单群体复制动态式(3.5)中，两人(双重)对称博弈中的纯策略子集可能是渐近稳定的，同时在弱较优反应下不是闭的，

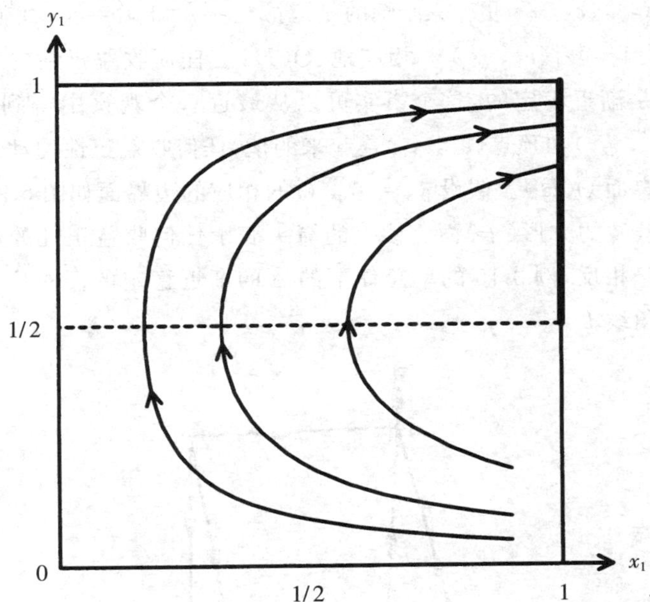

例 5.1 和例 5.10 的啤酒—乳蛋饼博弈中多面体 Θ 的面Θ(K)上的标准的双群体复制动态的解轨迹。

图 5.8

如同单群体下定义的那样。这与定理 5.3 怎样协调呢？下面的这个例子用本章多群体的方法重新考察了例 3.15 中的博弈。

例 5.11 例 3.15 中博弈的收益矩阵

$$A=\begin{pmatrix}2 & 0 & 1\\ 0 & 2 & 1\\ 1 & 1 & 0\end{pmatrix}$$

因此，$B=A$，每个博弈方的前两个纯策略一起构成了一个协调博弈。在现在的双群体设定下，令 $x\in\Delta$ 表示第一个群体状态，用 $y\in\Delta$ 表示第二个群体状态，这里的 Δ 是 R^3 中的单纯形。纯策略组合子集 $H=\{1,2\}\times\{1,2\}\subset S$ 在弱较优反应下不是闭的。例如（我们已经在例 3.15 中指出过），当 $x=y=\left(\frac{1}{2},\frac{1}{2},0\right)$ 时，我们有 $(x, y)\in\Theta(H)$；但对 $i=1$、2，有 $u_i(x)$

$= 1 = u_i(e_i^3, x_{-i})$。更令人吃惊的是，对 $x' = e_1^1$ 和 $y' = e_2^2$，我们有 $u_1(x', y') = 0 < 1 = u_1(e_1^3, y')$。相应地，$\Theta(H)$在任何收益正性的双总体选择动态中不是渐近稳定的，这个事实可以从最近一个观察中得到：沿着 Θ 的将顶点(x', y')和顶点(e_1^3, y')连起来的棱，任何收益正性的动态都使得总体状态偏离面 $\Theta(H)$。假设 $y_3 = 0$。Θ 的相应的边界面如图 5.9 所示，这里的 $\Theta(H)$是坡的方形(子)面。棱上的箭头表示任何收益正性的动态中的运动的方向。相反，例 3.15 的单总体下的 Δ 的渐近稳定的面对应着图 5.9 中的虚的对角线 D。

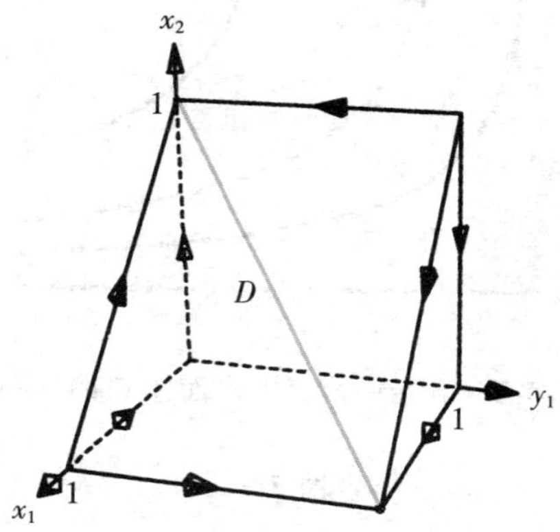

例 3.15 和例 5.11 的博弈中多面体 Θ 的边界面 $y_3 = 0$。

图 5.9

5.8 附录

5.8-1 总体单调性(aggregate monotonicity)

Samuelson 和 Zhang(1992)引入了下面的收益单调性标准：

定义 5.12 $g \in G$ 是总体单调的，如果对所有的总体状态 $x \in \Theta$、博弈方位置 $i \in I$ 和混合策略 y_i、$z_i \in \Delta_i$：

$$u_i(y_i, x_{-i}) > u_i(z_i, x_{-i}) \Leftrightarrow g_i(x) \cdot y_i > g_i(x) \cdot z_i \tag{5.53}$$

这个标准要比收益单调性更严格，因为将式(5.53)应用到纯策略 $y_i = e_i^h$ 和

$z_i = e_i^k$ 等同于条件式(5.41)。

注意,如果混合策略 y_i 的收益高于博弈方总体 i 的当期平均收益,那么要求增长向量 $g_i(x)$与 y_i 成锐角。为了看到这一点,令 $z_i = x_i$,并运用式(5.53):

$$u_i(y_i, x_{-i}) > u_i(x) \Rightarrow g_i(x) \cdot y_i > g_i(x) \cdot x_i = 0 \tag{5.54}$$

这个不等式得自正交性式(5.38)。特别地,这个不等式对所有的顶点 $y_i = e_i^h \in \Delta_i$ 即纯策略 $h \in S_i$ 都成立,这说明每个总体单调动态也是收益正性的。[26]相反,每个收益线性的增长率显然是总体单调的,因为 $g_i(x) \cdot y_i = a_i(x) \sum_h [u_i(e_i^h, x_{-i}) - u_i(x)] y_{ih} = a_i(x)[u_i(y_i, x_{-i}) - u_i(x)]$,对 $g_i(x) \cdot z_i$也可以作类似的分析。

下面的这个表示结果是 Samuelson 和 Zhang(1992)提出来的:

命题 5.16 如果 $g \in G$ 是总体单调的,那么每个博弈方角色 $i \in I$ 存在一个正的函数 a_i:$\Theta \to R$,使得对所有的 $x \in \Theta$ 和 $h \in S_i$,有

$$g_{ih}(x) = a_i(x)[u_i(e_i^h, x_{-i}) - u_i(x)] \tag{5.55}$$

因此,总体单调性可以得到闭收益线性稍弱的性质;这个结果并没有说因博弈方而异的时间重新标度函数 a_i 是 Lipschitz 连续的。

可以按照如下思路来证明这个结果:假设 $g \in G$ 是总体单调的,并且考察使得 $g_i(x) \neq 0$ 的点 $x_i \in \text{int}(\Delta_i)$(如果 $g_i(x) = 0$,那么这个结果就是平常的)。对足够小的 $\varepsilon > 0$,Δ_i 包含了圆心为 x_i、半径为 $\varepsilon > 0$ 的圆 C。在这个圆上,内积 $g_i(x) \cdot y_i$ 恰好在一个点 $\hat{y}_i$ 上得到最大化。在同一个圆上,$u_i(y_i, x_{-i})$也正好在一个点上得到最大化;我们将它表示为 $\tilde{y}_i$。(从 $g_i(x) \neq 0$ 和式(5.53)可以得到唯一性。)但是,总体单调性意味着 $g_i(x) \cdot y_i$ 和 $u_i(y_i, x_{-i})$是在 C 上的同一个点上得到最大化的,也就是说,$\tilde{y}_i = \hat{y}_i$。用标准的拉格朗日方法来分别刻画 $\tilde{y}_i$ 和$\hat{y}_i$,这样得到乘数表示式(5.55)。

5.8-2 命题 5.14 的证明

首先,我们重新整理动态式(5.48)使得它的轨迹在欧几里得空间的全维子集上运动。在这样的空间中,该集合的任何邻域都有正的测度(volume),因此可

以运用 Liouville 公式(这种方法是由 Ritzberger 和 Vogelsberger(1990)发展的)。

可以分几步来做。对每个博弈方群体 $i \in I$，我们记 $x_{i1} = 1 - \sum_{h>1} x_{ih}$，并用向量$(x_{i2}, x_{i3}, \cdots, x_{im_i}) \in R^{m_i - 1}$ 来表示每个群体状态 $x \in \Theta$，每个博弈方角色 $i \in I$ 对应着一个向量。那么，对每个 $i \in I$ 和纯策略 $h \in S_i (h > 1)$，式(5.48)中的向量场 φ 可以写为

$$\varphi_{ih}(x) = \alpha_i \Big[u_i(e_i^h, x_{-i}) - (1 - \sum_{k>1} x_{ik}) u_i(e_h^1, x_{-i}) - \sum_{k>1} x_{ik} u_i(e_i^k, x_{-i}) \Big] x_{ih}$$

现在，每个分量 $\varphi_{ih}(x)$ 除以所有群体份额的积

$$p(x) = \prod_{i \in I} \prod_{h \in S_i} x_{ih} = \Big(\prod_{j \neq i} \prod_{k \in S_i} x_{jk}\Big)\Big(1 - \sum_{l>1} x_{il}\Big) \prod_{l>1} x_{il}$$

在 $\mathrm{int}(\Theta)$ 上，这些比例都是正的，因此新的向量场 $\psi_{ih}(x) = \varphi_{ih}(x)/p(x)$ 对所有的 $x \in \mathrm{int}(\Theta)$ 都是定义好的。由于 φ 的所有分量都乘以相同的正因子，因此 $\mathrm{int}(\Theta)$ 中式(5.48)的解轨迹都不受这种变换的影响。剩下来要做的是在任何点 $x \in \mathrm{int}(\Theta)$ 计算 $\mathrm{div}[\psi(x)] = \sum_{i \in I} \sum_{h>1} \partial \psi_{ih}(x)/\partial x_{ih}$。为此目的，对每个 $i \in I$ 和 $h \in S_i (h > 1)$，我们将每个 $\psi_{ih}(x)$ 改写为

$$\psi_{ih}(x) = b_{ih}(x) \left[\frac{u_i(e_i^h, x_{-i}) - \sum_{k>1} x_{ik} u_i(e_i^k, x_{-i})}{(1 - \sum_{l>1} x_{il})} - u_i(e_i^1, x_{-i}) \right]$$

其中，$b_{ih}(x) = \alpha_i \big[(\prod_{j \neq i} \prod_{k \in S_i} x_{jk}) \prod_{l>1, j \neq h} x_{il} \big]^{-1}$。我们得到

$$\frac{\partial \psi_{ih}(x)}{\partial x_{ih}} = \frac{\alpha_i}{p(x)} \left[u_i(e_i^h, x_{-i}) - \frac{u_i(x) - u_i(e_i^1, x_{-i}) x_{i1}}{1 - x_{i1}} \right] \left(\frac{1 - x_{i1}}{x_{i1}} \right) x_{ih}$$

因此

$$\sum_{h>1} \frac{\partial \psi_{ih}(x)}{\partial x_{ih}} = \frac{\alpha_i}{p(x)} \left[u_i(x) - u_i(e_i^1, x_{-i}) x_{i1} - \frac{u_i(x) - u_i(e_i^1, x_{-i}) x_{i1}}{1 - x_{i1}} (1 - x_{i1}) \right] \left(\frac{1 - x_{i1}}{x_{i1}} \right)$$

方括号中的表达式等于零，因此重新标度的向量场 ψ 在所有的内点状态 x

的确不是离散的。■

注 释

① 相反,动态任意小的扰动都可以破坏 Lyapunov 稳定性。

② 这个证明参照了 Swinkels(1992a)。

③ 这个问题实际上是非常微妙的;参见 Cho 和 Kreps(1987)或者 van Damme (1987)的讨论。

④ 更准确地说,除非 $u_i(e_i^h, x_{-i})=0$,这里还有一项 $-u_i(e_i^h, x_{-i})x_{ih}^2$。相反,单群体复制动态一般是三次方的,这是因为在单群体复制动态中,采取某个固定纯策略的人们之间还进行互动。

⑤ 从其他的离散时间模型(诸如 4.1 节中的多群体形式的模型)出发,在极限状态都可以得到这两种连续时间动态。但是与单群体情形不同的是,在多群体情形下,存在着一个各博弈方总体相对大小的问题,这个问题会导致不同博弈方群体之间的个体匹配率产生差异,从而造成收益流的差异。不妨考察博弈方角色 1 的一个大而有限的总体和博弈方角色 2 的一个有限群体进行的双人博弈,其中后一群体的规模为前者的一半。如果在任何给定的时刻,人们都是随机匹配的,那么第二个群体中某个人被随机抽中进行博弈的频率是第一个群体中任何人被随机抽中的两倍。因此,博弈方群体 1 中的个体从博弈中得到他们收益的频率是博弈方群体 2 中个体的一半。

⑥ 这里 $a_1=a_{11}-a_{21}$, $a_2=a_{22}-a_{12}$, $b_1=b_{11}-b_{21}$, $b_2=b_{22}-b_{12}$;参见 1.5-3 小节。

⑦ 向量场的发散度是它的雅可比矩阵的迹;参见 6.6 节。

⑧ 在此与在其他地方一样,当我们谈到(收益)调整后的复制动态式(5.5)时,我们假设收益为正。

⑨ 本节的讨论主要参照了 Björnerstedt 和 Weibull(1993)。

⑩ 为了符号表示的方便,我们这里假定所有的群体大小相等,而且所有的总体到达率是在每人的基础上计算出来的。

⑪ 关于随机匹配模型中用流来逼近的批判性分析,请参阅 Boylan(1992)。

⑫ 参见第 4 章的注释㉒。

⑬ 当然,在单群体下也可以采取这样的视角。"拟子"(memes)为人类寄主而竞争的思想作为社会演化的一种范式来自 Dawkins(1976)。

⑭ 这种方法没有考虑随机因素,这种随机因素有可能是重要的。

⑮ 令 $b_i(x)=1$ 且 $\theta_i[u_i(e_i^k, x_{-i}), u_i(e_i^h, x_{-i})]=\phi_i[u_i(e_i^k, x_{-i})-u_i(e_i^h,$

x_{-i})]。

⑯ 这个定义等价于 Samuelson 和 Zhang(1992)的定义。

⑰ Nachbar(1990)将这个性质称为**相对单调性**,Friedman(1991)将其称为(他提出的前动态的)**序兼容性**,而 Samuelson 和 Zhang(1992)简单地称之为**单调性**。

⑱ Nachbar(1990)称这类函数为**保号的**。

⑲ Samuelson 和 Zhang(1992)引入了另外一个密切相关的单调性——总体单调性;参阅 5.8-1 小节。

⑳ 例如,我们看到例 5.2 中的猜硬币博弈的唯一纳什均衡在复制动态式(5.4)中是 Lyapunov 稳定的,但非渐近稳定的。但是,从例 5.5 对同一博弈从收益线性的选择动态的角度的分析来看,标准复制因子向量场的任意小的扰动都使这个纳什均衡变得不稳定(相反的扰动使它变为渐近稳定)。

㉑ 更准确地说,对向量场的足够小的扰动,都会存在任意接近的渐近稳定点或者集合。但是,在某些例子中,渐近稳定性对稳健性的预测显得过于严格;譬如例5.10 中的集合 C。

㉒ (从 1.1-1 小节中)回忆一下,集合 $X\subset\Theta$ 是 Θ 的一个面,如果它是博弈方混合策略单纯形的面的笛卡儿积;其中单纯形 Δ_i 的面是在博弈方角色的纯策略的非空子集上进行所有随机化的集合。

㉓ Ritzberger 和 Weibull(1993)证明了,这个结果对满足如下条件的收益线性的选择动态都是成立的:在这些选择动态中,每个博弈方的比率因子 $a_i(x)$ 是相应平均收益 $u_i(x)$ 的非递减函数。(注意,调整后的复制子动态式(5.5)不属于这个子类。)

㉔ Ritzberger 和 Weibull 证明了这个结果对更广的正则增长率函数 g,即那些对得到的收益低于平均值的纯策略赋予负增长率的函数,都是成立的。

㉕ 关于"演化移动"的讨论,请参阅 Gale、Binmore 和 Samuelson(1994)。

㉖ 根据同样的逻辑,可以证明式(5.42)在另外两种情形(=和<)中也是成立的。

常微分方程理论概要

常微分方程组(ordinary differential equations, ODEs)是在数学上表示连续时间确定性动态过程的一种经典数学方法。演化博弈论中也用到了常微分方程组,其中的动态过程考察的是互动的个体组成的大群体中的行为(策略)分布的历时改变。标准的互动采取了在单一的大群体中成对随机匹配的形式,互动被定义成标准式的双人对称博弈。第 3 章和第 4 章就采取了这样的方法。沿着这个思路的另一种明显的动态分析是考察来自 n 个总体的 n 元组(tuple)人的随机匹配,每个总体代表了标准式 n 人博弈中的一个博弈方角色(第 5 章的主题)。

这类动态模型中的第一个问题是,常微分方程组是否惟一地决定了状态(在这里是策略的总体分布)历时演化。由于对这个问题的回答已经是肯定的,我们可以进一步问,是否该状态(策略分布)会逐渐收敛到某个极限状态?如果是的话,这个极限状态有哪些性质?我们还可以问,某个给定的状态在给定的动态中是否稳定?在这个动态中,结果不同的稳定性标准在状态的扰动方面对某些稳健性特征可能是有意义的。本章介绍一些这些动态分析的数学工具,重点放在第 3 章至第 5 章用到的一些概念和技巧。

6.1 节考察常微分方程组是否唯一地决定了状态向量的

动态演化，这一节中的一个中心结果是经典的 Picard—Lindelöf 定理。6.2 节的重点从常微分方程组转移到它的解映射。常微分方程解的大部分定性分析实际上只取决于解具有的三个一般性质。事实上，某些现代的和抽象的动力系统文献将这三个条件视为公理（可以参阅 Bhatia and Szegö, 1970），我们也采取这种做法。6.3 节在这种视角下解释并研究了不变性（invariance）的概念和稳态（stationarity），6.4 节阐述了各种稳定性的定义和基本结果。6.5 节简单地介绍了所谓的直接 Lyapunov 法。最后，6.6 节简单地论述了所谓的 Liouville 公式，这个物理学结果在某些（第 5 章分析过的）多总体演化选择动态中也是有用的。

Hirsch 和 Smale(1974)对基本的常微分方程理论给出了一个杰出的论述。Hale(1969)是技术性更强和更深入的论述，Bhatia 和 Szegö(1970)的漂亮的论述则更加抽象和一般。本章中的很多例子都是从这本书中借过来的。

6.1 微分方程和向量场

一般地，微分方程自身都会随着（日历）时间而改变，譬如生物和经济增长过程都取决于随着时间而发生变化的外部因素，如天气。不取决于时间的微分方程组被称为*自治的*（或者时间齐次的）。在本书中，我们只考察这类动态。从而，我们假定演化选择过程发生的外部环境随着时间的推移不发生变化。[①]而且，我们只考察一阶微分方程，即只包含一阶导数，而没有更高阶导数的微分方程。[②]所有的导数都是关于时间的导数（不是关于某个状态变量的），因此这些微分方程是常微分方程（而非偏微分方程）。

总之，我们考察的是自治的、一阶常微分方程。用点表示时间导数，这样的 k 个方程的方程组用向量表示如下

$$\dot{x} = \varphi(x) \tag{6.1}$$

其中

$$\dot{x} = (\dot{x}_1, \cdots, \dot{x}_k) = \frac{\mathrm{d}x}{\mathrm{d}t} = \left(\frac{\mathrm{d}x_1}{\mathrm{d}t}, \cdots, \frac{\mathrm{d}x_k}{\mathrm{d}t}\right) \tag{6.2}$$

φ 是从开集 $X \subset R^k$ 到 R^k 的映射。这里 $x = (x_1, \cdots, x_k) \in X$ 是一个状态向量，X 为状态空间，式(6.1)的右边规定了该状态在状态空间 X 的每个点 x 处的变化方向和速度。方程 φ 被称为一个向量场，该方程定义了每个点 x 上的流的方向和速度。对状态 x 的每个分量 x_i，$\varphi_i(x) \in R$ 是它的时间导数；图 6.1 描绘了 R^2 中的向量场。

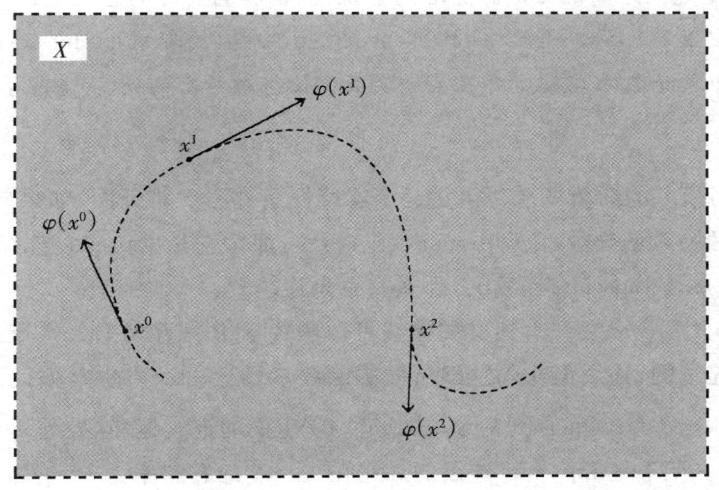

向量场和解轨迹之间的几何联系。

图 6.1

一旦一个微分方程组(6.1)写好之后，我们面临的第一个问题是：准确地说它是否有解（见图 6.1 中的虚线）？如果有解的话，解是不是唯一的？还有一个问题是：这个解是不是在所有时间上定义了该状态，即是不是全局的？正式地：

定义 6.1 方程组(6.1)通过某个点 $x^o \in X$ 的（局部）解是一个函数 $\xi(\cdot, x^o): T \to X$，这里的 T 是包括 $t = 0$ 的一个开区间，使得 $\xi(0, x^o) = x^o$，而且下面的式(6.3)对所有的 $t \in T$ 都成立。如果 $T = R$，那么解是全局的。

$$\frac{\mathrm{d}}{\mathrm{d}t}\xi(t, x^o) = \psi[\xi(t, x^o)] \tag{6.3}$$

可以看出，对所有的足够平滑的向量场 φ，（局部）解的存在性和唯一性是可以保证的。这个条件,称为 Lipschitz 连续性,比连续性稍严格。回忆一下,状态 $x \in R^k$ 和向量场的相应值 $\varphi(x)$ 都是同一欧几里得空间 R^k 内的点。因此,运用度量 $X \subset R^k$ 中距离的欧几里得度量可以度量向量场 φ 在任何两点 x、$y \in X$ 上的强度和方向的差异。Lipschitz 连续性大体上要求,存在某个 $\lambda \in R$ 使得 φ 在任何两个状态 x、$y \in X$ 上的强度和时间的差异小于状态 x 和 y 之间距离的 λ 倍。更准确地说,在稍弱的局部的意义上:

定义 6.2 函数 $\varphi: X \to R^k$(其中 $X \subset R^k$)是(局部)Lipschitz 连续的,如果对每个紧子集 $C \subset X$,存在某个实数 λ 使得对所有的 x、$y \in C$,有

$$\| \varphi(x) - \varphi(y) \| \leqslant \lambda \| x - y \| \tag{6.4}$$

本书研究的向量场总是满足这个连续性条件。不难证明,如果向量场 φ 有连续的一阶偏导数(first partial derivative),那么它是 Lipschitz 连续的。显然,如果 φ 是 Lipschitz 连续的,那么它也是连续的。

例 6.1 $\varphi(x) = x^2$ 定义的连续可微函数 $\varphi: R \to R$ 是 Lipschitz 连续的,因此是连续的;连续但非(处处)可微的函数 $\varphi(x) = |x|$ 也是如此。相反,$\varphi(x) = 0 (x < 0)$ 和 $\varphi(x) = \sqrt{x} (x \geqslant 0)$ 定义的连续但非(处处)可微的函数 $\varphi: R \to R$ 不是 Lipschitz 连续的。它在 $x = 0$ 的右斜率为 $+\infty$,因此,对 $x = 0$ 附近的所有的 y,找不到满足式(6.4)的 $\lambda \in R$。

方程组(6.1)的(局部)解的唯一性和存在性的下述结果是一个经典的结果,被称为 Picard-Lindelöf 定理:③

定理 6.1 如果 $X \subset R^k$ 是一个开集,而且向量场 $\varphi: X \to R^k$ 是 Lipschitz 连续的,那么方程组(6.1)通过每个状态 $x^o \in X$ 有唯一解映射 $\xi(\cdot, x^o)$: $T \to X$。而且,$\xi(t, x^o)$ 在 $t \in T$ 和 $x^o \in X$ 时是连续的。

(关于证明,请参阅 Hirsch 和 Smale(1974)或者 Hale(1969)。)

众所周知,如果 φ 满足有连续的一阶偏导数这个稍严格一点的条件,那么 $\xi(t, x^o)$在 t 和 x^o 上就是连续可微的(可以参阅 Hale(1969)第 1 章中的定理 6.3)。下面的例子说明,如果向量场不是 Lipschitz 连续的,那么常微分方程可能有多个解。

例 6.2 考察由 $\varphi(x) = 0 \ (x < 0)$ 和 $\varphi(x) = \sqrt{x} \ (x \geqslant 0)$ 定义的(非 Lipschitz 连续的)函数 $\varphi: R \to R$。通过初始状态 $x^o = 0$ 的一个(全局)解是

对所有的 $t \in R$ 由 $\xi(t, x^o) = 0$ 定义的函数 $\xi(\cdot, x^o): T \to X$。另一个通过同一初始状态的(全局)解是由 $\eta(t, x^o) = 0$($t < 0$时)和 $\eta(t, x^o) = t^2/4$ ($t \geqslant 0$ 时) 定义的函数 $\eta(\cdot, x^o): T \to X$。参见图 6.2 的描绘。

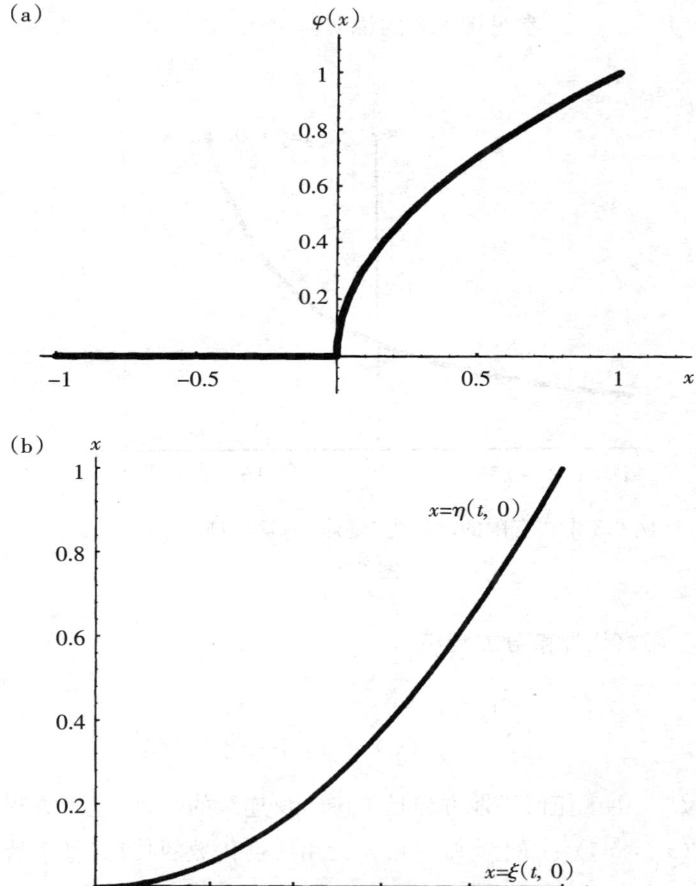

(a)例 6.2 中的向量场。(b)同一例子中微分方程的两个解轨迹。

图 6.2

下面的例子则说明,即使向量场是 Lipschitz 连续的,方程(6.1)也可能有在有限的时间内爆炸的(局部)解(即 $T \neq R$)。

例 6.3 考察由 $\varphi(x)=x^2$ 定义的 Lipschitz 连续的函数 $\varphi:R\to R$，并且令（在 $t=0$ 处的）初始状态为 $x^o=1$。由 $\xi(t,x^o)=1/(1-t)$（其中 $t<1$）定义的函数 $\xi(\cdot,x^o):T\to X$ 是相应的微分方程(6.1)经过 $x^o=1$ 的解。注意这个解不是全局的；它只是定义在区间 $T=(-\infty,1)$ 上，而且当 $t\to 1$ 时，$\xi(t,x^o)\to+\infty$。参见图 6.3 的说明。

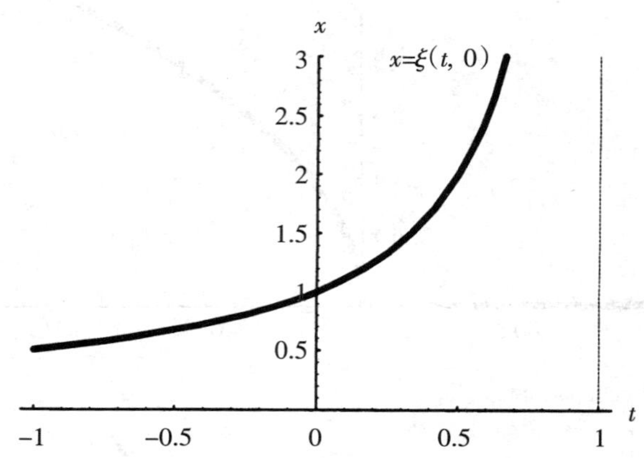

例 6.3 中在有限的时间内“爆炸”的解轨迹。

图 6.3

例 6.4 考察线性微分方程组

$$\dot{x}_1=\varphi_1(x)=\alpha x_1-x_2$$
$$\dot{x}_2=\varphi_2(x)=x_1+\alpha x_2$$

其中，$\alpha\in R$。由于任何线性方程是 Lipschitz 连续的，所以这个方程组经过每点 $x^o=(x_1^o,x_2^o)\in R^2$ 有唯一解。运用线性代数的技巧（基于特征值和特征向量，参阅 Hirsch and Smale，1974），我们可以证明解 $\xi(\cdot,x^o)$ 是由下面的一对方程给出的：

$$\xi_1(t,x^o)=[x_1^o\cos t-x_2^o\sin t]e^{\alpha t}$$
$$\xi_2(t,x^o)=[x_1^o\sin t-x_2^o\cos t]e^{\alpha t}$$

图 6.4 表示出了向量场 $\varphi:R^2\to R^2$。图 6.5(a)和(b)表示了两个相应的解，一个对应的是 $\alpha>0$ 的情形，另一个对应的是 $\alpha<0$ 的情形。用极坐标

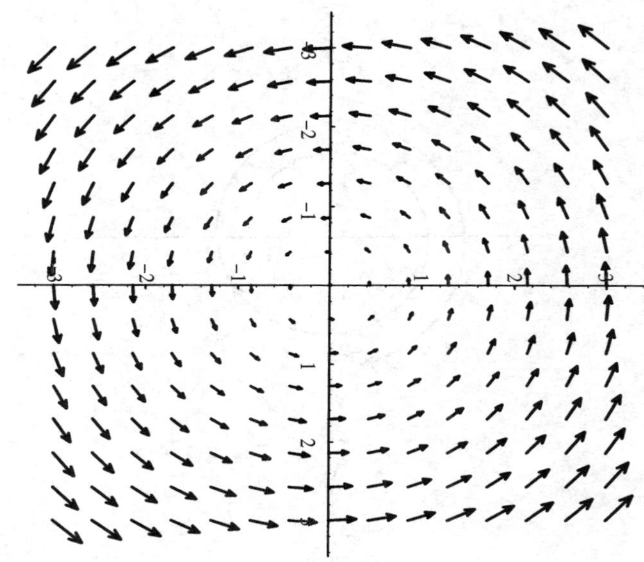

例 6.4 中的向量场。

图 6.4

(r, θ)来表示，动态就是 $\dot{r}=\alpha r$ 和 $\dot{\theta}=1$，其中 r 是到顶点的距离，θ 是与 x_1 轴所成的角度，该角度是用弧度逆时针计算的。从这些极坐标微分方程来看，所有的解都围绕着原点逆时针转动，即 $\dot{\theta}>0$。当 α 为正时，向外旋转（$\dot{r}>0$）；当 α 为零时，停留在圆上（$\dot{r}=0$）；当 α 为负时，向里旋转（$\dot{r}<0$）。（注意 $r=\|x\|$，$\theta=\arctan(y/x)$ 或者反过来，$x=r\cos\theta$，$y=r\sin\theta$。）

例 6.5 考察下面的一对非线性微分方程

$$\dot{x}_1=\varphi_1(x)=x_1-\|x\|(x_1+x_2)$$
$$\dot{x}_2=\varphi_2(x)=x_2+\|x\|(x_1-x_2)$$

显然这个向量场 φ 是 Lipschitz 连续的，因此这个方程组经过每个点 $x^o=(x_1^o, x_2^o)\in R^2$ 都有唯一解。图 6.6(a)表示了这个向量场，图 6.6(b)表示了两个解曲线。用极坐标(r, θ)来表示，这个动态为 $\dot{r}=r(1-r)$ 和$\dot{\theta}=r$。从这些方程，我们看到解的确是绕着原点向着 $r=\|x\|=1$ 的单位圆逆时针旋转的。

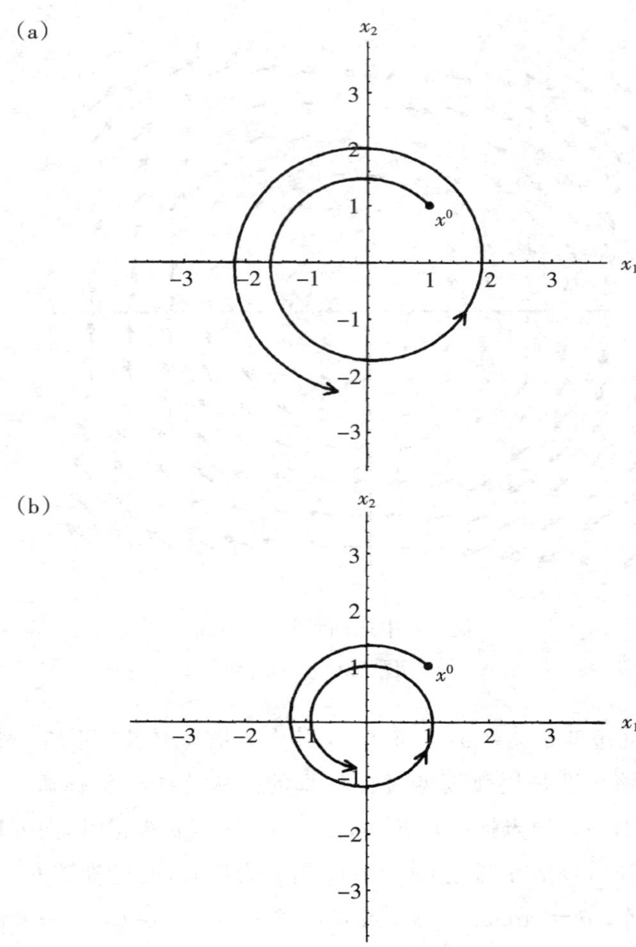

例 6.4 中动态的解轨迹：(a)$\alpha > 0$ 时，(b)$\alpha < 0$ 时。

图 6.5

6.2 诱致的解映射

在前面各章的应用中，所有有意义的状态属于向量场 φ 的定义域 X 的某个紧子集 C。更准确地说，对于所有的 $t \in T(x^o)$，我们总是有 $x^o \in C$ 和

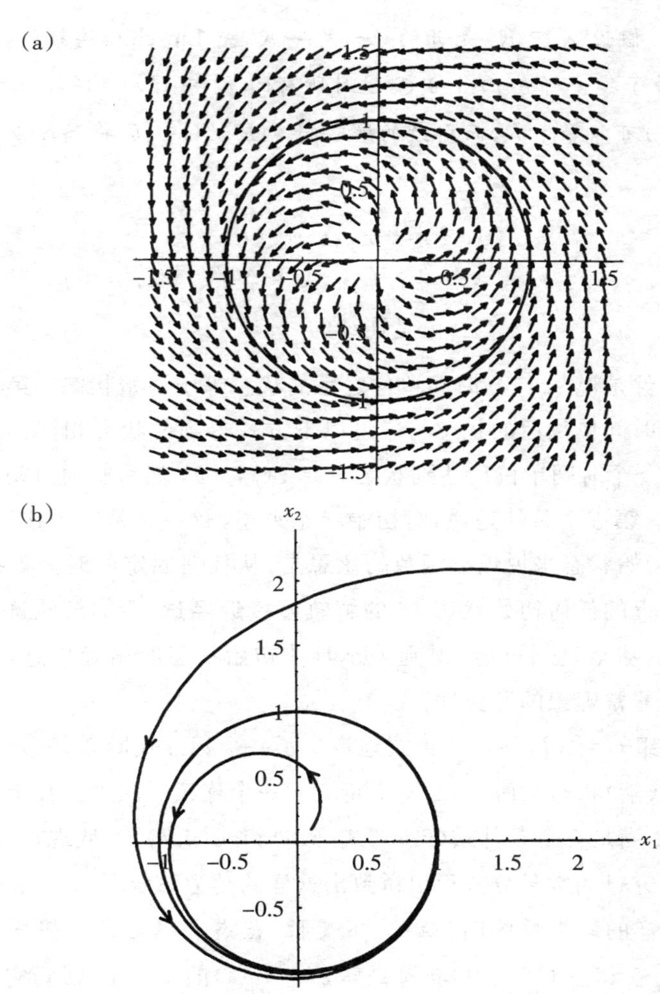

(a)例 6.5 中的向量场。(b)相应微分方程的解轨迹。

图 6.6

$\xi(t, x^o) \in C$，其中 $T(x^o) \subset R$ 是通过 x^o 的解得到定义的开时间区间。通常，$X = R^k$，而且 C 要么是某个博弈方混合策略的单纯形 Δ,要么是该博弈混合策略组合的多面体 Θ。在这样的情形下，我们可以证明，通过任何点 $x^o \in C$ 的解是全局的(不妨参阅 Hale(1969)第 1 章中的定理 2.1)。事实上，我们有如下重要的结果：

命题 6.1 假设 $X \subset R^k$ 是开的，$\varphi: X \to R^k$ 是 Lipschitz 连续的，而且 C 是 X 的一个紧子集使得 $\xi(t, x^o) \in C$ 对所有的 $x^o \in C$ 和 $t \in T(x^o)$ 都成立；那么 $T(x^o)$ 可以等于 R，而引致的解映射 $\xi: R \times C \to C$ 将满足以下三个条件：

$$\xi(0, x) = x, \ \forall x \in C \tag{6.5}$$

$$\xi[t, \xi(s, x)] = \xi(t+s, x), \ \forall x \in C, \ \forall s, t \in R \tag{6.6}$$

$$\xi \text{ 是连续的} \tag{6.7}$$

第一个条件是说，$t = 0$ 时间单位之后的状态等于初始状态。第二个条件是说，$t+s$ 时间单位后的状态与通过以下方式得到的状态相同：首先，解经过初始状态 s 个时间单位后达到状态 $y = \xi(s, x)$，然后解通过初始状态 t 个时间单位。第三个条件是说，对初始状态来说，解一直是一个连续函数。简单地说，对初始状态来说连续函数的意思是，从任何固定的时间 $t \in R$ 来看，通过 x^o 附近的任何初始状态 y^o 的解轨迹接近经过 x^o 的解轨迹。由于在实际上很难（甚至是不可能）得到关于具体初始状态的精确信息，所以这个性质是一种非常理想的稳健性。

如同三元组 $G = (I, S, \pi)$ 正式地定义了一个标准式博弈，三元组 $D = (R, C, \xi)$ 在（紧）状态空间 $C \subset X$ 上定义了一个连续时间 $t \in R$ 上的动力系统，解映射 ξ 满足三个条件式(6.5)、式(6.6)和式(6.7)。④ 从现在开始，我们要求我们研究过的常微分方程组诱致出这样的动力系统 D。

在研究这样的动力系统时，轨迹、不变性、稳态和稳定性等概念是很关键的。通过状态 $x^o \in C$ 的（解）轨迹是解 $\xi(\cdot, x^o)$ 的图。正式地，它是下面的时间—状态对的子集

$$\tau(x^o) = \{(t, x) \in R \times C : x = \xi(t, x^o)\} \tag{6.8}$$

换言之，轨迹 $\tau(x^o)$ 包含了该状态怎样历时演化的所有数据。相反，通过某个点的轨迹告诉我们到达了哪个状态，但没有告诉我们何时到达。正式地，通过初始状态 x^o 的轨迹 $\gamma(x^o)$ 是解映射 $\xi(\cdot, x^o)$ 下整个时间坐标的像：

$$\gamma(x^o) = \{\text{对某个 } t \in R, \ x \in C : x = \xi(t, x^o)\} \tag{6.9}$$

等价地，我们也可以将 $\gamma(x^o)$ 看作轨迹 $\tau(x^o)$ 到状态空间 C 的投影。对任何子集 $A \subset C$，我们可以将 $x^o \in A$ 的所有轨迹 $\gamma(x^o)$ 的并记作 $\gamma(A) \subset C$。

在很多应用中，我们感兴趣的是，系统已经处在某个状态 x^o 后所到达的状态的集合。为此目的，我们将通过某个状态 x^o 的前向(准)轨迹定义为解映射 $\xi(\cdot, x^o)$ 下非负时间轴的像：

$$\gamma^+(x^o) = \{\text{对某个 } t \geqslant 0,\ x \in C: x = \xi(t, x^o)\} \tag{6.10}$$

集合 $\gamma^+(A)$ 被定义为满足 $x^o \in A$ 的所有准轨迹 $\gamma^+(x^o)$ 的并。

例 6.6 图 6.5(a)和(b)中的曲线是例 6.4 中的微分方程的解的前向(准)轨迹的组成部分。图 6.6 中的两条曲线都是例 6.5 中微分方程的解的前向轨迹的一部分。

6.3 不变性与稳态

状态子集 $A \subset C$ 在某个给定的解映射 ξ 下是不变的，如果通过 A 中任何点的整个轨迹还处在 A 之中。换言之，如果我们知道在某个时点，状态还处在 A 中，那么它以前一定一直处在 A 中，而且还会继续待在 A 中。如果 A 中通过任何点的解永远待在 A 中，那么该集合被称为是前向(正性)不变的。正式地：

定义 6.3 如果对所有的 $x^o \in A$ 有 $\gamma(x^o) \subset A$，则子集 $A \subset C$ 是不变的。如果对所有的 $x^o \in A$ 有 $\gamma^+(x^o) \subset A$，该集合将是前向不变的。

不变集合的一个简单例子是通过任何状态 x^o 的轨迹 $A = \gamma(x^o)$。的确，它是包含 x^o 的最小不变集合(对前向准轨迹也是类似的)。从这个定义可以立即得到如下结论，当且仅当 $\gamma(A) = A$ ($\gamma^+(A) = A$)，集合 $A \subset C$ 是(前向)不变的。

不变集合的下述性质是三个“条件”——式(6.5)、式(6.6)和式(6.7)——的直接或者间接结果：

命题 6.2 不变集合的并和交都是不变的。如果 $A \subset C$ 是不变的，那么它的闭包 $\bar{A} \subset C$，补集 $B = C \cap \sim A$，内部 $\text{int}(A) \subset C$ 和边界 $bd(A) \subset C$

都是不变的。

证明 首先，用$\{A_\lambda\}$来表示C的不变子集的集合。假设$x \in D = \bigcup_\lambda A_\lambda$，并且$t \in R$。那么存在某个$\lambda$使得$x \in A_\lambda$。由于$A_\lambda$是不变的，$\xi(t, x) \in A_\lambda$，因此，$\xi(t, x) \in D$，也就是说，$D = \bigcup_\lambda A_\lambda$是不变的。类似地，我们可以验证$E = \bigcap_\lambda A_\lambda$是不变的。其次，假设$A \subset C$是不变的。我们先假设$x \in \bar{A}$，$t \in R$。那么存在从$A$开始收敛到$x$的序列$(x^i)_{i=1}^{\infty}$。根据$A$的不变性，对每个$i$，有$y^i = \xi(t, x^i) \in A$。根据条件式(6.7)，$\lim_{i\to\infty}\xi(t, x^i) = \xi(t, x)$，因此$y = \xi(t, x) \in \bar{A}$，这就证明了$\bar{A}$是不变的。为了看出$B = C \cap \sim A$也是不变的，假设它是变化的。那么，存在某个$x \in B$和$t \in R$使得$y = \xi(t, x) \in A$。但是根据条件式(6.6)，$\xi(-t, y) = \xi(-t, \xi(t, x)) = \xi(t-t, x) = \xi(0, x)$；根据条件式(6.5)，$\xi(0, x) = x$，所以$A$不是不变的。(经证明成立的方程$\xi(-t, y) = x \in B$说明轨迹$\gamma(y)$不是$A$的一个子集，因此，如果$B$是可变的，那么$A$也是可变的。)根据已经证明的结果和如下事实：$F$是$B$的闭包的补集，$G$是$A$的闭包和$B$的闭包的交集，可以证明$F = \text{int}(A)$和$G = bd(A)$的不变性。■

注意以上论述对只是前向不变的集合来说，不是一般地成立的。例如，单位区间$A = [0, 1] \subset R$在一维动态$\dot{x} = -x$中是前向不变的，它的内部(0, 1)也是前向不变的，但它的边界$\{0, 1\}$却不是前向不变的：通过$x = 1$的解向着A的内部移动。

一类重要的不变集合是稳态(即没有运动的状态)：

定义 6.4 解映射ξ下的稳态是使得$\xi(t, x) = x$对所有的$t \in R$都成立的状态$x \in C$。

稳态有时候也被称为静止点、临界点或者(动态)均衡。

因此，状态$x \in X$是稳态的，当且仅当通过x的轨迹$\gamma(x)$是一个单点集$\{x\}$，或者等价地，当且仅当集合$A = \{x\}$是不变的。用常微分方程组(6.1)来表示的话，状态$x \in C$是稳态的，当且仅当向量场φ在x处消失，即$\varphi(x) = 0$。为了理解这一点，只需注意如下事实：如果向量场在$x \in C$处消失，那么常微分方程组(6.1)通过x的一个解为$\xi(t, x) = x$(对所有的t)。根据 Picard-Lindelöf 定理，这是通过x的唯一解，因此x是稳态的。那么，显然对于所有的t，有$d\xi(t, x)/dt = 0$；而且根据式(6.3)，有$\varphi(x) = 0$。

条件式(6.5)、式(6.6)和式(6.7)的一个有用的结果是，如果解是逐渐收敛的，那么极限状态一定是稳态的。从直觉上，这个结果对于微分方程的解并不令人吃惊。如果通过某个初始状态 x 的解逐渐稳定下来并趋于某个状态 y，那么向量场在 y 附近应该是弱的，而且在 y 处会消失的(根据 φ 的连续性)：

命题 6.3 如果 x、$y \in C$，并且 $\lim_{t\to\infty}\xi(t, x) = y$，那么 y 是稳态的。

证明 假设 x、$y \in C$，而且 $\lim_{t\to\infty}\xi(t, x) = y$。那么对 y 的每个邻域，存在时间 $t_B \geqslant 0$ 使得对所有的 $t \geqslant t_B$，有 $\xi(t, x) \in B$。令 $x^B = \xi(t_B, x)$，并假设 y 不是稳态的。那么存在某个使得 $\xi(\hat{t}, y) = z \neq y$ 的时刻。根据条件式(6.7)，存在某个 y 的邻域 A 使得 z 不在 A 中，而且任何满足 $y' \in A$ 的 $z' = \xi(\hat{t}, y')$ 也不在 A 中。但是，对于 $B = A$，我们有 $x^A \in A$，而且对所有的 $t \geqslant t_A$，有 $\xi(t, x^A) \in A$；根据条件式(6.6)，这等价于 $\xi(s, x^A) = \xi(s, \xi(t_A, x)) = \xi(s + t_A, x) \in A$ (对所有的 $s \geqslant 0$)。当 $s = \hat{t}$ 时，这就产生了矛盾。■

但是，要注意的是，解朝着某个点收敛并不意味着可以(在有限时间内)达到这个点。事实上，除非该系统一开始就处在稳态，否则它将永远不会处在稳态：如果 $x \neq y$ 且 y 是稳态的，那么对所有的 t，$\xi(t, x) \neq y$。如果 y 是稳态的，那么通过 y 的解是不变的解 $\xi(t, y) = y$(对所有的 t)；根据 Picard-Lindelöf 定理，这是通过 y 的唯一的解。

例 6.7 图 6.5(a)和(b)说明，原点 $x = (0, 0)$ 是例 6.4 中的微分方程引致的动态的唯一稳态。等价地，集合 $A = \{(0, 0)\}$ 是唯一不变的单点集。当然，对所有的 α 的值，整个状态空间 $X = R^2$ 是不变的。对任何 $\lambda \in R_+$，当 $\alpha \leqslant 0$ 时，每个圆盘 $D_\lambda = \{x \in R^2 : \| x \| \leqslant \lambda\}$ 是前向不变的(因为这时 $\dot{r} \leqslant 0$；参阅例 6.4)；当 $\alpha > 0$ 时，D_λ 的补集是前向不变的。还要注意如下事实：当 α 为负时，至少有一个解(事实上任何解)会收敛到原点；根据命题 6.3，这个事实意味着原点是一个稳态。

例 6.8 在例 6.5 的动态中，原点是唯一的稳态，但单位圆 $A = \{x : \| x \| = 1\}$ 也是不变的。事实上，在这个动态中，每个满足 $\alpha \leqslant 1 \leqslant \beta$ 的闭环形的集合 $E = \{x : \alpha \leqslant \| x \| \leqslant \beta\}$ 是前向不变的。

6.4 稳定性概念

用 $D=(R, C, \xi)$ 表示某个动态系统。我们将用两个不同的(经典)稳定性概念:Lyapunov稳定和渐近稳定,分别适用于个别状态 $x \in C$ 和状态的集合 $A \subset C$。最基本的概念是Lyapunov稳定性的概念,通常被简称为"稳定性"。从直觉上,状态 $x \in C$ 是Lyapunov稳定的,如果该状态的较小的扰动不会使得它偏离 x。与Lyapunov稳定性要求该状态没有偏离不同的是,渐近稳定性要求有一个向着该状态的(局部)推动力:如果它是Lyapunov稳定的且该状态所有的足够小扰动都会使它再重新回到 x,则状态 $x \in C$ 是渐近稳定的,根据定义,从渐近稳定性可以推出Lyapunov稳定性。正式地:

定义6.5 状态 $x \in C$ 是Lyapunov稳定的,如果 x 的每个邻域 B 包含了 x 的一个邻域 B^o 使得对所有的 $x^o \in B^o \cap C$ 和 $t \geqslant 0$,有 $\xi(t, x^o) \in B$。状态 $x \in C$ 是渐近稳定的,如果它是Lyapunov稳定的,而且存在邻域 B^* 使得式(6.11)对所有的 $x^o \in B^* \cap C$ 都成立。

$$\lim_{t \to \infty} \xi(t, x^o) = x \tag{6.11}$$

注意,Lyapunov稳定性标准等价于,从 B^o 开始的所有前向轨迹都包含在 B 中这个要求:$\gamma^+(B^o \cap C) \subset B$。

显然,状态 x 要想是(Lyapunov或者渐近)稳定的就必须是稳态的,因为如果不是这样,即使没有扰动,ξ 也会偏离 x:

命题6.4 如果一个状态是Lyapunov稳定的,那么它是稳态的。

证明 假设 $x \in C$ 不是稳态的,那么存在某个 $y \neq x$ 和 $t \in R$ 使得 $\xi(t, x)=y$。点 y 到点 x 的距离是有限的,所以存在 x 的某个邻域 B 使得动态会在有限时间离开,如果始于 x 的话。■

前面关于个别状态稳定性的各种定义可以很容易地扩展到状态集合 $A \subset C$ 的特征上去。出于技术的原因,假定我们研究过的子集 A 为闭的(从而是紧的,因为它们是紧集 C 的子集)。读者应该能够验证,在单点集 $A=\{x\}$ 的特殊情形下,稳定性的点定义和集合定义是重合的。因为我们要考察收敛到闭集，所以我们还要知道三个新的数学概念。首先，我们用 y 和 A 中任何点 a 之间的最小距离来度量点 $y \in C$ 和闭集 $A \subset C$ 之间的距离：$d(y, A) = \min_{a \in A} d(y, a)$。其次，如果当 $t \to \infty$ 时，距离 $d(\xi(t, x^o), A)$ 收敛到零，那么我们说解 $\xi(\cdot, x^o)$ 收敛到闭集 $A \subset C$，记作 $\xi(t, x^o)_{t \to \infty} \to A$。注意，这并不要求解是收敛的。再次，闭集 A 的邻域指的是包含 A 的开集 B。

定义 6.6 闭集 $A \subset C$ 是 Lyapunov 稳定的，如果 A 的每个邻域 B 包含了 A 的邻域 B^o 使得 $\gamma^+(B^o \cap C) \subset B$。闭集 $A \subset C$ 是渐近稳定的，如果它是 Lyapunov 稳定的，而且存在 A 的邻域 B^* 使得对所有的 $x^o \in B^* \cap C$，有 $\xi(t, x^o)_{t \to \infty} \to A$。

例 6.9 到例 6.11 这几个例子说明了这些性质。

命题 6.5 如果闭集 $A \subset C$ 是 Lyapunov 稳定的，那么它是前向不变的。

证明 假设 $A \subset C$ 不是 Lyapunov 稳定的，那么存在某个 $x \in A$，$y \notin A$ 和 $t \in R$ 使得 $\xi(t, x) = y$。点 y 与 A 的距离为正数，所以存在 A 的某个邻域 B 使得系统如果始于 x，它将在有限的时间离开。特别地，如果 $B^o \subset B$ 是 A 的一个邻域，那么 $x \in B^o$ 和 $\gamma^+(B^o)$ 不是 B 的一个子集。因此 A 不是 Lyapunov 稳定的。■

与这些渐近稳定性密切相关的一个有用的概念是状态 $x \in C$ 或者状态的闭集 $A \subset C$ 的吸收域。顾名思义，这个域指的是，被动态推向点 x 或者集合 A 的初始状态的集合。更准确地说，状态 x 的吸收域是状态 x^o 的集合使得通过 x^o 的解逐渐收敛到 x，集合 A 的吸收域亦然。但是要注意的是，在后面的这种情形下，解未必是收敛的；只需它到集合 A 的距离收敛到零就可以了。正式地，我们可以用同样的数学方法来处理个别状态和状态的集合：

定义 6.7 闭集 $A \subset C$ 的吸引域是集合 $\{x^o \in C: \xi(t, x^o)_{t \to \infty} \to A\}$。集合 $A \subset C$ 被称为一个吸引子，如果它的吸引域是 A 的邻域。

可以得出，Lyapunov 稳定状态或者稳定集合是渐近稳定的，当且仅当它是一个吸引子。

6.5 Lyapunov 直接法

确立个别状态或者状态的闭集的稳定性质的一个一般性方法是 Lyapunov

直接法。这个方法的思想在直觉上是简单的，我们将把它运用到三个不同的环境。

首先，令 $A \subset C$ 表示我们想证明其在(紧集)C 上的某个给定动态 ξ 中是 Lyapunov 稳定的闭集。假设我们已经发现了某个定义在集合 A 的一个邻域 D 上的实值连续函数 v，使得 $v(x)$ 在 A 上是零而在 A 之外为正。进一步假设，v 在它的定义域 D 内沿着任何解轨迹的值不是递增的。所以，我们就情不自禁地猜想，至少对足够靠近 A 的初始状态来说，该系统没有偏离 A。当然，这里会出现如下微妙的情形：系统朝着 v 的某个局部最小值 $y \notin A$ 移动，并/或朝着 v 的定义域 D 的边界移动。但是，实际上可以证明 A 是 Lyapunov 稳定的。我们称这三个相联系的结果中的第一个结果为 Lyapunov 第一定理。在这样的结果中，我们通常称相关的值函数 v 为局部 Lyapunov 函数：⑤

定理 6.2 假设 $A \subset C$ 是闭的。如果存在 A 的邻域 D 和满足下面的式(6.12)和式(6.13)两个条件的连续函数 $v: D \to R_+$，那么集合 A 是 Lyapunov 稳定的：

$$v(x) = 0\text{，当且仅当 } x \in A \tag{6.12}$$

$$v(\xi(t, x)) \leqslant v(x)\text{，如果 } x \notin A,\ t > 0 \text{ 且 } \xi(s, x) \in D,\ \forall s \in [0, t] \tag{6.13}$$

证明 令 $B \subset D$ 为 A 的任何邻域使得它的边界 $E = \partial B$ 包含在 D 中。显然 E 是紧的(因为它是紧集 C 的一个闭子集)，并且 v 在 E 上是正的。由于 v 是连续的，所以它在 E 上的最小值是正的：$\min_{y \in E} v(y) = \alpha > 0$。令 $B' = \{x \in B: v(x) < \alpha\}$。那么 B' 是 A 的一个前向不变的邻域。首先，B' 包含了 A，而且根据 v 的连续性，B' 是开的。其次，如果 $x \in B'$，并且在某个时间 $T > 0$，$\xi(T, x) \notin B'$，那么根据条件式(6.7)，存在某个 $t \in [0, T]$ 使得 $\xi(s, x) \in D$，$\forall s \in [0, t]$，并且至少对一个这样的时间 s，有 $y = \xi(s, x) \in E = \partial B$。但是这意味着 $v(y) \geqslant \alpha$，与式(6.13)相矛盾。■

如果对式(6.13)中的弱不等式进行强化，相应的函数通常被称为严格局部 Lyapunov 函数，而且我们研究的集合 A 是渐近稳定的。事实上，可以证明，这可以刻画渐近稳定性的特征。我们将其称为 Lyapunov 第二定理：

定理 6.3 假设 $A \subset C$ 是闭的。当且仅当 A 是渐近稳定的，存在 A 的邻域 D 与满足条件式(6.12)和下面的式(6.14)的连续函数 $v: D \to R_+$。

$$v(\xi(t, x)) < v(x), \text{如果 } x \notin A, t > 0 \text{ 且 } \xi(s, x) \in D, \forall s \in [0, t] \tag{6.14}$$

(关于该定理的证明,请参阅 Bhatia 和 Szegö(1970)一书第 5 章的定理 2.2。)

但是,这些结果有两个不足之处。最明显的不足之处是,它们没有给出如何找出一个 Lyapunov 函数的方法!的确,这是一个直觉和运气的问题,虽然已经证明,有一类熵函数在很多演化博弈动态中是很有效的(参见第 3 章和第 5 章)。

第二个不足是,式(6.13)和式(6.14)这样的单调性条件一般而言是很难验证的。但是,如果动态 ξ 是常微分方程组(6.1)的解,并且相应的向量场 φ 是连续可微的,那么这两个单调性条件都可以用具有直觉性和操作性的充分条件来替代。在这种替代性的方法中,我们分别采用值函数 v 和向量场 φ 的等高线图(contour map),而且不需要知道微分方程组的显式解。

基本的思路也是简单的:在值函数 v 的定义域 $D \subset C$ 中的任何状态 x,v 最陡峭的上升方向是由它的梯度 $\nabla v(x) = (\partial v(x)/\partial x_1, \cdots, \partial v(x)/\partial x_k)$ 给出的,该梯度向量与 v 通过点 x 的水平线(或者等量线)成正交。类似地,向量 $\varphi(x)$ 指向通过 x 的解曲线 $\xi(\cdot, x)$ 的(切线)方向。因此,如果负的梯度 $-\nabla v(x)$ 与运动 $\varphi(x)$ 的切线成锐角,或者等价地,如果内积 $\nabla v(x) \cdot \varphi(x)$ 为负,那么 v 沿着解 ξ 递减。

根据微分的链式法则,这个内积等于值函数在 $x = \xi(t, x^o)$ 处的时间导数:

$$\begin{aligned}\frac{\mathrm{d}}{\mathrm{d}t}[v(\xi(t, x))] &= \sum_{h=1}^{k} \frac{\partial v(x)}{\partial x_h}\left[\frac{\mathrm{d}\xi_h(t, x)}{\mathrm{d}t}\right] \\ &= \sum_{h=1}^{k} \frac{\partial v(x)}{\partial x_h}\varphi_h(x) = \nabla v(x) \cdot \psi(x)\end{aligned} \tag{6.15}$$

如果在某个时间区间 $[0, t]$ 内,解仍然待在定义域 D 中,那么式(6.15)的积分得到

$$v(\xi(t, x^o)) - v(x^o) = \int_0^t \nabla v(\xi(s, x^o)) \cdot \varphi(\xi(s, x^o))\mathrm{d}s \tag{6.16}$$

因此,如果对所有的 $x \notin A$,内积 $\nabla v(x) \cdot \varphi(x)$ 在定义域 D 内是负的,那么显然式(6.14)是成立的。同理,我们也可以证明,如果内积 $\nabla v(x) \cdot \varphi(x)$ 对

定义域 D 内所有的 $x \notin A$ 是非正的，并且 A 是一个连通集，那么式(6.13)成立。[⑥]总之：

定理 6.4 假设 $A \subset C$ 是闭的。如果存在 A 的某个邻域 D 与某个满足条件式(6.12)和下面的式(6.17)的连续可微的函数 $v: D \to R_+$，那么 A 是渐近稳定的。假设 $A \subset C$ 是闭的和连通的。如果存在 A 的某个邻域 D 与某个满足条件式(6.12)和下面的式(6.18)的连续可微的函数 $v: D \to R_+$，那么 A 是 Lyapunov 稳定的。

$$\nabla v(x) \cdot \varphi(x) < 0, \ \forall x \notin A \tag{6.17}$$

$$\nabla v(x) \cdot \varphi(x) \leqslant 0, \ \forall x \notin A \tag{6.18}$$

注意，在单一的状态的这个重要的特例中，状态集合 A 的拓扑要求得到了平常的满足；如果对某个 $x \in C$，有 $A = \{x\}$，那么 A 一定既是闭的，又是连通的。[⑦]

例 6.9 在例 6.4 中，原点 $x_1 = x_2 = 0$ 是二维动态中的稳态。当 $\alpha > 0$ 时，这个状态显然是不稳定的。其次，当 $\alpha = 0$ 时，它是 Lyapunov 稳定的，但非渐近稳定的。最后，当 $\alpha > 0$ 时，这个原点是渐近稳定的。到原点的距离的平方 $v(x) = \| x \|^2$ 的连续可微函数 $v: R^2 \to R$ 沿着任何解按照如下的方程而变化

$$\dot{v}(x) = \frac{\mathrm{d}}{\mathrm{d}t} \| x \|^2 = 2x_1 \dot{x}_1 + 2x_2 \dot{x}_2 = 2\alpha \| x \|^2$$

显然，v 只有在原点才会消失，因此当 α 为负时，它是一个 Lyapunov 函数。它的梯度 $\nabla v(x) = 2x \in R^2$ 和向量场 $\varphi(x) = R^2$ 之间的内积是 $2\alpha \| x \|^2$；只要 α 是负的(非正的)，这个内积就会是一个负(非正)数；参见上面的 Lyapunov 定理。

例 6.10 例 6.5 中动态的一个 Lyapunov 函数是 $v(x) = (\| x \| - 1)^2$，即到单位圆的距离的平方。为了看清这一点，只需观察如下事实：这个函数是连续可微的，在单位圆上消失，而且只在单位圆上才消失；它沿着解的时间导数 $\dot{v}(x) = \nabla v(x) \cdot \varphi(x) = -2 \| x \| (\| x \| - 1)^2$ 除了在原点和单位圆上之外都是负的。因此，任何开环 $D = \{x: \alpha < \| x \| < \beta\}$ $(\alpha \in (0, 1)$ 且 $\beta > 1)$ 满足这个动态的一个 Lyapunov 函数 v 的定义域的要求。

例 6.11　为了举一个例子，在这个例子中，某个稳态是吸引子(attractor)，但不是 Lyapunov 稳定的，我们将例 6.5 中的方程修改如下：

$$\dot{x}_1 = \varphi_1(x) = x_1 - \| x \| \left(x_1 + x_2 \arctan \frac{x_2}{x_1}\right)$$

$$\dot{x}_2 = \varphi_2(x) = x_2 - \| x \| \left(x_2 - x_1 \arctan \frac{x_2}{x_1}\right)$$

在极坐标(r, θ)，这就变成了 $\dot{r} = r(1-r)$，$\dot{\theta} = r\theta$。图 6.7 描绘了典型的轨迹。原点$(r=0)$和单位圆$(r=1)$仍然是不变的，但是现在原点不再是唯一的稳态了。而且点 $x^* = (1, 0)$(或者等价地，$(r, \theta) = (1, 0)$)是稳态的。该图表明，x^* 的吸收域是除了原点之外的整个平面。但是 x^* 不是 Lyapunov 稳定的，因为 x^* 的任何邻域都包含了单位圆的某个部分，状态沿着这个单位圆逆时针转动。

为了证明单点集 x^* 不是渐近稳定的，我们要用到定理 6.3。假设存在 x^* 的邻域 D 和满足条件式(6.12)、式(6.14)的函数 v，那么 v 在 x^* 处是间断的。始于略高于 x^* 之处并沿着单位圆的逆时针运动将使得 v 趋向较低的正值，而且 $v(x^*) = 0$。因此，不存在满足定理 6.3 中的条件的连续函数，而且 x^* 不是渐近稳定的。但是，图形说明了单位圆是一个渐近的稳定集。单位圆的确是一个渐近稳定集，因为这个集合存在一个 Lyapunov 函数，例 6.10 亦然。

6.6　Liouville 公式

在稳定性分析中的某些问题中，我们可以使用一个物理学中用来研究液体和气体流动的方便的数学公式。在物理学中它是用来研究如下可能性的：当液体或者气体沿着这些流运动时，这些流动会局部地或者全局地使得它的体积收缩、膨胀或者保持不变。这个公式将向量场的一个特征——发散度与动态中体积的变化联系了起来。因此，这个公式对于研究动力系统具有一般性的意义，而且它对第 5 章中的多群体演化动态的稳定性分析也有重要的意义。

Liouville 公式适用于任何自治的微分方程组(6.1)，在这类微分方程组中，向量场 φ 在开域 $X \subset R^k$ 上都是连续可微的。φ 在任何点 $x \in X$ 的发散度定义为该点的雅可比矩阵的迹：

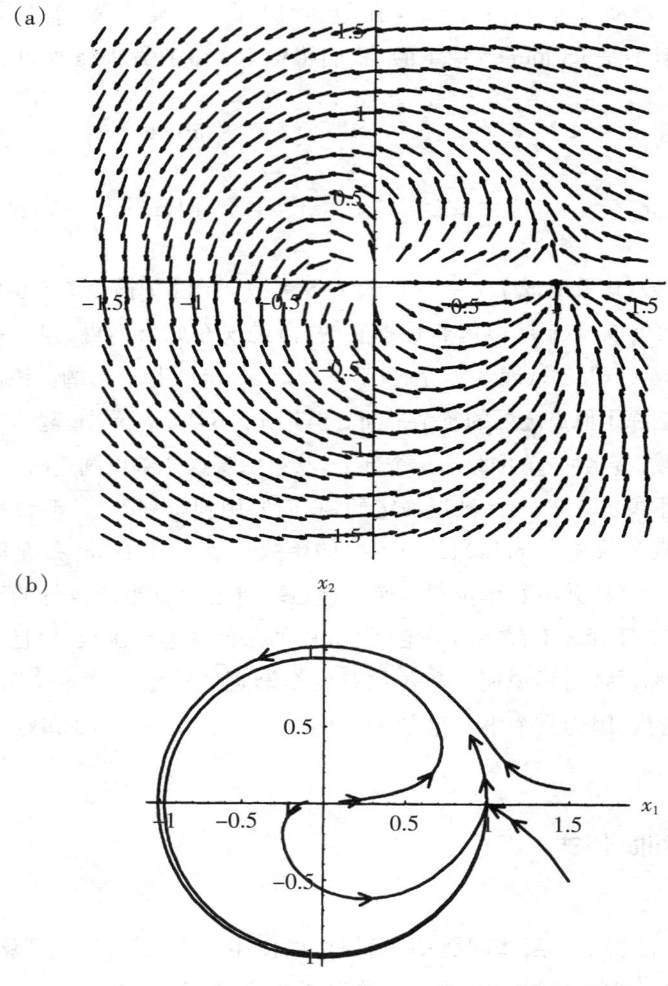

(a)例 6.11 中动态的向量场。(b)同一动态的解轨迹。

图 6.7

$$\mathrm{div}[\varphi(x)] = \sum_{i=1}^{k} \frac{\partial \varphi_i}{\partial x_i}(x) \tag{6.19}$$

特别地,发散度处处为零的向量场被称为无散的向量场;可以证明,这个特征意味着相应的流是保体积的。

方程(6.19)在向量场 φ 的定义域上将发散度定义为连续函数,从而我们可以计算它在可测集 $A \subset X$ 上的积分。给定任何这样的集合 A 和时间 $t \in R$ 使得通过任何点 $x^o \in A$ 的解 $\xi(\cdot, x^o)$定义在时间 t:$\xi(t, x^o) \in X$ 上，令 $A(t)$表示 A 在解映射 ξ 下的像：

$$A(t) = \{\xi(t, x^o): x^o \in A\}$$

那么 $A(t)$是可测的，而且它的体积是 $\mathrm{vol}[A(t)] = \int_{A(t)} \mathrm{d}x$。

Liouville 公式说明，$A(t)$的体积的时间导数存在并且等于 $A(t)$上的发散度的积分

$$\frac{\mathrm{d}}{\mathrm{d}t}\mathrm{vol}[A(t)] = \int_{A(t)} \mathrm{div}[\varphi(x)]\mathrm{d}x \tag{6.20}$$

特别地，正如上面所述，任何无散的向量场使得所有的体积随着时间的推移不发生变化。这对应着物理学中的不可压缩液体（譬如，恒温和恒压下的水）的流。

从直觉上，我们可以想见，无散的向量场没有渐近稳定的状态。如果 $x \in X$ 是渐近稳定的，那么存在逐渐向点 x 收缩的 x 的邻域 $B \subset X$，这意味着随着时间趋向无穷，该邻域的体积会收缩到零。根据 Liouville 公式，在无散的向量场中，这是不可能的。（在这种动态中我们能得到的最好结果是 Lyapunov 稳定性。）

下面的结果是一个更强一些的论断：发散度为非负的向量场没有紧的渐近稳定状态：

命题 6.6 如果 $X \subset R^k$ 是开的，而且 $\varphi: X \to R^k$ 是连续可微的（有 $\mathrm{div}[\varphi(x)] \geqslant 0$ 对所有的 $x \in X$ 都成立），那么动态式(6.1)没有紧的渐近稳定的集合 $A \subset X$。

证明 假设 $\varnothing \neq A \subset X$ 是紧的和渐近稳定的。那么 $\mathrm{vol}[A] \in R_+$，并且存在 A 的某个邻域 $B \subset X$，在 X 中有紧的闭包 $\bar{B}$，使得 $\xi(t, x^o)_{t \to \infty} \to A$ 对所有的 $x^o \in \bar{B}$ 都成立。令 $B(t) = \{\xi(t, x^o): x^o \in \bar{B}\}$。下面证明，对每个 $\varepsilon > 0$，存在时间 T_ε 使得 $B(t)$中的每个点 x 在所有的时间 $t \geqslant T_\varepsilon$ 内到集合 A 的（Hausdorff）距离 $d(x, A) < \varepsilon$。因此，$\mathrm{vol}[B(t)]_{t \to \infty} \to \mathrm{vol}[A]$。由于 $\mathrm{vol}[A] < \mathrm{vol}[B(0)]$，$\mathrm{d}/\mathrm{d}t\ \mathrm{vol}[B(t)] < 0$（对某个 t），所以根据式(6.20)，我们对所有的 $x \in X$，得不出 $\mathrm{div}[\varphi(x)] \geqslant 0$。

接下来,我们假定不存在这样的有限时间:经过这段有限时间,每个点 $x \in B(t)$ 距离集合 A 任意地小,并且可以继续处在这个任意小的距离之内。那么存在某个 $\varepsilon > 0$ 和递增的时间序列 $t^k \to +\infty$,伴随着初始状态 $x^k \in \bar{B}$,使得 $d(\xi(t^k, x^k), A) \geqslant \varepsilon$ 对所有的 k 都成立。由于 $\bar{B}$ 是紧的,序列 $(x^k)_{k=1}^{\infty}$ 包含了一个收敛的子列(根据 Bolzano-Weierstrass 定理);因此,我们可以不失一般性地假定,对某个 $x^* \in \bar{B}$, $x^k \to x^*$。根据假说,A 是 Lyapunov 稳定的,因此,存在 A 的邻域 C 使得 $x^o \in C \Rightarrow d(\xi(t, x^o), A) < \varepsilon$, $\forall t \leqslant 0$。令 D 表示 A 的另一个邻域使得它的闭包 $\bar{D}$ 包含在 C 内,并且令 $t^* = \min\{t \geqslant 0 : \xi(t, x^*) \in \bar{D}\}$。根据 ξ 的连续性,存在 x^* 的某个邻域 E 使得 $x^o \in E \Rightarrow \xi(t^*, x^o) \in C$。但是,对足够大的 k,有 $t_k > t^*$ 和 $x^k \in E$,因此 $d(\xi(t^k, x^k), A) < \varepsilon$,这就产生了矛盾。■

例 6.12 把标准的双群体复制动态应用到囚徒困境博弈(将收益标准化为 $a_1 = -1$ 和 $a_2 = 1$),我们就得到了下面一对常微分方程:

$$\dot{x} = -(1-x)x$$
$$\dot{y} = -(1-y)y$$

这里的相关状态空间是单位四方形 $C = [0, 1]^2$。该向量场在 R^2 上是一个连续可微的函数,该函数在 C 的内部有负的发散度:$\text{div}[\varphi(x, y)] = 2x + 2y - 2 < 0$(对所有的$(x, y) \in \text{int}(C) = (0, 1)^2$)。因此,按照 Liouville 公式,int(C)内任何可测的集合 A 在这个动态中是逐渐缩小。事实上,这两个变量在 int(C)中是单调递减的,而且 int(C)中所有的解轨迹收敛到原点。集合 C 是不变的,int(C)也是不变的,原点是相对于状态空间 C 的渐近稳定状态。

上边的微分方程组的两边除以一个相同的正的和 Lipschitz 连续的函数 $\psi: (0, 1)^2 \to R_{++}$ 不改变 int(C)中的解轨迹。例如,令 $\psi(x, y) = (1-x)(1-y)xy$。那么 int($C$)上的新的动态是由下面的方程给出的:

$$\dot{x} = -\frac{1}{(1-y)y}$$
$$\dot{y} = -\frac{1}{(1-x)x}$$

这个新向量场在 int(C)上仍然是连续可微的,但是它显然是无散的,因为它的雅可比矩阵的对角线是由零组成的。因此，在这个新的动态中，量(volume)会逐渐缩减，虽然解轨迹与前两个微分方程中的解轨迹相同！

对上述问题的解释为，虽然解轨迹未变，但这些轨迹上的速度改变了。特别地，靠近 C 附近沿着轨迹变化的速度增加了很多(在边界上，速度增加到 $+\infty$)。因此，在这两个动态中，集合的前向像(forward image)看上去是非常不同的。而且，在原来的动态中，虽然从任何初始内点状态在有限的时间内达不到原点，但在调整的动态中，在有限的时间内，所有的内点初始状态可以达到原点。因此，对任何集合 $A \subset \text{int}(C)$，存在有限的时间 t，在这个时间上，通过 A 中某个初始状态的解离开新的动态中的向量场的定义域 $\text{int}(C)$。相应地，Liouville 公式不再适用。但是，只要像 $A(t)$ 属于 $\text{int}(C)$，那么根据 Liouville 公式，它的量一定是恒定不变的。

注 释

① 通过引入随时间发生变化的外部因素(如状态变量)和表示它们的时间依存关系的微分方程，我们可以将一个时间依存的微分方程组变成一个自治的系统。

② 这也不是真正的限制，因为通过引入一阶导数作为状态变量，任何二阶微分方程都可以转变成一阶方程，依此类推(例如，可以参照 Hirsch and Smale, 1974)。

③ 我们在此也将解映射的连续性包括在内。关于这一点，其他书通常是单独陈述和证明的。

④ 更一般地，可以用时间集合 $T \subset R$ 来代替集合 R。其中的 T 可以为整数集合，在整数集合下得到的动力系统是离散时间的。

⑤ 在物理学中，人们通常将某种形式的能量和熵当作适合的 Lyapunov 函数。在某些被称为非试探调整过程(nontatonnement adjustment process)的动态经济学模型中，某些功利主义的福利函数就可以作为 Lyapunov 函数。在演化博弈论中，最有名的 Lyapunov 函数是相对熵函数；参见 3.5-1 小节。

⑥ 这第二个结果基本上就是 Lyapunov 对他的经典结果的最初表述。

⑦ 关于这种特例下的定理 6.4 的严格证明，请参阅 Hale(1969)的 X.1 节中的定理 1.1。关于该定理的第二个论断在一般情况下的证明，请参阅 Bhatia 和 Szegö(1970)的第Ⅲ章中的推论 3.5。

参考文献

Akin, E. 1980. Domination or Equilibrium. *Mathematical Biosciences* 50:239—250.

Akin, E. 1982. Exponential Families and Game Dynamics. *Canadian Journal of Mathematics* 34:374—405.

Amann, E., and J. Hofbauer. 1985. Perman ence in Lotka-Volterra and Replicator Equations. In W. Ebeling and M. Peschel (eds.), *Lotka-Volterra Approach to Cooperation and Competition in Dynamic Systems*. Berlin: Akademie-Verlag.

Aumann, R. 1987. Correlated Equilibrium as an Expression of Bayesan Ratinonality. *Econometrica* 55:1—18.

Aumann, R., and A. Brandenburger. 1991. Epistemic Conditions for Nash Equilibrium. Mimeo. Hebrew University.

Balkenborg, D., and K. Schlag. 1994. On the interpretation of Evolutionary Stable sets in Symmetric and Asymmetric Games. Mimeo. Bonn University Economics Department.

Banerjee, A., and J. Weibull. 1992. Evolution and rationality: Some Recent Game-theoretic Results. *Proceedings from the Tenth World Congress of the international Economic Association*. Oxford: Blackwell (forthcoming).

Banerjee, A., and J. Weibull. 1993. Evolutionary Selection with Discriminating Players. WP 1637. Department of Economics, Harvard University.

Banerjee, A., and J. Weibull. 1995. Evolutionary Selection and Rational Behavior. In A. Kirman and M. Salmon (eds.), *Learning and Rationality in Economics*. Oxford: Blackwell, pp.343—363.

Basu, K., and J. Weibull. 1991. Strategy Subsets Closed under Rational Behavior. *Economics Letters* 36:141—146.

Bhaskar, V. 1991. Noisy Communication and the Evolution of Cooperation. Mimeo. Delhi School of Economics.

Bhatia, N. P., and G. P. Szegö. 1970. *Stability Theory for Dynamical Systems*. Berlin: Springer Verlag.

Binmore, K., and L. Samuelson. 1992. Evolutionary Stability in Repeated Games Played by Finite Automata. *Journal of Economic Theory* 57:278—305.

Binmore, K., and L. Samuelson. 1994, Evolutionary Drift. *European Economic Review* 38:859—867.

Binmore, K., L. Samuelson, and R. Vaughan. 1995. Musical Chairs: Modelling Noisy Evolution. *Games and Economic Behavior* 11:1—35.

Björnerstedt, J. 1993. Experimentation, Imitation and Evolutionary Dynamics. Mimeo. Department of Economics, Stockholm University.

Björnerstedt, J., Dufwenberg, M., Norman, P., and J. W. Weibull. 1993. Evolutionary Selection Dynamics and Irrational Survivors. Mimeo. Department of Economics, Stockholm University.

Björnerstedt, J., and J. Weibull. 1993. Nash Equilibrium and Evolution by Imitation. In K. Arrow and E. Colombatto (eds.), *Rationality in Economics*. New York: Macmillan (forthcoming).

Blume, A. 1993a. Equilibrium Refinements in Sender-receiver Games. WP 93-06. University of Iowa.

Blume, A. 1993b. Neighborhood Stability in Sender-receiver Games. Mimeo. Department of Economics, University of Iowa.

Blume, A., Y.-G. Kim, and J. Sobel. 1993. Evolutionary Stability in Games of Communication. *Games and Economic Behavior* 5:547—575.

Bomze, I. 1986. Non-cooperative Two-person Games in Biology: A Classification. *international Journal of Game Theory* 15:31—57.

Bomze, I. 1991. Cross Entropy Minimization in Uninvadable States of Complex Populations. *Journal of Mathematical Biology* 30:73—87.

Bomze, I., and E. van Damme. 1992. A Dynamical Characterization of Evolutionarily Stable States. *Annals of Operations Research* 37:229—244.

Bomze. I., and B. Pötscher. 1989. *Game Theoretical Foundations of Evolutionary Stability*. Berlin: Springer Verlag.

Bomze, I., and J. Weibull. 1995. Does Neutral Stability Imply Lyapunov Stability? *Games and Economic Behavior* 11:173—192.

Boylan, R. 1992. Laws of Large Numbers for Dynamical Systems with Randomly Matched Individuals. *Journal of Economic Theory* 57:473—504.

Cabrales, A., and J. Sobel. 1992. On the Limit Points of Discrete Selection Dynamics. *Journal of Economic Theory* 57:407—419.

Cannings, C. 1987. Topics in the theory of ESS's. In S. Lessard(ed.), *Mathematical and Statistical Developments of Evolutionary Theory*. Dordrecht: Kluwer.

Cannings, C., and G. T. Vickers. 1988. Patterns of ESS's Ⅱ. *Journal of Theoretical Biology* 132:409—420.

Cho. I.-K., and D. Kreps. 1987. Signaling Games and Stable Equilibria. *Quarterly Journal of Economics* 102:179—221.

Crawford, V. 1990a. Nash Equilibrium and Evolutionary Stability in Large-and Finite-population "Playing the Field" Models. *Journal of Theoretical Biology* 145:83—94.

Crawford V. 1990b. An "Evolutionary" interpretation of Van Huyck. Battalio, and Beil's Experimental Results on Coordination. *Games and Economic Behavior* 3:25—59.

Cressman, R. 1990. Strong Stability and Density-dependent Evolutionarily Stable Strategies. *Journal of Theoretical Biology* 145:319—330.

Cressman, R. 1992a. *The Stability Concept of Evolutionary Game Theory*. Berlin: Springer Verlag.

Cressman, R. 1992b. Evolutionarily Stable Sets in Symmetric Extensive Two-person Games. *Mathematical Biosciences* 108:179—201.

van Damme, E. 1984. A Relation Between Prefect Equilibria in Extensive-form Games and Proper Equilibria in Normal-form Games. *international Journal of Game Theory* 13:1—13.

van Damme, E. 1987. *Stability and Perfection of Nash Equilibria*. Berlin: Springer Verlag (2nd ed. 1991).

van Damme, E. 1989. Stable Equilibria and Forward Induction. *Journal of Economic Theory* 48:476—496.

van Damme, E. 1994. Evolutionary Game Theory. *European Economic Review* 38: 847—858.

Dawkins, R. 1976. *The Selfish Gene*. Oxford: Oxford University Press.

Dekel, E., and S. Scotchmer. 1992. On the Evolution of Optimizing Behavior. *Journal of Economic Theory* 57:392—406.

Fischer, R. A. 1930. *The Genetical Theory of Natural Selection*. Oxford: Clarendon (2nd ed. 1958).

Fort, M. 1950. Essential and Non Essential Fixed Points. *American Journal of Mathematics* 72:315—322.

Foster, D., and P. Young. 1990. Stochastic Evolutionary Game Dynamics. *Theoretical Population Biology* 38:219—232.

Friedman, D. 1991. Evolutionary Games in Economics. *Econometrica* 59:637—666.

Friedman, M. 1953. The Methodology of Positive Economics. In *Essays in Positive Economics*. Chicago: University of Chicago Press.

Fudenberg, D., and E. Maskin. 1990. Evolution and Cooperation in Noisy Repeated Games. *AEA Papers and Proceedings* 80 (2):274—279.

Fudenberg, D., and J. Tirole. 1991. *Game Theory*. Cambridge: MIT Press.

Gale, J., K. Binmore, and L. Samuelson. 1993. Learning to be Imperfect: the Ultimatum Game. Mimeo. Department of Economics, University of Wisconsin.

Gaunersdorfer, A., J. Hofbauer, and K. Sigmund. 1991. On the Dynamics of Asymmetric Games. *Theoretical Population Biology* 39(3):345—357.

Gilboa, I., and A. Matsui. 1991. Social Stability and Equilibrium. *Econometrica* 59(3):859—867.

Haigh, J. 1975. Game Theory and Evolution. *Advances in Applied Probability* 7: 8—11.

Hale, J. 1969. *Ordinary Differential Equations*. New York: Wiley.

Hamilton, W.D. 1967. Extraordinary Sex Ratios. *Science* 156:477—488.

Hammerstein, P., and R. Selten. 1994. Game Theory and Evolutionary Biology. In R. Aumann and S. Hart (eds.), *Handbook of Game Theory with Economic Applications*, vol.2. Amsterdam: Elsevier Science.

Harsanyi, J., and R. Selten. 1988. *A General Theory of Equilibrium Selection in Games*. Cambridge: MIT Press.

Hirsch, M., and S. Smale. 1974. *Differential Equations, Dynamical Systems, and Linear Algebra*. San Diego: Academic Press.

Hofbauer, J. 1981. A General Cooperation Theorem for Hypercycles. *Monatshefte für Mathematik* (Vienna) 91:233—240.

Hofbauer, J., P. Schuster, and K. Sigmund. 1979. A Note on Evolutionary Stable Strategies and Game Dynamics. *Journal of Theoretical Biology* 81:609—12.

Hofbauer, J., and K. Sigmund. 1988. *The Theory of Evolution and Dynamical Systems*. Cambridge: Cambridge University Press.

Hofbauer, J., and K. Sigmund. 1989. On the Stabilizing Effect of Predators and Competitors on Ecological Communities. *Journal of Mathematical Biology* 27: 537—548.

Hofbauer, J., and J. Weibull. 1995. Evolutionary Selection against Dominated Strategies. The Industrial Institute for Economic and Social Research. WP 433 (forthcoming in *Journal of Economic Theory*).

Hurkens. S. 1995. Learning by Forgetful Players. *Games and Economic Behavior* 11:304—329.

Jansen, W. 1986. A Permanence theorem for Replicator and Lotka-Volterra Systems. *Journal of Mathematical Biology* 25:411—422.

Jiang, J.-H. 1963. Essential Equilibrium Points of *N*-person Non-cooperative Games. *Sci. Sinica* 12:651—671.

Kandori, M., G. Mailath, and R. Rob. 1993. Learning, Mutation, and Long-run Equilibria in Games. *Econometrica* 61:29—56.

Kim, Y.-G., and J. Sobel. 1991. An Evolutionary Approach to Pre-play Communication. Mimeo. University of Iowa.

Kohlberg. E., and J.-F. Mertens. 1986. On the Strategic Stability of Equilibria. *Econometrica* 54:1003—1037.

Kreps, D., and R. Wilson. 1982. Sequential Equilibrium. *Econometrica* 50:863—894.

Kuhn, H. 1953. Extensive Games and the Problem of Information. In H. Kuhn and A. Tucker (eds.), *Contributions to the Theory of Games Ⅱ*. Princeton: Princeton University Press, pp.193—216.

Kullback, S. 1959. *Information Theory and Statistics*. New York: Wiley.

Leonard, R. 1994. Reading Cournot, Reading Nash or the Creation and Stabilisation of the Nash Equilibrium. *Economic Journal* 104:492—511.

Losert, V., and E. Akin. 1983. Dynamics of Games and Genes: Discrete Versus Continuous Time. *Journal of Mathematical Biology* 17:241—251.

Lu, X., and D. Stahl Ⅱ. 1993. An Evolutionary Process for a Little More Clever Population and Its Implications. WP 9303. Department of Economics, University of Texas.

Mailath, G. 1992. Introduction: Symposium on Evolutionary Game Theory. *Journal of Economic Theory* 57:259—277.

Matsui, A. 1991. Cheap-talk and Cooperation in a Society. *Journal of Economic Theory* 54:245—258.

Matsui, A. 1992. Best Response Dynamics and Socially Stable Strategies. *Journal of Economic Theory* 57:343—362.

Matsui, A., and R. Rob. 1991. The Roles of Uncertainty and Preplay Communication in Evolutionary Games. Mimeo. University of Pennsylvania.

Maynard Smith, J. 1974. The Theory of Games and the Evolution of Animal Conflicts. *Journal of Theoretical Biology* 47:209—221.

Maynard Smith, J. 1982. *Evolution and the Theory of Games*. Cambridge: Cambridge University Press.

Maynard Smith, J. 1988. Can a Mixed Strategy be Stable in a Finite Population? *Journal of Theoretical Biology* 132:247—260.

Maynard Smith, J., and G. R. Price. 1973. The Logic of Animal Conflict. *Nature* 246:15—18.

Myerson, R. B. 1978. Refinements of the Nash Equilibrium Concept. *International Journal of Game Theory* 7:73—80.

Nachbar, J. 1990. "Evolutionary" Selection Dynamics in Games: Convergence and Limit Properties. *International Journal of Game Theory* 19:59—89.

Nash, J. 1950a. Non-cooperative Games. Ph. D. dissertation. Princeton University.

Nash, J. 1950b. Equilibrium Points in *N*-person Games. *Proceedings of the National Academy of Sciences* (USA) 36:48—49.

Nash, J. 1951. Non-cooperative Games. *Annals of Mathematics* 54:286—295.

Nöldeke, G., and L. Samuelson. 1993. An evolutionary Analysis of Backward and Forward Induction. *Games and Economic Behavior* 5:425—454.

Okada, A. 1981. On Stability of Perfect Equilibrium Points. *International Journal of Game Theory* 10:67—73.

Pearce, D. 1984. Rationalizable Strategic Behavior and the Problem of Perfection. *Econometrica* 52:1029—1050.

Reiss, R.-D. 1989. *Approximate Distributions of Order Statistics*. Berlin: Springer

Verlag.

Riley, J. 1979. Evolutionarily Equilibrium Strategies. *Journal of Theoretical Biology* 76:109—123.

Ritzberger, K., and K. Vogelsberger. 1990. The Nash Field. RR 263. Institute for Advanced Studies, Vienna.

Ritzberger, K., and J. W. Weibull. 1995. Evolutionary Selection in Normal-form Games. *Econometrica* 63:1371—1399.

Robson, A.J. 1990. Efficiency in Evolutionary Games: Darwin, Nash and the Secret Handshake. *Journal of Theoretical Biology* 144:379—396.

Samuelson, L. 1991a. Limit Evolutionarily Stable Strategies in Two-player, Normal Form Games. *Games and Economic Behavior* 3:110—128.

Samuelson, L. 1991b. How to Tremble if You Must. WP 9122. University of Wisconsin.

Samuelson, L. 1993. Does Evolution Eliminate Dominated Strategies? In K. Binmore, A. Kirman, and P. Tani (eds.), *Frontiers of Game Theory*, Cambridge: MIT Press.

Samuelson, L., and J. Zhang. 1992. Evolutionary Stability in Asymmetric Games. *Journal of Economic Theory* 57:363—391.

Savage, L. 1954. *The Foundations of Statistics*. New York: Wiley.

Schlag, K. 1993a. Cheap Talk and Evolutionary Dynamics. Discussion Paper B-242. University of Bonn.

Schlag, K. 1993b. Dynamic Stability in the Repeated Prisoners' Dilemma Played by Finite Automata. Discussion Paper B-243. Department of Economics, University of Bonn.

Schlag, K. 1993c. Why Imitate, and if So, How? Mimeo. Department of Economics, University of Bonn.

Schuster, P., and K. Sigmund. 1983. Replicator Dynamics. *Journal of Theoretical Biology* 100:533—538.

Schuster, P., K. Sigmund, J. Hofbauer, and R. Wolff. 1981a. Selfregulation of Behaviour in Animal Societies Ⅰ. *Biological Cybernetics* 40:1—8.

Schuster, P., K. Sigmund, J. Hofbauer, and R. Wolff. 1981b. Selfregulation of Behaviour in Animal Societies Ⅱ. *Biological Cybernetics* 40:9—15.

Selten, R. 1965. Spieltheoretische Behandlung eines Oligopolmodells mit Nachfragetragheit. *Zeitschrift für die gesamte Staatswissenschaft* 12:301—324.

Selten, R. 1975. Re-examination of the Perfectness Concept for Equilibrium Points in Extensive Games. *international Journal of Game Theory* 4:25—55.

Selten, R. 1978. The Chain-store Paradox. *Theory and Decision* 9:127—159.

Selten, R. 1980. A Note on Evolutionarily Stable Strategies in Asymmetric Animal Conflicts. *Journal of Theoretical Biology* 84:93—101.

Selten, R. 1983. Evolutionary Stability in Extensive-form Two-person Games. *Mathematical Social Sciencs* 5:269—363.

Selten, R. 1991. Evolution, Learning, and Economic Behavior. *Games and Economic Behavior* 3:3—24.

Shaffer, M. E. 1988. Evolutionarily Stable Strategies for a Finite Population and a Variable Contest Size. *Journal of Theoretical Biology* 132:469—478.

Sigmund, K. 1992. Time Averages for Unpredictable Orbits of Deterministic Systems. *Annals of Operations Research* 37:217—228.

Stahl, D. O. 1993. Evolution of Smart *n* Players. *Games and Economic Behavior* 5:604—617.

Swinkels, J. 1992a. Evolutionary Stability with Equilibrium Entrants. *Journal of Economic Theory* 57:306—332.

Swinkels, J. 1992b. Evolution and Strategic Stability: From Maynard Smith to Kohlberg and Mertens. *Journal of Economic Theory* 57:333—342.

Swinkels, J. 1993. Adjustment Dynamics and Rational Play in Games. *Games and Economic Behavior* 5:455—484.

Tan. T., and S.R. Werland. 1988. The Bayesian Foundations of Solution Concepts of Games. *Journal of Economic Theory* 45:370—391.

Taylor, P. 1979. Evolutionarily Stable Strategies with Two Types of Player. *Journal of Applied Probability* 16:76—83.

Taylor, P., and L. Jonker. 1978. Evolutionary Stable Strategies and Game Dynamics. *Mathematical Biosciences* 40:145—156.

Thomas, B. 1985a. On Evolutionarily Stable Sets. *Journal of Mathematical Biology* 22:105—115.

Thomas, B. 1985b. Evolutionarily Stable Sets in Mixed-strategist Models. *Theoretical Population Biology* 28:332—341.

Ullmann-Margalit, E. 1978. Invisible-hand Explanations. *Synthese* 39:263—291.

Vickers, G., and C. Cannings. 1987. On the Definition of an Evolutionarily Stable Strategy. *Journal of Theoretical Biology* 129:349—353.

Vickers，G. T.，and C. Cannings. 1988. Patterns of ESS's Ⅰ. *Journal of Theoretical Biology* 132:387—408.

Wärneryd，K. 1991. Evolutionary Stability in Unanimity Games with Cheap Talk. *Economics Letters* 36:375—378.

Wärneryd，K. 1993. Cheap Talk，Coordination，and Evolutionary Stability. *Games and Economic Behavior* 5:532—546.

Wärneryd，K. 1994. Transactions Cost，Institutions，and Evolution. *Journal of Economic Behavior and Organization* 25:219—239.

Weibull，J. 1992. An introduction to Evolutionary Game Theory. WP 347. The Industrial Institute for Economic and Social Research，Stockholm.

Weibull，J. 1994. The "as if" approach to Game Theory：Three Positive Results and Four Obstacles. *European Economic Review* 38:868—881.

Weissing，F. 1991. Evolutionary Stability and Dynamic Stability in a Class of Evolutionary Normal form Games. R. Selten (ed.)，*Game Equilibrium Models I*. Berlin：Springer Verlag.

Winter，S. 1971. Satisficing，Selection，and the Innovating Remnant. *Quarterly Journal of Economics* 85:237—261.

Wu. W.，and J. Jian. 1962. Essential Equilibrium Points of *N*-person Non-cooperative Games. *Sci. Sinica* 11:1307—1322.

Young，P. 1993. Evolution of Conventions. *Econometrica* 61:57—84.

Zeeman，E. 1981. Dynamics of the Evolution of Animal Conflicts. *Journal of Theoretical Biology* 89:249—270.

图书在版编目(CIP)数据

演化博弈论/(瑞典)乔根·W.威布尔著;王永钦
译.—上海:格致出版社:上海人民出版社,2023.3(2024.10 重印)
(当代经济学系列丛书/陈昕主编.当代经济学译
库)
ISBN 978-7-5432-3413-0

Ⅰ.①演… Ⅱ.①乔… ②王… Ⅲ.①对策论-应用
-经济 Ⅳ.①F244.32

中国国家版本馆 CIP 数据核字(2023)第 014613 号

责任编辑 郑竹青 程 倩
美术编辑 王晓阳

演化博弈论
[瑞典]乔根·W.威布尔 著
王永钦 译

出　　版 格致出版社
上海三联书店
上海人民出版社
(201101 上海市闵行区号景路 159 弄 C 座)
发　　行 上海人民出版社发行中心
印　　刷 上海商务联西印刷有限公司
开　　本 720×1000 1/16
印　　张 16.5
插　　页 3
字　　数 248,000
版　　次 2023 年 3 月第 1 版
印　　次 2024 年 10 月第 2 次印刷
ISBN 978-7-5432-3413-0/F·1478
定　　价 69.00 元

上海市版权局著作权合同登记号:图字 09-2022-0891

当代经济学译库

演化博弈论/乔根·W.威布尔著
全球生产:企业、合同与贸易结构/波尔·安特拉斯著
从生物经济学到去增长/尼古拉斯·乔治斯库-罗根著
货币生产理论/奥古斯都·格雷泽尼著
家庭经济学/马丁·布朗宁等著
现代演化经济学/理查德·R.纳尔逊等著
基于实践的微观经济学/赫伯特·A.西蒙著
教育和技术的赛跑/克劳迪娅·戈尔丁等著
区域贸易与国际贸易(修订版)/贝蒂尔·俄林著
契约与经济组织/本特·霍姆斯特罗姆等著
企业成长理论(第四版)/伊迪丝·彭罗斯著
税收制度的生态:影响税收需求与供给的因素/维托·坦茨著
财富再分配/托马斯·皮凯蒂著
经济分析、道德哲学与公共政策(第三版)/丹尼尔·豪斯曼等著
产权的经济分析(第二版)/约拉姆·巴泽尔著
宏观经济学和金融学中的信息选择/苏拉·L.费尔德坎普著
偏好的经济分析/加里·S.贝克尔著
资本主义的本质:制度、演化和未来/杰弗里·霍奇森著
拍卖理论(第二版)/维佳·克里斯纳著
货币和金融机构理论(第1卷)/马丁·舒贝克著
货币和金融机构理论(第2卷)/马丁·舒贝克著
货币和金融机构理论(第3卷)/马丁·舒贝克著
经济增长理论简述/琼·罗宾逊著
有限理性与产业组织/兰·斯比克勒著
社会选择与个人价值(第三版)/肯尼思·J.阿罗著
芝加哥学派百年回顾:JPE 125周年纪念特辑/约翰·李斯特、哈拉尔德·乌利希编
博弈论的语言——将认知论引入博弈中的数学/亚当·布兰登勃格编著
不平等测度(第三版)/弗兰克·A.考威尔著
农民经济学——农民家庭农业和农业发展(第二版)/弗兰克·艾利思著
私有化的局限/魏伯乐等著
金融理论中的货币/约翰·G.格利著
社会主义经济增长理论导论/米哈尔·卡莱斯基著
税制分析/乔尔·斯莱姆罗德等著
社会动力学——从个体互动到社会演化/布赖恩·斯科姆斯著
创新力微观经济理论/威廉·鲍莫尔著
冲突与合作——制度与行为经济学/阿兰·斯密德著
产业组织/乔治·J.施蒂格勒著
个人策略与社会结构:制度的演化理论/H.培顿·扬著
科斯经济学——法与经济学和新制度经济学/斯蒂文·G.米德玛编
经济学家和说教者/乔治·J.施蒂格勒著
管制与市场/丹尼尔·F.史普博著
比较财政分析/理查德·A.马斯格雷夫著

议价与市场行为——实验经济学论文集/弗农·L.史密斯著
内部流动性与外部流动性/本特·霍姆斯特罗姆 让·梯若尔著
暴力与社会秩序/道格拉斯·C.诺思等著
企业制度与市场组织——交易费用经济学文选/陈郁编
企业、合同与财务结构/奥利弗·哈特著
不完全合同、产权和企业理论/奥利弗·哈特等编著
理性决策/肯·宾默尔著
复杂经济系统中的行为理性与异质性预期/卡尔斯·霍姆斯著
劳动分工经济学说史/孙广振著
经济增长理论:一种解说(第二版)/罗伯特·M.索洛著
人类行为的经济分析/加里·S.贝克尔著
工业化和经济增长的比较研究/钱纳里等著
发展中国家的贸易与就业/安妮·克鲁格著
企业的经济性质/兰德尔·克罗茨纳等著
经济发展中的金融深化/爱德华·肖著
不完全竞争与非市场出清的宏观经济学/让-帕斯卡·贝纳西著
企业、市场与法律/罗纳德·H.科斯著
发展经济学的革命/詹姆斯·A.道等著
经济市场化的次序(第二版)/罗纳德·I.麦金农著
论经济学和经济学家/罗纳德·H.科斯著
集体行动的逻辑/曼瑟尔·奥尔森著
企业理论/丹尼尔·F.史普博著
经济机制设计/利奥尼德·赫维茨著
管理困境:科层的政治经济学/盖瑞·J.米勒著
制度、制度变迁与经济绩效/道格拉斯·C.诺思著
财产权利与制度变迁/罗纳德·H.科斯等著
市场结构和对外贸易/埃尔赫南·赫尔普曼 保罗·克鲁格曼著
贸易政策和市场结构/埃尔赫南·赫尔普曼 保罗·克鲁格曼著
社会选择理论基础/沃尔夫·盖特纳著
时间:均衡模型讲义/彼得·戴蒙德著
托克维尔的政治经济学/理查德·斯威德伯格著
资源基础理论:创建永续的竞争优势/杰伊·B.巴尼著
投资者与市场——组合选择、资产定价及投资建议/威廉·夏普著
自由社会中的市场和选择/罗伯特·J.巴罗著
从马克思到市场:社会主义对经济体制的求索/W.布鲁斯等著
所有权、控制权与激励——代理经济学文选/陈郁编
财产、权力和公共选择/A.爱伦·斯密德著
经济利益与经济制度——公共政策的理论基础/丹尼尔·W.布罗姆利著
宏观经济学:非瓦尔拉斯分析方法导论/让-帕斯卡·贝纳西著
一般均衡的策略基础:动态匹配与讨价还价博弈/道格拉斯·盖尔著
资产组合选择与资本市场的均值——方差分析/哈利·M.马科维兹著
家族企业:组织、行为与中国经济/李新春等主编
资本结构理论研究译文集/卢俊编译
环境与自然资源管理的政策工具/托马斯·思德纳著